인생 내공
고전 수업

CHUGOKU KOTEN NO MEICHO 50SATSU GA 1SATSU
DE MANABERU
©Takanori Terashi 2023
First published in Japan in 2023 by KADOKAWA CORPORATION, Tokyo.
Korean translation rights arranged with KADOKAWA CORPORATION, Tokyo
through IMPRIMA KOREA AGENCY.

이 책의 한국어판 저작권은 Imprima Korea Agency를 통해
KADOKAWA CORPORATION과의 독점계약으로 ㈜동양북스에 있습니다.
저작권법에 의해 한국 내에서 보호를 받는 저작물이므로 무단전재와 무단복제를 금합니다.

최고의
안-목
02

인생 내공

고전 수업

1등 스타강사가
직접 고른
동양고전 필독서
50

데라시 다카노리 지음
오정화 옮김

동양북스

◆

위기가 닥칠수록 더 단단해지는 힘, 내공

당신의 '인생 내공'은
몇 점입니까?

일상의 과부하를 식혀줄 고전의 세계

처음 이 책을 만났을 때 대학 시절 은사님께서 강의 시간에 해주신 말씀 중에 '진인사대천명盡人事待天命'이 떠올랐습니다.

『삼국지』의 '수인사대천명修人事待天命'에서 유래한 말로 '인간으로서 할 일을 다하고 하늘의 뜻을 기다린다'라는 뜻입니다. 자신이 할 수 있는 최선의 노력을 다해 결과를 만들고 그 결과의 성공 여부는 하늘에 맡긴다는 의미지요.

『삼국지』에 담긴 영웅들의 흥망성쇠에서 볼 수 있듯 사람은 누구나 성공과 실패를 반복합니다. 실패했다고 절망할 필요도 없고, 성공했다고 기고만장해서도 안 됩니다. 자신이 최선을 다해 진심을 쏟아부었다면, 결과가 어떻든 그것은 '하늘의 뜻'인 거지요.

갓 스무 살에 처음 들었던 '진인사대천명'의 진정한 의미는 시간이 흐른 뒤에야 비로소 저에게 큰 울림으로 다가왔습니다.

이렇듯 고전을 어떻게 해석하고 받아들일지는 사람에 따라 시기와 환경에 따라 천차만별입니다.

고전의 가장 큰 매력은
정해진 답이 없다는 것

이 책에서는 우리가 많이 들어본 『논어』나 『삼국지』, 『손자병법』부터 제목조차 생소한 『회남자』, 『문선』, 『요재지이』까지 엄선한 50권의 동양고전을 소개하고 있습니다.

동양고전에서 가장 먼저 알아야 할 책 『대학』을 시작으로,
매력적인 명구와 명언이 가득한 『논어』
아무것도 하지 말고 그저 살아가라는 『노자도덕경』
자유분방한 사람들의 이야기 『세설신어』
당시 사람들의 사랑, 이별, 슬픔의 노래 『시경』
진기하고 기괴한 짐승이 등장하는 『산해경』
상대를 설득하는 능수능란한 기술 『안자춘추』
치밀한 구성과 전개로 독자를 열광시키는 『홍루몽』

오래되고 유명한 전략서 『손자병법』

상대의 의욕을 끌어내는 비법이 담긴 『오자병법』 등

놀랍게도 천년의 시간을 넘어 지금 당장 우리가 적용할 수 있는 황금 노하우가 가득합니다.

저자는 각 고전의 핵심 사상과 개요를 간략하고도 밀도 높게 해설하고 있습니다. 또 객관적인 시선으로 장단점을 가감 없이 전달하고 있으며, 필요성과 중요도를 짚어주는 부분에서는 저절로 고개를 끄덕이게 되지요.

고전의 권수가 더해질수록 그 매력에 빠져 더 깊이 있는 책과 해석본을 찾아보고 싶은 마음이 듭니다. 정말 저자의 인생 내공이 대단함을 느낍니다.

하나의 고전에만 빠져들면 놓쳤을 것들을 시대와 주제별로 폭넓게 접하니 색다른 매력이 있습니다. 한 그루의 나무가 아니라 전체 고전의 숲을 보는 안목도 생깁니다.

우리의 고민은 나이나 환경 등에 따라 계속해서 모양과 크기가 달라집니다. 학업 성적이나 업무 성과, 가족, 연인, 친구, 회사 동료 등과의 인간관계, 혼자만의 외로움과 고독, 나아가 세상과 환경에 대한 걱정 등 사소한 고민부터 전 세계를 아우르는 고민까지 각양각색이지요.

인생을 살아가다 보면 누구나 고민으로 가득한 순간, 선택의 갈림길에 서게 되는 순간이 찾아오기 마련입니다. 그럴 때면 고전을 읽어보세요.

일단, 한 번 읽으면 뿌듯합니다. 두 번 읽으면 문장이 눈에 들어오기 시작합니다. 세 번 읽으면 필히 깨닫게 될 것입니다.

얕은 사람과는 인생을 논할 수 없습니다. 동양고전으로 내공을 쌓으세요. 당신이 『인생 내공 고전 수업』을 펼쳤다면 아무튼 성공입니다.

이 책을 통해 인생 내공을 단단하게 하여 더 나은 삶을 만들어 나가시길 바랍니다.

옮긴이 오정화

◆

고전 필독서 50권을 독파하면 내공이 쌓인다

웬만한 일에는 꿈쩍도 하지 않는다

한자는 참 멋있는 글자입니다

갑자기 떨어진 어려운 프로젝트. 옆사람이 이건 무조건 실패할 것 같은데 괜찮냐고, 진지한 표정으로 물어옵니다.

저는 『후한서』의 구절을 인용해 이렇게 대답하고 싶습니다.

"쉬운 뜻만을 구하지 않으며, 어려운 일도 피하지 않는다.

반근착절盤根錯節을 만나지 않으면 어찌 예리한 칼인지 알 수 있겠는가!★"

★ 志不求易 事不避難 不遇盤根錯節 何以別利器乎
  (지불구이 사불피난 불우반근착절 하이별이기호)

저는 쉬운 일만을 추구하지 않습니다.

아무리 어렵고 곤란한 일이라도, 도망치지 않습니다.

얽히고설킨 나무의 뿌리와 뒤틀린 나무의 마디(처리하기 어려운
일)를 일도양단一刀兩斷(칼로 두 도막을 냄)하여 보여주지 않으면, 어떻
게 자신이 예리한 무기라는 것을 증명할 수 있을까요?

그래서, 저는 동양고전을 인용해 이렇게 말하고 싶습니다.

'어디 한번 잘 지켜보라고. 이 프로젝트를 반드시 성공시켜서,
내가 이기利器라는 것을 증명해 보일 테니까!'

실제로 이 말을 남긴 우후虞詡는 권력자의 미움을 샀습니다. 그
래서 문인인데도 불구하고 도적이 활개를 치는 지역으로 부임하
게 되었지요. 하지만 지혜로운 계략으로 수백 명의 도적을 일망
타진一網打盡했습니다.

동양고전 필독서 50권을 독파하면
내가 원하는 선택지로 걸어갈 수 있습니다

이 책을 손에 든 당신은 분명 교양을 더 넓히고 싶고, 더 깊게 생
각하고 싶고, 더 성장하고 싶다는 높은 뜻을 가진 분일 것입니다.

그동안 교양이나 고전이라고 하면 『서경』이나 『대학』, 『논어』,

『맹자』를 일컬었습니다. 어린아이들도 『몽구』나 『십팔사략』과 같은 어린이 책을 통해 형설지공, 삼고초려, 고복격양, 오월동주 등의 고사성어를 배웠습니다. 지금도 여전히 『삼국지연의』나 『서유기』는 친숙하게 접할 수 있는 책이고, 지리서인 『산해경』은 애니메이션이나 게임으로 만들어지기도 했습니다.

하지만 여전히 동양고전에 관한 소양이 급격히 상실되고 있으며, 한문을 경시하는 풍조가 퍼져 있다는 것을 뼈저리게 느낍니다.

그럼에도 불구하고, 지금 당신은 동양고전에 대해 관심을 가지고 이 책을 읽고 있습니다. 정말 고맙고, 또 고맙습니다. 진심으로 너무나 기쁩니다.

그렇다면, 이 책은 어떤 내용일까요?

동양고전으로 유명한 『논어』, 『맹자』라는 책 이름은 알아도 그것이 어떤 내용을 담고 있는지는 모른다든가,

『노자도덕경』, 『장자』를 아울러 노장사상이라고 부른다는 것은 알아도 두 책의 차이점은 모른다든가,

역사서라고 하여 무턱대고 『사기』, 『한서』를 읽었는데 '이 책이 특별한 이유는 뭐지?' 혹은 『한서』가 뭐지?'라고 생각한다든가,

이따금 『채근담』이라는 책이 언급되는데, 과연 어떤 책일까? 하는 의문이 들 수 있습니다.

인생 내공 고전 수업

이 책은 바로 그 질문들에 대해 답하는 책입니다.

동양고전 가운데 반드시 알아야 할 필독서 50권을 다루고 있습니다. 즉 사서오경, 제자백가, 좌국사한, 문선·당시선 등 사상·역사·문학을 불문하고 고대부터 근대까지 모든 분야와 모든 시대에 꼭 읽어야 할 고전 필독서를 다루고 있습니다.

하지만 『공자가어』, 『고승전』, 『옥대신영』, 『당송전기』, 『원곡』 등을 포함해, 『천공개물』, 『삼언이박』, 『명이대방록』, 『유림외사』, 『열미초당필기』, 『입이사차기』 등 미처 소개하지 못한 고전들도 많습니다. 그런 책들도 언젠가 소개할 기회가 찾아오기를 기대합니다.

고전을 읽으면 생각하는 힘이 깊고 넓어집니다. 그것이 고전의 힘입니다. 동양고전 필독서 50권을 독파하면 내공이 쌓여, 웬만한 일에는 꿈쩍도 하지 않을 것입니다.

자, 이제부터 다채롭고 풍성한 동양고전의 세계를 즐길 준비가 되셨나요?

인생의 고비마다 필요한 답을 얻을 수 있을 겁니다.

차례

♦

추천의 글   당신의 '인생 내공'은 몇 점입니까?   ··· 004

들어가며   고전 필독서 50권을 독파하면 내공이 쌓인다   ··· 008

**첫 번째
인생 내공**

어떻게 살아야만
원하는 선택지로 갈 수 있을까?
_ 선택의 순간, 후회하지 않을 10가지 비책

고전 1   『대학(大學)』   ··· 022

          고전의 세계로 들어가는 입구에서 가장 먼저 알아야 할 책

고전 2   『중용(中庸)』   ··· 028

          주자가 사서 중 가장 마지막에 배워야 하는 책으로 꼽은 책

고전 3   『논어(論語)』   ··· 034

          현대인을 매료시킬 수밖에 없는 명구와 명언이 가득한 책

고전 4　『맹자(孟子)』　　　　　　　　　　… 045
인간의 본성은 선하며, 호연지기를 길러야 흔들리지 않는다

고전 5　『순자(荀子)』　　　　　　　　　　… 054
맹자를 비판하며 성악설과 그에 근거하는 예치 사상을 설파

고전 6　『노자도덕경(老子道德經)』　　　… 060
'아무것도 하지 말라. 말하지 말라. 그저 살아가라'

고전 7　『장자(莊子)』　　　　　　　　　　… 068
엄청난 규모의 수많은 우화를 보면 모든 것이 사소한 일

고전 8　『세설신어(世說新語)』　　　　　　… 074
세속적 가치 규범에 얽매이지 않는 자유분방한 사람들

고전 9　『채근담(菜根譚)』　　　　　　　　… 080
살기 힘든 세상을 꿋꿋하게 살아가는 지혜로 가득한 책

고전 10　『신음어(呻吟語)』　　　　　　　　… 085
혼란한 세상 속의 신음을 담은, 아는 사람만 아는 명작

이 세상은 어떤 모양을 하고 있는가?
_ 깊이 생각하고 깨닫게 하는 동양고전 10선

고전 11 『주역(周易)』 · · · 094
수수께끼 같은 괘사 · 효사를 읽고 인생과 처세에 대한 지혜

고전 12 『시경(詩經)』 · · · 099
고대를 살았던 사람들의 노래 _ 사랑, 이별, 한탄, 슬픔 등

고전 13 『예기(禮記)』 · · · 107
〈예경〉의 해설로 정치, 철학, 윤리, 제도 등 다양한 내용

고전 14 『춘추번로(春秋繁露)』 · · · 113
동아시아를 유교 문화권으로 만든 동중서가 지은 책

고전 15 『논형(論衡)』 · · · 118
말의 경중을 헤아려, 진위의 기준을 세운 책

고전 16 『열녀전(列女傳)』 · · · 123
남존여비가 뿌리 깊은 중국에서 뛰어나게 훌륭한 여성들의 열전

고전 17 『산해경(山海經)』 · · · 129
세상에 드문 진기한 짐승이나 기괴한 짐승이 등장하는 책

고전 18 『안씨가훈(顏氏家訓)』 ··· 135
세상의 쓴맛 단맛을 모두 겪은 사람의 설교집

고전 19 『근사록(近思錄)』 ··· 141
인생에 도움이 되는 보석 같은 격언과 경구가 담긴 책

고전 20 『전습록(傳習錄)』 ··· 150
왕양명과 그 제자들의 질문과 대답을 기록한 책

**세 번째
인생 내공**

인간관계에서 생긴 문제를
어떻게 풀 것인가?
_ 인생의 무기가 되는 뜻밖의 발견 10가지

고전 21 『손자병법(孫子兵法)』 ··· 160
세계에서 가장 오래되고 유명한 군사 사상서

고전 22 『오자병법(吳子兵法)』 ··· 166
사람의 의욕을 끌어내는 비법이 담긴 군사 전략서

고전 23 『묵자(墨子)』 ··· 172
평등애를 설파하는 겸애, 침략 전쟁을 부정하는 비공

고전 24 『한비자(韓非子)』 ··· 181
사악한 사상으로 비판 받았지만 여전히 읽히는 책

고전 25 『안자춘추(晏子春秋)』 ··· 189
상대를 설득하는 능수능란한 기술을 담은 책

고전 26 『전국책(戰國策)』 ··· 195
천하를 움직인 말솜씨는 과연 어떠한가

고전 27 『여씨춘추(呂氏春秋)』 ··· 201
천하통일에 대비해 온갖 학술을 종합한 경이로운 책

고전 28 『회남자(淮南子)』 ··· 206
만물의 원리와 다양한 지식을 다룬 지식 백과사전

고전 29 『정관정요(貞觀政要)』 ··· 211
비즈니스 리더들의 필독서로서 여전히 사랑받는 책

고전 30 『송명신언행록(宋名臣言行錄)』 ··· 216
사람으로서 어떻게 행동해야 할지 배울 수 있는 책

네 번째
인생 내공

돌이킬 수 없는 과거를
어떻게 바라볼 것인가?

_ 미래를 준비하는 이들을 위한 교양 역사서 10

고전 31 『서경(書經)』 ··· 228
통치 이념을 배울 수 있는 비즈니스 리더의 필독서

고전 32 『춘추좌씨전(春秋左氏傳)』 ··· 236
역사기록『춘추』에 재미있는 이야기를 붙인 책

고전 33 『국어(國語)』 ··· 244
『춘추좌씨전』의 자매편으로 나라별로 엮은 역사서

고전 34 『사기(史記)』 ··· 250
역사서라기보다 문학으로 높은 평가를 받는 책

고전 35 『한서(漢書)』 ··· 258
『사기』와 어깨를 나란히 하는 역사서로 정사의 대표

고전 36 『후한서(後漢書)』 ··· 263
매력적인 인물들의 이야기를 담은 역사서

고전 37 『삼국지(三國志)』 ··· 269
삼국 시대의 흥미진진한 영웅담이 가득한 책

고전 38 『자치통감(資治通鑑)』 ··· 277
정사를 요약한 획기적인 역사서로 군신이 읽어야 할 책

고전 39 『몽구(蒙求)』 ··· 282
고사를 암기하기 위한 언어유희 모음집

고전 40 『십팔사략(十八史略)』 ··· 287
태고 시대부터 남송 멸망까지의 역사를 간략하게 나열

다섯 번째 인생 내공

고전 속에 표현된 과거의 모습은 어떠했는가?
_ 문화의 바탕을 엿볼 수 있는 동양고전 10

고전 41 『문선(文選)』 ··· 296
현존하는 가장 오래된 시문 사화집

고전 42 『당시선(唐詩選)』 ··· 304
동양고전에서 빼놓을 수 없는 당시(唐詩)의 선집

고전 43 『수신기(搜神記)』 ··· 309
황당하고 허술한 전개가 오히려 매력인 지괴 소설

첫 번째
인생 내공

고전 44 『전등신화(剪燈新話)』 ··· 315

괴담에 색정과 연애가 뒤얽힌 기괴 소설 단편집

고전 45 『요재지이(聊齋志異)』 ··· 320

무섭고 신기한 단편 괴기 소설집의 최고봉

고전 46 『당음비사(棠陰比事)』 ··· 325

추리 소설 같은 명재판·명수사·명추리의 사례집

고전 47 『삼국지연의(三國志演義)』 ··· 331

삼국 시대를 무대로 영웅호걸의 활약을 그린 소설

고전 48 『홍루몽(紅樓夢)』 ··· 337

중국에서는 『삼국지연의』 이상으로 대중적인 작품

고전 49 『무문관(無門關)』 ··· 342

절대 무(無), 동양적인 무(無)의 기준이 되는 책

고전 50 『광인일기(狂人日記)』 ··· 347

중국 근대 문학 최초의 작품으로 전통의 속박에서 벗어나려 한 책

각 책의
분량 및
난이도의
기준

분량

■□□ 한 권의 절반 이하

■■□ 한 권 (250~500쪽 기준)

■■■ 두 권 이상

난이도

■□□ 술술 읽힘

■■□ 다소 어려움

■■■ 많이 어려움

어떻게 살아야만
원하는 선택지로
갈 수 있을까?

| 선택의 순간, 후회하지 않을 10가지 비책 |

대학 (大學)

분량 ■□□
난이도 ■■□

고전의 세계로 들어가는 입구에서 가장 먼저 알아야 할 책

학문의 목적과 방법을 설파하는 유가 경전. 남송의 대학자 주희가 '사서오경'에서 가장 먼저 배워야 한다고 말한 책이다. 농촌경영에 수완을 발휘했던 니노미야 손토쿠의 동상이 손에 들고 있는 것도 바로 『대학』이다.

증삼 (曾參, 기원전 506~기원전 436)
춘추 시대(기원전 770~기원전 403) 말기의 인물. 자(子)는 자여(子輿). 공자의 문하생 중 12명의 수제자를 가리키는 '공문십이철' 중 한 사람으로, 공자의 제자 가운데 유일하게 이름에 '자'를 붙여 '증자(曾子)'라고도 불린다. 『효경』, 『대학』을 편찬한 것으로 알려져 있다.

도대체 무엇 때문에 배워야 하는가?

우리는 무엇 때문에 배워야 할까?

이 질문에 명확하게 답하는 것이 바로 『대학』이다.

이 책에서 배움은 자기 자신을 위한 것이 아니라, 세상과 나라를 위해서라고 말한다. 도가 사상은 자기 마음의 평온만을 추구하고, 세상과 나라를 등한시한다. 법가 사상은 세상과 나라를 위한다고 하며 백성들에게 이래라저래라 지시할 뿐이다.

하지만 학문이란, '자신을 갈고닦아 사람을 다스리는' 것이다.

인생 내공 고전 수업

우선 자기 자신을 먼저 돌보고, 자기 자신부터 군자(이상적인 인간)가 되어야 한다. 그리고 자신이 귀감이 되어 주위를 감화하고, 그 범위를 점점 넓혀나간다면, 머지않아 세상과 나라에 태평을 가져다줄 것이다.

이것이『대학』에서 말하는 학문의 목적이다.

미래를 준비할 때면
가장 먼저『대학』부터 독파하라

왜 가장 먼저『대학』부터 읽어야 할까?

『대학』이 이 책의 처음에 나오는 건 이유가 있다. 중국 고전의 챔피언은 사서오경四書五經이다. 사서오경은『대학』에『중용』,『논어』,『맹자』를 더한 '사서'와『주역』,『서경』,『시경』,『예기』,『춘추』의 '오경'을 말한다. 모두 유가의 기본 경전이며, 사서오경을 모르고서는 중국고전, 즉 동양고전을 말할 수 없다.

'경서經書'라고도 하는 경전은 학문의 '경經'이 되는 중요한 서적으로, 성인의 가르침을 전한다. 유가 사상의 시조인 공자의 시대에는 '오경', 혹은 현재는 흩어지고 없어져 전해지지 않는『악경』을 오경에 더한 '육경'이 경서로 여겨졌다.

그런 가운데 전한의 '오경박사' 설치와 당나라의『오경정의』편찬을 거쳐, 사서오경은 경전으로서의 위상을 확립하였다.

그런데 이 오경보다 앞서 사서를 남긴 사람이 남송의 주희朱熹다. 공자(이름의 '자'는 '선생'을 의미)와 마찬가지로 '주자朱子'라고 불리는 주희는 중국과 조선, 일본의 관학이 되는 주자학을 낳은 사상가다.

그는 『주자어류』에서 이렇게 서술한다.

> 『대학』으로 학문의 틀을 만들고,
>
> 『논어』로 학문의 근본을 세우며,
>
> 『맹자』로 학문의 열정적인 모습을 보고,
>
> 『중용』으로 옛사람들의 깊은 부분을 탐구한다.

그리고, 사서를 배운 다음 오경으로 넘어가야 한다고 말했다. 따라서, 동양고전을 배울 때 가장 먼저 봐야 하는 책은 『대학』이다.

『대학』은 원래 『예기』의 일부로, 독립된 서적이 아니었다. 원래 저자가 명확하지 않았으나, 주자가 공자의 제자 중 한 명인 증삼(증자)이라고 정했다. 효孝로 유명한 바로 그 증자다.

『대학』은 1,750자 정도의 짧은 글로, 총 11장으로 이루어져 있다. 주자는 『대학』의 핵심이 담긴 제1장 205자를 '공자의 말씀을 증자가 전한 것'이라며, 이를 '경經'이라고 했다.

그리고 나머지 10개의 장을 '경에 대한 증자의 해설을 그의 제자가 기록한 것', 즉 '전傳'이라고 규정했다.

다시 말해, '경'은 성인의 저작과 그의 기록, '전'은 그 주석을 가리킨다. 이것이 오경을 이해하기 위한 기본 용어다.

『대학』은 첫머리에서 '대학지도 재명명덕 재신민 재지어지선大學之道 在明明德 在新民 在止於至善'이라고 했다. 해석하면 '대학, 즉 큰 배움의 길은 착한 본성을 밝히는 데 있고, 백성을 새롭게 거듭나도록 도와줌에 있으며, 지극히 좋은 상태에 머무르는 데 있다'라고 서술하고 있다.

여기에서 '명명덕·신민·지지선'을, 주자는 '삼강령三綱領'이라고 부른다. 군자가 되기 위한 세 가지 요점은 다음과 같다.

① 자기 수양에 힘써, 누구나 타고난 명덕(빛나는 덕)을 밝히고('착한 본성을 밝힌다')

② 사람들을 감화하고, 기존에 내려오던 악습을 버리며, 도덕을 쇄신하고('백성을 새롭게 거듭나도록 한다')

③ 자신과 백성이 도달한 지극한 선에 머무르는('지극히 좋은 상
　태에 머무른다') 것

이렇게 『대학』은 학문의 목표를 명확히 한 뒤, 이렇게 말한다.

"사물의 도리를 모두 궁구한 후에야 앎이 사물의 도리에 지극해지고, 앎
이 지극해진 후에야 뜻이 진실해지며, 뜻이 진실해진 후에야 마음이 바
르게 된다.
나아가 마음이 바르게 된 후에야 몸이 닦아지고, 몸이 닦아진 후에야 집
안이 가지런해지며, 집안이 가지런해진 후에야 나라가 다스려지고, 나
라가 다스려진 후에야 천하가 평안해진다."★

그리고, '격물(사물의 도리를 다하고)·치지(자신의 지식에 지극해지고)
·성의(진심으로 대하고)·정심(마음을 바르게 하고)·수신(몸의 행실을 훌륭
히 하고)·제가(먼저 자신의 가정을 다스리고)·치국(다음의 한 나라를 다스리
며)·평천하(천하 만민의 명덕을 밝힌다)'를 '팔조목八條目'이라고 불렀다.
　즉, '수기치인修己治人'의 길이야말로 『대학』에서 말하는 학문의
길이다.

★　物格而后知至 知至而後意誠 意誠而後心正 心正而後身修 身修而後家齊 家齊而後
　　國治 國治而後天下平 (물격이후지지 지지이후의성 의성이후심정 심정이후신수 신
　　수이후가제 가제이후국치 국치이후천하평)

| 학문의 과정 '팔조목(八條目)' |

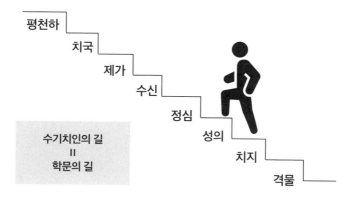

평천하
치국
제가
수신
정심
성의
치지
격물

수기치인의 길
=
학문의 길

이 책의 포인트

❶ 『대학』은 사서오경 가운데 가장 먼저 읽어야 할 고전으로 꼽힌다.
❷ 내용은 '학문의 목적'에 관해 말하며, 자신을 갈고닦아 사람을 다스린다는 '수기치인'을 강조한다.
❸ 삼강령과 팔조목 중 '수신·제가·치국·평천하'는 꼭 기억하자.

고전
2

중용(中庸)

분량 ■□□
난이도 ■■□

주자가 사서 중 가장 마지막에 배워야 하는 책으로 꼽은 책

이 책은 도덕에 관해 이야기한다. 맹자의 성선설에 관해 '만일 사람의 본성이 선하다면, 극악한 사람이 존재하는 이유는 무엇인가? 또 어째서 우리는 선한 사람일 수 없는가?'라는 소박한 질문에 답하고 있다.

자사 (子思, 기원전 483?~기원전 402?)
전국 시대(기원전 403~기원전 221)의 인물이며 공자의 손자다. 이름은 급(伋)이며, 자사는 자(子)다. 저서로 『자사자(子思子)』가 있다고 전해지나 산실되었다. 다만 『예기』의 '중용·표기·방기·치의' 네 편이 그 일부라고 여겨진다.

사람의 본성은 선하기 때문에 본성을 따르면 도리를 지킬 수 있다

사서인 『대학』, 『중용』, 『논어』, 『맹자』 가운데 이번에는 『중용』을 살펴보자. 『중용』 역시 『대학』과 마찬가지로 원래 『예기』의 일부였으며 독립된 책이 아니었다.

저자는 공자의 손자인 자사라고 한다. 증자의 제자였던 자사는 맹자에게 영향을 끼쳤다. 공자 → 증자 → 자사 → 맹자로 이어지는 학통을, 주자학에서는 선왕의 가르침道(도)을 바르게 전한

'도통'이라고 하여 중요하게 생각하였다. 그래서 그들의 저작『논어』→『대학』→『중용』→『맹자』를 유가의 경전에 추가했다.

　『중용』은 인간의 본성이란 무엇인가를 논한 책으로, 책 제목과는 달리 주로 '성誠'의 철학에 관해 이야기한다.

　책의 첫머리에서 이렇게 서술한다.

> 하늘이 사람에게 선천적으로 부여한 것을 성性이라고 하고,
>
> 이 본성에 따라 일을 처리하고 행동하는 것을 도道라고 하며,
>
> 사람들로 하여금 도를 열심히 실천하게 하는 것을 교敎라고 한다.[*]

　만물을 주재하는 '하늘'이 명하여 인간에게 부여한 것이 '성(본성)'이며, 본성은 본래 선하므로(성선설) 그 본성을 따르면 그것이 '도(도리·도덕)'가 된다. 그리고 그 도를 닦기 위한 도움이 '교(교육·교화)'인 것이다.

　맹자의 성선설은, 근원을 양지良知(옳은 것을 다 앎)와 양능良能(옳은 것을 행하는 능력)에 둔다. 인간은 선천적으로 선한 마음을 가지고 있어 '선을 행하고 싶어서 행한다'는 것이다. 즉, 맹자는 '사람의 본성이 선한 이유는 애초에 사람이 그러하기 때문'이라고 대답

---

[*]　天命之謂性 率性之謂道 修道之謂敎 (천명지위성 솔성지위도 수도지위교)

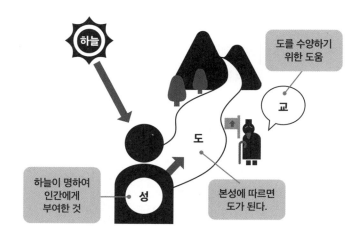

하는 셈이다.

그에 비해 『중용』은 '사람의 본성이 선한 이유는 하늘이 그렇게 명했기 때문'이라고 대답한다. 성선설의 근원을 '하늘'에 둔 것이다. '사람의 본성은 곧 하늘의 이치, 그 자체다'라는 주자학의 '성즉리'의 사상은 이 부분을 근거로 한다.

그래서 『중용』에서는 혼자 신중하게 자신의 마음과 마주하고 愼獨(신독), '도'로부터 벗어나려는 조짐이 보이면 어떠한 사소한 것에도 민감하게 감지하는 자를 '군자'라고 칭한다. 그리고 '희로애락이 아직 일어나지 않은 상태를 중中이라고 하며, 일어났지만 모두 절도에 맞으면 그것을 화和라고 한다. 중이라는 것은 천하의 큰 뿌리이며, 화라는 것은 천하의 보편적인 도리다*라며 기다리고 기다리던 중용의 '중'을 언급한다.

이에 따르면 '중'이란 감정이 아직 드러나지 않은 중립적인 상태이며, '화'란 드러난 감정이 절도 있게 조화를 이루는 상태다. 그리고 이 '중'이 천하의 근본이며, '화'가 시대와 장소를 초월해 통용되는 인간의 도리(달도)라 말하고 있다.

사람의 본성은 선한데 어째서 때때로 나쁜 짓을 할까?

왜냐하면 사람은 강한 '정'(희로애락)에 휩쓸렸을 때 그 본성을 잊어버리기 때문이다. '중'은 아무런 감정도 일어나지 않았으므로 본성을 따르고 있는 상태다. '화'는 감정이 일어나긴 했지만, 절도 있게 조화를 이루고 있으므로 '화' 역시 본성을 따르고 있는 상태다. 그러므로 '중과 화를 위해 정성을 다하면, 천지가 있어야 할 자리에 자리를 잡고 만물이 저절로 자라난다.'**

★   喜怒哀樂之未發 謂之中 發而皆中節 謂之和 (희로애락지미발 위지중 발이개중절 위지화) 中也者 天下之大本也 和也者 天下之達道也 (중야자 천하지대본야 화야자 천하지달도야)

★★ 致中和 天地位焉 萬物育焉 (치중화 천지위언 만물육언)

즉, 주위에 휘둘리지 말고 감정을 잘 다스려, 때와 상황에 맞게 지나치거나 모자라지 않도록 감정의 조화를 이루면 세상의 모든 일이 자연스럽게 흘러간다는 의미다.

인간에게 가능할 것 같지는 않지만, 이것이 '중화'의 효능이다.

중용을 중요하게 여긴 인물은 공자다. 공자는 '정도를 지나침은 미치지 못함과 마찬가지로 좋지 않다. 어떤 일이든 적당한 것이 좋다'라는 '과유불급'을 말하기도 했다.

『중용』에서는 '중용이야말로 지극함일지언정 사람들이 오래 지키기가 드물다'*라고 한탄하며 '지혜로운 자는 지나치고, 어리석은 자는 미치지 못하기 때문'**이라고 말한다. 그리고 '적당히 좋은 상태'에 머무르기는 지극히 어려운 일이라고 반복한다.

'성誠'은 후반부에 등장한다. '천하의 달도'란 군신·부자·부부·형제·붕우라는 다섯 가지 사귐이며, '천하의 도덕'은 지·인·용이라는 세 가지 덕, 그리고 이들을 작용하게 하는 것이 하나의 '성'이다.

그렇다면 '성'이란 무엇인가?

이에『중용』은 '성은 하늘의 도리이며, 성을 추구하는 것은 사람

★　中庸其至矣乎 民鮮能久矣 (중용기지의호 민선능구의)
★★　道之不行也 我知之矣 知者過之 愚者不及也
　　(도지불행야 아지지의 지자과지 우자불급야)

　　　　　　　　　　　　　　　　　인생 내공 고전 수업

의 도리다'*라며, 하늘이 준 선한 본성을 진실하고 정성스럽게 대하는 것, 그것이 '성'이며 모든 도와 덕의 기반이 된다고 대답한다.

이 책의 포인트

❶ 『중용』은 사서 중 가장 마지막에 읽어야 할 서적으로 꼽힌다.
❷ '도덕'에 관해 이야기하고 있으며, '중용'은 '적당히 좋은 상태'에 머무른다는 의미다.
❸ '성(誠)'은 성선설을 전제로 그 선한 본성을 진실하고 정성스럽게 대한다는 의미다.

★   誠者 天之道也 誠之者 人之道也 (성자 천지도야 성지자 인지도야)

논어 (論語)

분량　■■□
난이도　■□□

현대인을 매료시킬 수밖에 없는 명구와 명언이 가득한 책

동양의 정치·문화에 가장 큰 영향을 끼친 인물은 공자다. 영향력으로 따지면 서양의 예수와 어깨를 나란히 한다고 할 수 있다. 동양고전의 중심에 있는 '사서오경' 역시 모두 공자와 그의 학파가 관계하고 있다. 『논어』는 공자와 그의 제자들의 어록을 엮은 책이다.

공자 (孔子, 기원전 552?~기원전 479)
전국춘추 시대(기원전 770~기원전 403)의 인물. 이름은 구(丘), 자는 중니(仲尼)이며 유가의 시조다. 전통을 중요시한다. 주나라를 이상적인 왕조로 여기고, 주공 단(周公旦)을 이상적인 정치가로 생각하여 우러러보았으며, 인과 예를 근본적 이념으로 하는 덕치 정치를 주장했다.

동양고전의 챔피언은 단언컨대 『논어』

『논어』는 공자와 그 제자들의 언행록이다.

공자는, 공이 성이요, 이름은 구, 자는 중니다. 간단하게 선생님을 뜻하는 '부자夫子'라고 불리기도 한다.

중국 정치·문화의 핵심이 된 인물로, 동양에서 공자만큼 영향력을 가진 인물은 없다. 공자에서 시작한 학파를 유가, 그 학문을 유학·유교라고 부른다. 일본에도 영향을 미쳤는데, 쇼토쿠 태자의 '17조 헌법' 제1조 '조화和를 귀하게 여긴다'는 『논어』(학이편)의 '예의 쓰임에는 무엇보다 조화를 귀하게 여긴다'*를 바탕으로 한 것이라고 전해진다. 또한, 도쿄 대학의 뿌리인 '유시마세이도湯島聖堂'는 원래 공자를 모시는 사당이다.

『논어』는 동양고전에 입문할 때 아주 딱 맞는 책이다. 일단 얇고, 한 장章 한 장이 간결하다. 공자나 그 제자들이 하는 말을 읽으면서 가슴에 울림을 주는 구절에 포스트잇을 붙이고, 마음에 드는 구절을 SNS에 올리거나 암기를 해보는 것도 추천한다.

예를 들어, 필자가 가장 좋아하는 구절은 다음과 같다. 여기에서 군자란, 지향해야 할 이상적인 인간을 가리킨다.

남이 나를 알아주지 않더라도 노여워하지 않으니,

이 또한 군자답지 아니한가.** 〈학이편〉

남이 나를 알아주지 않는 것을 걱정하지 말고,

내가 남을 알지 못하는 것을 걱정하라.*** 〈학이편〉

이것을 읽고 나니, '공자도 어지간히 다른 사람에게 인정받지

★   禮之用和爲貴 (예지용화위귀)
★★   人不知而不慍 不亦君子乎 (인부지이불온 불역군자호)
★★★ 不患人之不己知 患不知人也 (불환인지불기지 환부지인야)

못했구나' 싶어 친근감이 들었다. 상대에게 인정받지 못하거나 무시를 당하면, 필자는 그때마다 이 구절을 떠올리며 마음을 가다듬는다.

『논어』에는 이런 명구와 명언이 끊임없이 이어진다.

그 밖에도 〈학이편〉에 나오는 '반반한 외모로 달콤한 말을 하는 사람 중에는 어진 사람이 드물다'*와 〈헌문편〉에 나오는 '굳세고 의연하며 질박하고 어눌함은 인仁에 가깝다'**라는 구절도 좋아한다.

언변이 뛰어나고 외모가 출중한 사람 중에 변변한 사람은 없다. 오히려 말주변이 없는 조용한 성격이야말로 좋은 사람인 경우가 많다. 공자여, 참으로 좋은 말씀입니다.

『논어』의 중심 사상은 '인'과 '예'

공자는 기원전 550년경, 춘추 시대(기원전 770~기원전 403) 말기에 태어났다. 이는 불교를 창시한 석가(기원전 563?~기원전 483?)와 비슷한 시기이며, 공자보다 약간 늦게 태어난 인물로는 소크라테스(기원전 470?~기원전 399)가 있다. 일본은 조몬 시대가 끝나고 벼농사를

★　巧言令色 鮮矣仁 (교언령색 선의인)
★★　剛毅木訥 近仁 (강의목눌 근인)

시작할 무렵인데 공자는 이미 '인仁'과 '예禮'의 사상을 설파하고 있었다.

먼저 '인'에 관해 살펴보자.

> 군자가 인을 버리고 어찌 명예로운 이름을 이룰 수 있겠는가. 군자는 밥 한 그릇을 먹는 시간에도 인을 어기는 법이 없으며, 급할 때도 반드시 인과 더불어 하고, 엎어지고 넘어지는 동안에도 반드시 인과 더불어 해야 한다.[*] 〈이인편〉

군자는 인으로부터 멀어져서는 안 된다.

라면을 끓이는 동안에도, 밤을 새워 준비한 프레젠테이션 자료를 기차에서 잃어버렸을 때도, 계단에 발이 걸려 정강이가 부딪히고 유혈이 낭자할 때도 인을 잊지 않아야 한다.

그렇다면 '인'이란 과연 무엇일까?

사실 확실하지 않다. 놀랍게도 공자 역시 『논어』(헌문편)에서 '인이라고 할 수 있는지는 나도 잘 모르겠다'[**]라고 당당하게 말하고 있다. 그런데도 공자의 말씀을 따라가 보면, '인'이란 '사람을 사랑하는'〈안연편〉 것이요, '효제(부모에 대한 효도와 형제에 대한 공경

---

[*] 君子去仁 惡乎成名 君子無終食之間違仁 造次必於是 巓沛必於是 (군자거인 오호 성명 군자무종식지간위인 조차필어시 전패필어시)
[**] 仁則吾不知也 (인즉오부지야)

=가족애)'야말로 '인의 근본' 〈학이편〉이다. 그리고 '내가 인을 하고자 하면, 인에 이르게 된다'* 〈술이편〉라고 말하고 있다.

'인의 근본'은 가족에 대한 사랑이며, 처음부터 모든 사람이 각각 갖추고 있으므로 바로 인을 실천할 수 있다.

> 천하에 다섯 가지를 행할 수 있으면 인이 된다. …… (그 다섯 가지란) 공손함, 관대함, 믿음직스러움, 민첩함, 은혜로움이다. 공손하면 모욕 당하지 않고, 너그러우면 다른 사람의 지지를 얻으며, 믿음이 있으면 사람들이 일을 맡기고, 민첩하면 공로가 이루게 되고, 은혜로우면 다른 사람을 다스릴 수 있다.** 〈양화편〉

여기에서 공자는 '인'의 요소로 '공손함, 관대함, 믿음직스러움, 민첩함, 은혜로움'이라는 다섯 가지를 꼽았다. 예의 바르고 너그러우며, 언제나 성의를 다하고 매사에 긍정적이며 배려심이 있는, 그것이 바로 '인'이다.

그 밖에도 인에 대해 질문을 받으면 '평상시에 일상생활을 할 때는 공손하고, 일을 처리할 때는 신중해야 하며, 사람을 대할 때

★   我欲仁 斯仁至矣 (아욕인 사인지의)
★★ 能行五者於天下 爲仁矣 (능행오자어천하 위인의) ……
    恭寬信敏惠 恭則不侮 寬則得衆 信則人任焉 敏則有功 惠則足以使人
    (공관신민혜 공즉불모 관즉득중 신즉인임언 민즉유공 혜즉족이사인)

는 진심으로 대해야 한다'★ 〈자로편〉라고 말한다.

집에서는 공손하게, 일은 신중하게, 다른 사람에게는 정성을 다해야 함을 강조하며, 인의 요소로 '공恭·경敬·충忠'을 들고 있다.

또한, 인은 '충서忠恕(진심과 배려)'이기도 하다. 공자의 훌륭한 제자이자 『대학』의 저자인 증자는 〈이인편〉에서 '부자(즉 공자)의 도는 충과 서일 뿐이다'★★라고 단호하게 말한다.

> 자공이 '평생토록 행할 만한 가치 있는 한마디 말이 있습니까?'라고 묻자, 공자께서 말씀하셨다.
>
> '그것은 서恕이니라. 내가 원하지 않는 일을 남에게 시키지 말라.'★★★
>
> 〈위령공편〉

자공의 질문에 공자는 죽을 때까지 실천해야 하는 것을 '서'라는 한 글자로 대답하며, 구체적으로 '자신이 원하지 않는 바를 남에게 베풀면 안 된다'라고 조언한다.

사실 굉장히 단순하다. 만원 지하철에서 손잡이도 잡지 않고 핸드폰 게임에 열중하거나, 태블릿으로 동영상을 보며 인파 속을

★　　居處恭 執事敬 與人忠 (거처공 집사경 여인충)
★★　　夫子之道 忠恕而已矣 (부자지도 충서이이의)
★★★　子貢問曰 有一言而可以終身行之者乎 (자공문왈 유일언이가이종신행지자호)
　　　子曰 其恕乎 己所不欲 勿施於人 (자왈 기서호 기소불욕 물시어인)

걷거나, 출입구 부근에 자리를 잡고 다른 사람의 승하차를 방해하거나. 민폐라고 생각하는 다른 사람들의 행위를, 자신은 하지 않는 것이다. 사소한 배려가 인의 실천이 된다.

증자는 〈학이편〉에서 '나는 하루 세 번 스스로 반성한다'*라고 서술했다. 우리도 충과 서·공손·관용·성의가 결여되어 있지는 않은지 반성해봐야 한다. 다음 전철을 타도 늦지 않는데 승차하려고 급하게 뛰어가던 중에 어르신과 부딪치지는 않았는지, 이처럼 사소하지만 일상 속의 반성 말이다.

이번엔 '예'에 관해 살펴보자.

> 자기 자신을 극복하고 예로 돌아가는 것이 인이다. …… 예가 아닌 것은 보지 말고, 예가 아닌 것은 듣지 말며, 예가 아닌 것은 말하지 말고, 예가 아닌 것은 하지 말아라.** 〈안연편〉

> 부모가 살아계실 땐 예로 섬기고, 돌아가시면 예로 장사를 지내며, 돌아가신 뒤에는 예로 제사를 지낸다.*** 〈위정편〉
> (모든 일에 예의 규칙을 그르치지 않는다는 것이다.)

★   吾日三省吾身 (오일삼성오신)
★★   克己復禮爲仁 …… 非禮勿視 非禮勿聽 非禮勿言 非禮勿動
     (극기복례위인 …… 비례물시 비례물청 비례물언 비례물동)
★★★ 生事之以禮 死葬之以禮 祭之以禮 (생사지이례 사장지이례 제지이례)

예를 모르면 사회에 나설 수 없다.[*] 〈요왈편〉

매사에 예의를 지키고, 예의에 어긋나서는 안 된다. 예란, 상석과 말석을 구분하거나 선배가 술잔에 입을 댈 때까지 기다리는 예의범절이라고 생각해도 좋다.

'자기 자신을 극복하는 것'은 곧 자신을 억제하고 예의를 따르는 것. 자신의 모든 행동에 예의를 지켜야 하며, 부모를 대할 때도 언제나 예의를 갖춰야 한다. 예의를 모르는 자는 사회에 나설 수 없다고까지 말한다.

펼치는 곳마다 인생의 내공이 쌓인다

마지막으로, 『논어』에서는 이상적인 인간의 모습인 '군자'를 어떻게 말하고 있는지 극히 일부만 소개하려고 한다. 모두 마음에 와닿은 구절들이다.

군자는 자기 자신에게서 잘못을 찾고, 소인은 남에게서 잘못을 찾는다.^{**} 〈위령공편〉

★   不知禮 無以立也 (부지례 무이립야)
★★   君子求諸己 小人求諸人 (군자구저기 소인구저인)

군자는 긍지를 가지지만 다투지는 않고, 여럿이 한데 어울리지만 편을 가르지는 않는다.* 〈위령공편〉

군자는 태연하면서도 교만하지 않으며, 소인은 교만하면서도 태연하지 못하다.** 〈자로편〉

군자는 서로의 생각을 조율하여 화합을 이루기는 하지만 이익을 얻기 위해 주관을 버리고 상대방에게 흔들리지는 않으며, 소인은 이익을 얻기 위해 주관을 버리고 상대방에게 흔들리기는 하지만 서로의 생각을 조율하여 화합을 이루지는 못한다.*** 〈자로편〉

군자는 말로써 사람을 천거하지 않고, 사람 됨됨이로써 그 사람의 말을 버리지 않는다.**** 〈위령공편〉

군자는 다른 사람을 탓하지 않는다. 긍지(프라이드)는 있지만 추악한 욕설은 하지 않고, 당파에도 속하지 않는다. 언제나 태연하고 자약하며, 냉정하고 침착하여 다른 사람을 깔보지 않는다. 시

---

*   君子矜而不爭 群而不黨 (군자긍이부쟁 군이부당)
**   君子泰而不驕 小人驕而不泰 (군자태이불교 소인교이불태)
***   君子和而不同 小人同而不和 (군자화이부동 소인동이불화)
****   君子不以言擧人 不以人廢言 (군자불이언거인 불이인폐언)

종일관 온화하고 비판하지 않으며, 대세에 동조하지 않는다. 말로만 다른 사람을 평가하지 않고, 누구의 말이든 귀를 기울인다.

대화가 되지 않는 사람을 만나면 '일단 『논어』부터 읽고 와. 그런 다음에 이야기 나누자'라고 말하고 싶어진다.

학문에서는 고전 교육을 중시하고, '스스로 창작하려 하지 않고, 믿음을 가지고 옛것을 좋아한다'★ 〈술이편〉, '옛것을 익히고 복습하며, 새로운 것을 알다'★★ 〈위정편〉라며, 고전을 전하고 새로이 창조하지 않으며, 믿음을 가지고 좋아하고 나아가 옛 학설에 숙달하여 그 안에서 새로운 깨달음을 발견해야 한다고 서술한다.

물론 단순히 암기하는 것이 아니다. 〈위정편〉에서는 '배우기만 하고 스스로 생각하지 않으면 얻는 것이 없고, 사색만 하고 배우지 않으면 독단이나 오류에 빠질 위험이 있다'★★★라고 서술하며, '배움'뿐만 아니라 '생각', 즉 스스로 사고하는 것의 중요성을 강조한다.

그리고 마지막으로 이런 구절이 있다.

★　　述而不作 信而好古 (술이부작 신이호고)
★★　　溫故而知新 (온고이지신)
★★★　學而不思則罔 思而不學則殆 (학이불사즉망 사이불학즉태)

아는 것을 안다고 하고, 알지 못하는 것을 알지 못한다고 하는 것. 그것이 진정으로 아는 것이다.* 〈위정편〉

모르는 것을 솔직하게 모른다고 인정할 것.
무슨 일이 있을 때마다 되뇌는 진리의 말이다.

이 책의 포인트

❶ 『논어』는 동양고전에 입문하는 사람들에게 추천하는 책이다. 마음에 드는 명구와 명언을 찾아보자.

❷ 『논어』의 중심 사상은 '인'과 '예'로, 사소한 배려와 올바른 예의가 중요성을 강조한다.

★ 知之爲知之 不知爲不知 是知也 (지지위지지 부지위부지 시지야)

맹자 (孟子)

분량 ■■■
난이도 ■■□

인간의 본성은 선하며, 호연지기를 길러야 흔들리지 않는다.

맹자는 공자의 학설을 근본으로 하여 이 책을 썼다. 그는 공자의 '인' 사상을 더욱 충실하게 했으며, 성선설을 제창한 인물이다. 그의 왕도 사상은 시대에 받아들여지지 않았지만, 백성에게 먼저 다가가는 그 태도는 지금 시대에 꼭 필요한 것이다.

맹자 (孟子, 기원전 372?~기원전 289?)
전국 시대(기원전 403~기원전 221)의 인물. 이름은 가(軻), 자는 자여(子輿). 공자의 손자인 자사의 문하생에게 배웠다. 공자의 도야말로 옛 성현의 도라고 하며, 이 것을 실천하는 '왕도 정치'를 제창하였지만, 그 시대에는 받아들여지지 않았다.

인간의 성질은 본래 선하다

공자와 맹자, 두 사람을 아울러 '공맹'이라고 한다. 그리고 '공맹의 학문', '공맹의 가르침'을 '유학儒學'이라고 한다. 이처럼 맹자는 공자와 나란히 칭송받는 존재라고 할 수 있다. 맹자는 공자가 세상을 떠나고 약 1세기 후인 전국 시대 중기에 태어났다.

맹자는 공자의 손자이자 『중용』의 저자인 자사의 문하생에게 가르침을 받았다. 대국인 양나라와 제나라를 찾아 왕도 정치를 설파하였으나 받아들여지지 않았다. 그래서 송·등·설 등 소국에서도 유세하였지만 그곳에서도 실패했다. 그의 주장은 '현실과 거리가 멀고 사정에 어둡다'★ (『사기』〈맹자 열전〉)라는 평가를 받았다. 맹자는 정치에 관여하는 것을 단념하고, 제자인 만장萬章, 공손추公孫丑 등과 함께 시대의 실정에 맞지 않는 이상론을 이야기하며 여생을 보냈다.

맹자는 인간의 성질은 '선善'하다고 단언하였는데, 이를 성선설이라고 한다. 사람은 배우지 않고도 시행하는 '양능'과 생각하지 않아도 아는 '양지'를 갖추고 있다.

또한, 사람은 다른 사람의 불행을 모른 척할 수 없는 '연민의 마음'을 가지고 있다. 우물에 빠질 것 같은 어린아이를 목격하면, 사람은 누구나 다른 사람을 불쌍히 여기고 동정하는 '측은'의 감정을 갖는다. 그 아이의 부모와 가까워지고 싶기 때문도, (매정한 사람이라는) 악명이 두려워서도 아니다. 자연스럽게 그런 감정이 드는 것이다.

그 측은에 더해, 사람에게는 자신의 악행을 부끄러워하고 착하지 않음을 미워하는 '수오', 자신을 낮추고 다른 사람에게 양보하는 '사양', 선과 악, 옳고 그름을 판단하는 '시비'라는 네 가지 마음

★ 迂遠而 闊於事情 (우원이 활어사정)

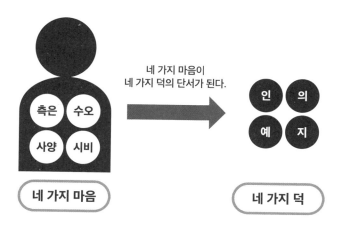

이 있으며, 각각이 인·의·예·지라는 네 가지 덕의 단서가 된다.

이것을 사단설四端設이라고 한다.

왕도 정치 - '어진 사람은 적수가 없다'

맹자는 군주에 '인仁'을 요구한다. 인이란 인애仁愛라고 할 수 있는데, 이는 백성에 대한 자애를 말한다.

반면에 군주는 맹자에 '이익利'을 요구한다. 약육강식의 전국 시대에 이익, 즉 국익이란 단순하게 군사력과 경제력의 증강으로 부국강병을 말한다.

양나라 혜왕은 맹자에게 '어떻게 하면 나라에 이익을 가져올 수 있을지'를 물었다. 그러나 맹자는 이익을 거부했다. 사람들이 이익을 추구하면 서로 죽이고 서로 빼앗아 나라가 위태로워지므로, '인과 의만 있을 뿐' 〈양혜왕 상편〉이라고 주장한다. 맹자는 사람들이 인과 예의 덕을 익히면 나라는 안정된다고 생각했다. 어진 사람이 부모를 버리거나 의로운 사람이 군주를 소홀히 하지는 않기 때문이다. 뭐, 그건 맞는 말이긴 하다.

그렇다면 '인과 예'라는 듣기 좋은 말로 과연 전쟁에서 이길 수 있을까?

맹자는 '어진 사람에게는 적수가 없다'라며 이길 수 있다고 말한다. 백성에게 인정을 베푼다면, 만일의 사태가 일어났을 때 백성은 곤봉을 들고 적국의 견갑이병(튼튼한 갑옷과 날카로운 무기를 갖춘 군사)에 맞서고, 반대로 적국의 백성은 폭정에 시달리고 있으므로, 정벌군을 보내면 누구 한 사람도 맞서지 않는다. 즉, 어진 정치만 베푼다. 공격과 수비에서 모두 이길 수 있다는 말이다.

상당히 편의주의적인 생각이다. '현실과 거리가 멀고 사정에 어둡다'라는 평가를 받는 것도 당연하다. 그러는 사이 부국강병에 성공한 법가의 상앙商鞅과 적국을 산산조각 낸 병가의 오기吳起·손빈孫臏의 활약이 돋보이게 되었다.

인생 내공 고전 수업

사람은 누구나 양지와 양능, 사단을 가지고 있다. 그 마음에 따른다면 인·의·예·지를 실천할 수 있다.

그것은 군주도 예외가 아니다.

'측은지심'에 따른다면 '다른 사람을 차마 모른 척하고 지나칠 수 없는 정치'[*] 〈공손추 상편〉, 즉 불행한 백성을 저버리지 않는 어진 정치=왕도 정치를 실천하여 군주 국가의 우두머리인 왕자王者가 될 수 있다. 누구라도 그렇다. 왕자가 될 수 없다면, 그것은 '하지 않는 것이지, 하지 못하는 것이 아니다.' 〈양혜왕 상편〉

제나라 선왕은 끌려가는 소를 보고, '어디로 데려가느냐'고 물었다.

"새로운 종이 완성되어, 제물로 바치는 데 소를 사용하려고 합니다."

"그만두거라. 겁에 질려 떨고 있는 소가 무고하게 죽임을 당하러 가는 모습은 차마 볼 수 없다."

"그렇다면 의식을 그만두어야 합니까?"

"아니다. 그만두지 않는다. 소 대신 양을 사용하거라."

"……."

★   不忍人之政 (불인인지정)

이게 무슨 소리인가. 소는 안 되지만 양은 괜찮다니. 고래는 먹으면 안 되지만 소는 괜찮다며 '잘 먹겠습니다'라고 말하는 인간과 똑같지 않은가. 그런데 맹자는 선왕을 칭찬하며, 그런 마음을 지니고 있으면 왕자가 될 수 있다고 답했다.

> 선왕의 행동은 어진 덕을 베푸는 '인술仁術'이며, 소는 죽이지 못하면서 양은 죽일 수 있는 이유 '소는 보고, 양은 보지 못했기' 때문이다. 〈양혜왕 상편〉

사람은 살아 있는 짐승의 모습을 보면 그 죽음을 차마 보지 못하고, 그 울음소리를 들으면 그 고기를 차마 먹을 수 없다. 선왕은 눈앞의 소를 불쌍히 여겨 구원하였다.

이는 백성을 대할 때 역시 마찬가지다. 그러므로 지금 선왕이 어진 정치를 실천하여 왕자가 되지 않는 것은, 되지 못하는 것이 아니라 되려고 하지 않았기 때문이다.

맹자는 그렇게 단언했다.

맹자는 혁명을 인정한 사상가이기도 하다

맹자의 사상은 일종의 민주주의다.

'백성의 즐거움을 즐긴다', '백성의 시름을 걱정한다'(양혜왕 하편)라며 걱정과 즐거움을 세상의 백성과 함께하여 왕자가 되지 못한 자는 없다고 맹자는 말한다. 천하를 얻으려면 민심을 얻어야 하는데, 민심을 얻으려면 그들이 원하는 것을 주고 그들이 싫어하는 것을 하지 않으면 된다. 이렇게 어짊을 실천하면 '백성이 인으로 돌아가는 것은, 물이 아래로 향하는 것과 같다'*〈이루 상편〉라고 할 수 있다.

물론 천하를 왕에게 주는 것은 만물의 주재자인 '하늘'이다. 그러나 하늘에게는 눈과 귀가 없어, 백성의 눈과 귀를 통해 보고 듣는다.〈만장 상편〉 다시 말해 하늘의 뜻은 백성의 뜻이며, 백성의 지지를 얻은 자만이 천명을 받은 천자天子로서 천하를 통치할 수 있다.

걸주(하나라 걸왕과 은나라 주왕)가 천하를 잃은 이유는 민심을 잃었기 때문이다. 그들은 어질지 못한 폭군으로 '백성에게 포악함이 심하여, 자신은 시해 당하고 나라는 망하는'**〈이루 상편〉결과에 빠졌다.

탕무(은나라 탕왕과 주나라 무왕)가 걸주를 '방벌(무력으로 타도)'한 것

★ 民之歸仁也 猶水之就下 (민지귀인야 유수지취하)
★★ 暴其民甚 則身弒國亡 (포기민심 즉신시국망)

에 대해 제나라 선왕이 '신하가 주군을 살해해도 되는가'라고 묻자, 맹자는 '인과 의를 해친 사람은 그저 한 사내에 지나지 않습니다. 그들은 그저 한 사내를 주살한 것이지, 감히 군주를 시해한 것이 아닙니다'라고 대답했다.

이것이 맹자의 혁명 사상이다. 국왕에 의해 부정하고 불법적인 폭력을 당했을 때, 실력으로 저항해도 괜찮다고 했던 계몽 사상가 존 로크가 떠오른다.

'호연지기'를 기르면
잔바람에 흔들리지 않고 무적이 된다

왕도 정치를 중심으로 맹자의 사상을 소개했다. 중요한 것은 이 내용을 읽는 당신도 양지·양능과 사단을 갖추고 있으며, 그에 따르기만 해도 인·의·예·지의 덕을 발휘해 주위로부터 어진 사람·총명한 사람으로 존경을 받을 수 있다는 점이다.

우리가 악에 빠지는 이유는, 외물에 현혹되어 욕심이 생기고 선한 마음을 잊어버렸기 때문에 지나지 않는다. 이를 '방심'이라고 한다.

욕심을 버리고 내면으로 눈을 돌려 마음을 되찾는다. 이러한 '존심存心'의 경지에 이르면 마음은 쉽게 동요하지 않는다. '스스로 돌이켜보아 곧고 의롭다면 천만 사람이 앞을 막더라도 겁내지 않고 담대히 나아간다'* 〈공손추 상편〉는 자세다.

정의와 도덕의 편에 서야, 더없이 크고 강하며 올바른 '호연지기浩然之氣'를 기를 수 있다. 이러한 마음가짐이 충만해져야지만 우리는 어떤 일에도 흔들리지 않는 정신과 육체를 손에 넣을 수 있다. 이것이 우리가 지향해야 할 경지다.

이 책의 포인트

❶ 성선설이란, 도덕의 근원이 우리의 내면에서 선천적으로 타고났다는 용기를 주는 학설이다.

❷ 자신의 마음과 마주하고 '호연지기'를 기르면, 무엇에도 흔들리지 않는 '나'가 될 수 있다.

★   自反而縮 雖千萬人 吾往矣 (자반이축 수천만인 오왕의)

순자 (荀子)

전국 시대 말기에 등장해서 제자백가를 총괄한 맹자는 중국의 아리스토텔레스라고 불리는 인물이다. 순자는 이런 **맹자를 비판하며 성악설과 그에 근거하는 예치 사상을 설파하였다.** 그런데 주자가 맹자를 찬양하면서, 순자는 결국 이단으로 취급을 받았다. 하지만 현재를 사는 우리에게는 쉽게 수긍이 가는 사상을 이야기한다.

순자 (荀子, 기원전 298?/313?~기원전 238?)

전국 시대(기원전 403~기원전 221)의 인물. 이름은 황(況)이며, 경칭으로 순경(荀卿)이라고도 불린다. 인간의 본성은 악하지만, 노력하면 성인이 될 수 있다는 성악설을 제창하고, 후천적인 작위와 예의를 중시했다.

인간의 성질은 본래 '악'하다

맹자는 인간의 성질이 '선'하다고 주장했는데, 그에 정면으로 반대한 인물이 순자다. 그는 인간의 성질은 본래 악하다고 주장했다. 본성이 악하다고 해서 모든 사람이 살인자라거나 도둑이라는 이야기가 아니다.

순자에 따르면 인간은 천성적으로 이익利을 좋아하고, 다른 사람을 시샘(질투하거나 미워하는)하며, 또 '이목지욕(듣고 봄으로써 생기는 물질에 대한 욕망. 음악이나 미녀를 좋아하는 욕구)'을 갖는다.

사람이 이 성질에 따르면 다툼이 생기고 다른 사람에게 상처를 주며, 풍속과 문화는 퇴폐하여 사양(양보하는 것), 충신(성의의 마음), 예의와 문리(예의와 도리)가 사라진다고 하였다. 〈성악편〉

확실히 사람은 탐욕적이어서, 돈 버는 것만 생각하며 SNS에 애마인 페라리나 고가의 와인 등을 과시하며 우월감을 느낀다. 또한, 사치품으로 방을 가득 채우기도 한다. 반대로 그런 사람을 시기해 폭풍처럼 비방 댓글을 쓰기도 한다.

순자의 말에 따르면 이는 악의 극치다.

하지만 냉정하게 주위를 둘러보면 의외로 착한 사람들이 많다. 오히려 착한 사람뿐이라고 말해도 좋다.

순자는 '인간의 본성은 악하니, 본성이 선해지는 것은 인위적인 것偽**'★이라고 말한다.** '인위'란 '작위를 더한 결과'라는 의미로, 인간은 본래 '악'하지만 학문이나 예의, 음악을 통해 '선'해지며 선한 사람이 많은 이유는 교육 덕분이다. 막 태어난 상태의 인간은 짐승과 같지만, 교육을 받고 예의를 익힘으로써 인간다워지는 것이다.

★ 人之性惡 其善者僞也 (인지성악 기선자위야)

대체로 사람의 본성은 악하니, 장차 스승과 법제를 기다린 뒤에야 정직해지고 예의를 얻은 뒤에야 다스려질 수 있다.[*] 〈성악편〉

반대로 말하면 돈독이 오른 자라든가, 자기 승인의 욕구로 가득한 자, 함부로 공격하는 자, 생각 없이 제멋대로 행동하는 패거리를 보면 '짐승이구나' 생각하면 된다. 그러면 조금은 마음이 편해질 것이다.

순자가 맹자를 비판하는 이유는, 맹자가 선천적으로 갖춰진 '본성'과 후천적으로 학습하는 '작위'를 구별하지 못했기 때문이다. 배가 고파서 무언가를 먹고 싶어지는 것은 '본성', 배가 고파도 연장자에게 음식을 양보할 수 있는 것이 '작위'다. 맹자는 외부의 자극을 받아야지만 '욕구'가 생긴다고 생각했지만, 순자는 애초에 인간에게는 깊은 '욕구'가 있다고 생각했다.

당신은 누구의 통찰이 더 옳다고 생각하는가?

[*] 今人之性惡 必將待師法然後正 得禮義然後治
(금인지성악 필장대사법연후정 득례의연후치)

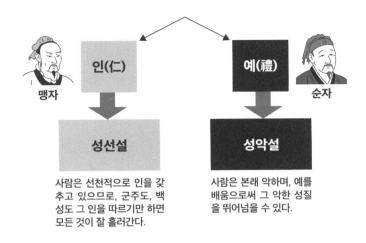

| 공자의 가르침 |

인(仁)
맹자

예(禮)
순자

성선설

성악설

사람은 선천적으로 인을 갖
추고 있으므로, 군주도, 백
성도 그 인을 따르기만 하면
모든 것이 잘 흘러간다.

사람은 본래 악하며, 예를
배움으로써 그 악한 성질
을 뛰어넘을 수 있다.

푸른색 물감은 쪽에서 채취하였지만, 그것은 쪽보다 푸르다

순자가 등장한 때는 공자가 세상을 떠나고 약 2세기 후, 전국
시대 말기에 해당한다.

순자는 50세 무렵 제나라로 건너가 양왕을 섬기고, '직하 학궁'
의 좨주(학장)를 세 번 역임하며, 늦은 나이에 꽃을 피운 사상가다.
직하 학궁이란, 위왕·선왕 시대에 세상의 학사들을 모아 만든 학
자 집단으로, 오늘날의 싱크탱크와 비슷하다. 맹자나 음양오행
사상을 제창한 추연鄒衍이 머무른 것으로 알려져 있다. 이후 순자

는 초나라로 건너가 춘신군의 부름을 받아 지방관이 되었다.

순자는 유가의 사상가이며, 자신이야말로 공자의 후계자라고 자부하고 있었다. 그런데 어떻게, 순자의 제자 중에서 이사李斯와 한비韓非라는 법가사상을 대표하는 인물들이 배출되었을까?

『순자』는 〈권학편〉으로 시작한다. 문자 그대로 '학문의 권고'이며, 첫머리에는 '배움에 그쳐서는 안 된다. 푸른색 물감은 쪽에서 채취하였지만, 그것은 쪽보다 푸르다'*라고 적혀 있다. 학문이란 끊임없이 계속되는 것이므로 중도에 그만두어서는 안 된다는 뜻이다.

이처럼 순자는, 학문을 계속하면 원형을 뛰어넘을 수 있다고 강력하게 주장한다. 오늘날에는 제자가 스승을 넘어서는 것에 대한 비유로 쓰이지만, 과거에는 학문을 통해 악한 본성을 이겨낼 수 있다는 의미로 해석되었다. 학문으로 사람은 바뀔 수 있는 것이다.

그렇다면 무엇을 배워야 하는가? 바로 '예禮'다.

사람의 본성은 악하기 때문에 그 상태로라면 혼란을 초래할 것이므로, 옛 성왕은 예의와 법도를 만들어 사람들을 가르치고 인

★ 學不可以已 靑取之於藍 而靑於藍 (학불가이이 청취지어람 이청어람)

도하였다. 예를 통해 사람에게 귀천·존비·장유 등의 '분分'을 알게 한다. 예는 사회 질서 그 자체다. 예가 없으면 사람은 살아갈 수 없고, 국가는 안정을 유지하기 힘들다. 그러나 예를 완벽하게 갖추어도, 그를 지키지 않는 괘씸한 자는 나타난다. 그때가 바로 '법'이 등장할 타이밍이다.

순자의 제자인 이사나 한비는 국가 운영의 가장 큰 목적으로서 '예'보다도, 이런 '법'의 역할을 더 중요하게 생각했다. 이렇게 해서 유가와는 정반대인 법가가 탄생하게 된 것이다. (※여러 가지 설이 있긴 하다.)

이 책의 포인트

❶ 순자는 맹자의 성선설을 비판하며 성악설을 설파하고, 예를 통한 통치와 질서를 지향하였다.
❷ 성악설이든 예치 사상이든, 순자의 이론은 우리가 직감적으로 이해할 수 있다.

노자도덕경
(老子道德經)

분량 ■■□
난이도 ■■■

유가의 라이벌 도가, 그 창시자가 노자다. 추상적이고 역설로 가득 찬 (솔직히 말해) 의미를 확실히 알 수 없는 말이 매력이다. '이렇게 해라, 저렇게 해라' 말하는 성가신 유가에 비해 **'아무것도 하지 말라. 말하지 말라. 그저 살아가라'**는 강력한 메시지를 보낸다.

노자 (老子, 생몰년 미상)
춘추 시대(기원전 770~기원전 403)의 인물. 성은 이(李), 이름은 이(耳), 자는 담(聃)이다. 노자의 정체에 관해서는 여러 가지 설이 있는데, 인도로 건너가 석가가 되었다는 설도 있다. 주나라의 쇠퇴를 보고 서방으로 여행을 떠날 때, 문지기의 요청으로 『노자도덕경』을 남기고 갔다고 전해지며, 훗날 도교의 신(태상노군)이 되었다.

과연 '노자'는 누구인가?

노자의 정체는 확실하지 않다. 가장 오래된 정사(공식 역사서) 『사기』에는 노자 후보로 세 명의 인물을 들고 있다.

첫 번째는 노담老聃이다. 초나라의 고현 여향 곡인리苦縣屬鄉 曲仁里의 사람으로, 성은 이, 이름은 이, 자는 담이었으며, 주나라의 도서관장이었다. 출신지가 고苦(고난), 여厲(역병), 곡인曲仁(일그러진 인덕)이라니! 정말 사실일까?

이런 노자에게 공자가 예禮를 물었다. 그러자 노자는 '마치 군자가 된 듯한 얼굴 하지 말라. 그 교만한 마음과 지나친 욕심, 뻣뻣한 태도와 방탕한 뜻을 버려야 한다. 내가 그대에게 해줄 수 있는 말은 그것뿐이다*'라고 일갈했다.

헤어진 후, 공자는 제자에게 '노자는 마치 용과 같다'라고 극찬했다고 한다. 솔직히 훗날 사람들이 덧붙인 전설 같기도 하다.

두 번째는 노래자老萊子이다. 노담과 같은 초나라 사람으로, 공자와 동시대에 15편의 책을 썼다고 전해진다.

세 번째가 태사담太史儋이다. 주나라의 사관으로, 공자가 세상을 떠난 뒤 129년 후에 진나라 헌공을 알현하여 패왕이 나온다고 예언하였다. 『사기』에서는 이 태사담이 노자라고 하는 사람도 있고, 그렇지 않다는 사람도 있다며 모호하게 말하고 있다.

『노자도덕경』의 매력은 '도저히 의미를 알 수 없는 말'이다.
제1장이 뜬금없이 이렇게 시작한다.

★ 驕氣與多欲 態色與淫志 (교기여다욕 태색여음지)
   吾所以告子 若是而已 (오소이고자 약시이이)

도道라고 말할 수 있는 도는 참된 도가 아니다. 이름을 붙여 부를 수 있는 것은 영원한 이름이 아니다.★

무슨 뜻인지 한 번 읽고서는 이해할 수 없다.

그리고 '도'라고 할 수 있는 것은 진정한 '도'가 아니라며 갑자기 설명을 포기한다. 이후 '이름 없는 것에서 하늘과 땅이 비롯되며, 이름 있는 것에서 만물이 태어난다'★★로 이어진다. '이름'이 무엇인지 확실하게 말할 수 없기에, 이 역시 이해할 수 없다.

위대한 덕의 모습은 오로지 도를 따르는 것이다. 도라는 것은 만물을 위한 것으로, 오로지 흐릿하고 어슴푸레할 뿐이다. 흐릿하고 어슴푸레하나 그 안에 형상이 있으며, 흐릿하고 어슴푸레하나 그 안에 만물이 있다.★★★ (제21장)

이처럼 알 것 같으면서도 모르겠는 답답하고 개운치 못한 문장이 이어진다.

그렇기 때문에 '나는 『노자도덕경』을 이해한다!'라며 두뇌를 자

★　　道可道 非常道 名可名 非常名 (도가도 비상도 명가명 비상명)
★★　　無名 天地之始 有名 萬物之母 (무명 천지지시 유명 만물지모)
★★★　孔德之容 唯道是從 (공덕지용 유도시종)
　　　　道之爲物 唯恍唯惚 (도지위물 유황유홀)
　　　　惚兮恍兮 其中有象 恍兮惚兮 其中有物 (홀혜황혜 기중유상 황혜홀혜 기중유물)

| 『노자도덕경』의 매력 |

도(道)라고 말할 수 있는 도는 그것은 참된 도가 아니다. 이름을 붙여 부를 수 있는 이름은 영원한 이름이 아니다.

정답을 제시할 수 없는, 개운치 못한 답답함이 매력

랑하는 자들이 다양한 주석을 달고 있다. **정답을 제시하지 않기 때문에『노자도덕경』이 매력적인 것이다.**

이에 현대를 살아가는 우리는 선인들의 견해를 존중하면서도 '불구심해(不求甚解, 철저하게 이해하려 하지 않음)'를 말하며 사소한 것에 집착하지 않는 의젓한 독서 태도를 추구한 도연명을 본받아, 자유롭고 활달하게『노자도덕경』을 즐기고, 때로는 자기 나름의 해석을 끝까지 파고들어 고민하고 생각해보는 것이 좋다.

역설로 이야기하는 삶의 방식

행하는 바 없이 행하고, 일하는 바 없이 일하며, 맛보는 바 없이 맛본다. …… 쉬운 데서 어려운 일을 도모하고, 작은 데서 큰일을 행한다. 세상의 어려운 일은 언제나 쉬운 일에서 시작되고, 세상의 큰일은 언제나 작은 일에서 시작된다. 그렇기에 성인聖人은 결코 큰일을 행하려 하지 않으니, 그 때문에 그 위대함을 이룰 수 있다.*

역설의 극치다.

'위爲'란 의도적으로 행하는 것이고, '무위無爲'란 깔끔하고 자연스럽게 행하는 것이다. 일류의 인간은 어려운 일을 쉽게 해낸다. 그것이 '무위'이고, '저 노력하고 있어요. 칭찬해 주세요'라는 식으로 무언가를 하는 것이 '위'다.

범인凡人은 언제나 무언가에 쫓기는 것처럼 필사적으로 노력하고 있지만, 성인聖人은 궁지에 몰리기 전에 모든 것을 소화해 내므로 힘들어 보이지 않는다. 그러므로 '가장 훌륭한 다스림은, 군주가 있는지 없는지 모르는 것이다.**'(제17장)

★　爲無爲 事無事 味無味 (위무위 사무사 미무미) ……
　　圖難於其易 爲大於其細 (도난어기이 위대어기세)
　　天下難事 必作於易 天下大事 必作於細 (천하난사 필작어이 천하대사 필작어세)
　　是以聖人 終不爲大 故能成其大 (시이성인 종불위대 고능성기대)
★★　太上下知有之 (태상하지유지)

가장 훌륭한 군주는 아무것도 하지 않는 것처럼 보인다. 그렇기에 신민은 그 존재만 알고 있을 뿐이다.

> 배움을 그만두면 근심이 없어진다. 공손하게 대답하는 '유唯'와 격식 없이 대답하는 '아阿'는 얼마나 다르겠는가.* (제20장)

> 배움을 추구하는 것은 날마다 보태는 것이요, 도를 닦는 것은 날마다 덜어내는 것이다. 덜어내고 또 덜어내어 무위無爲에 이르면, 하지 못할 일이 없다.** (제48장)

배우기 때문에 '저렇게 해야지, 이렇게 해야지' 하는 '위'가 늘어난다. 그러한 '위'를 줄여 나간다. 그저 도에 따라 살아갈 뿐이라는 무위의 경지에 이를 수 있다. 이것이 이상(理想)이다. 노자는 '아는 자는 말하지 않고, 말하는 자는 알지 못한다'*** (제56장)라며, 학문은 고사하고 말조차 하찮게 본다. '침묵은 금'이다.

★　　絶學無憂 唯之與阿 相去幾何 (절학무우 유지여아 상거기하)
★★　　爲學日益 爲道日損 (위학일익 위도일손)
　　　　損之又損 以至於無爲 無爲而無不爲 (손지우손 이지어무위 무위이무불위)
★★★　知者不言 言者不知 (지자불언 언자부지)

오늘날 매우 많은 『노자도덕경』이 출토되었다. 『노자도덕경』은 2천여 년 전에 만들어져, 죽간(대나무를 얇게 깎은 것)이나 백서(비단)에 기록되었다. 그리고 어느 타이밍에 매체가 종이로 바뀌었으며, 처음에는 손으로 베껴 쓰다가(필사본), 이윽고 목판 인쇄되었다. 이렇게 후세에 전해지는 과정에서 오탈자나 첨삭이 들어가므로, 우리가 보는 『노자도덕경』은 원본과는 크게 차이가 날 것이다.

1973년에 한나라 시기의 무덤에서 백서본 『노자도덕경』 2종, 1993년에 전국 시대인 초나라 시기의 무덤에서 죽간본 『노자도덕경』 3종이 출토되었다. 2009년에는 도굴되어 해외로 유출되었던 한나라 시기의 죽간본 『노자도덕경』이 베이징 대학에 기증되었다. 다시 말해 출토된 『노자도덕경』은 모두 여섯 종류에 이른다.

이들은 원본에 가까운 시대의 필사본이 타임캡슐처럼 묻혀 있었던 만큼 사람의 손을 거치지 않았다. 그러므로 조금이라도 원본에 가까운 『노자도덕경』을 알고 싶다면, 출토 자료를 모두 봐야 한다.

실제로 '큰 도가 없어지니 바로 인의가 나타났다'*(제18장)나 '어짊을 끊고 의로움을 버려야, 백성이 다시 효성스럽고 자애로워질 것이다'**(제19장)라는, 유가의 인의를 비판했다는 유명한 구절이 있다.

인생 내공 고전 수업

그런데 백서본이나 죽간본에서는 '큰 도가 무너지면 어찌 인의가 있겠는가'***와 '거짓을 끊고 생각과 잔꾀를 버리면, 백성들은 순수한 어린아이로 되돌아간다'****라고 되어 있다.

하나의 자료만 보고 유가를 비판하는 구절이라고 쉽게 단정 지을 수 없게 되었다. (※여러 설이 있다.)

이 책의 포인트

❶ 정답을 찾으려고 하면 안 된다. 마음대로 해석해도 괜찮다. 『노자도덕경』은 생각하는 것이 아니라, 느끼는 것이다.
❷ 역설이 가득한 명언과 그럴 듯해 보이지만 의미가 분명하지 않은 수많은 말들에 농락 당하는 것을 즐겨보자.
❸ 출토 자료가 풍부하므로, 앞으로 해석이 크게 달라질 가능성이 있다.

★   大道廢 有仁義 (대도폐 유인의)
★★   絶仁棄義 民復孝慈 (절인기의 민복효자)
★★★   大道廢 焉有仁義 (대도폐 언유인의)
★★★★ 絶僞棄慮 民復季子 (절위기려 민복계자)

장자 (莊子)

엄청난 규모의 수많은 우화를 통해 모든 것이 사소한 일이라고 느끼게 해준다. 『노자도덕경』에서 시작된 도가 사상을 더욱 심화시킨 것이 바로 『장자』다. 승려 시인 사이교, 하이쿠 시인 마쓰오 바쇼, 승려 시인 료칸, 소설가 나쓰메 소세키와 모리 오가이, 물리학자 유카와 히데키 등이 사랑한 중국 고전이다.

장자 (莊子, 생몰년 미상)
전국 시대(기원전 403~기원전 221)의 인물. 이름은 주(周), 자는 자휴(子休)다. 노장(老莊)이라고 나란히 칭해지며, 노자의 후계자처럼 여겨지고 있으나, 실제로는 확실하지 않으며 장자가 먼저일 가능성도 있다. 도교의 신이 되어, 당나라 현종 황제로부터 남화진인(南華眞人)이라는 칭호를 부여받았다.

노자와 장자, 노장 사상은
자유롭게 살고 싶다는 생각이 깊다

장자는 노자와 함께 도가를 대표하는 사상가로, 맹자와 같은 전국 시대 중기의 인물이다. 성은 장, 이름은 주다. 옻나무밭 관리인이었지만, 그 이름이 천하에 널리 퍼져 초나라 위왕이 재상으로 모시려 하였다.

그러자, 장자는 사신에게 이렇게 말하며 쫓아버렸다.

제사에서 살아있는 제물이 되는 소를 아십니까. 여러 해 동안 잘 먹이고, 비단옷을 입혀 대묘로 끌려갑니다. 그때 돼지였기를 바란들 어찌 그럴 수 있겠습니까. 돌아가십시오. 나는 (한순간의 부귀와 바꾸어) 군주에게 얽매이기보다, (돼지처럼 자유롭게) 진흙탕에서 즐겁게 놀고 싶습니다.

『사기』에서 그렇게 이야기하고 있다.

똑같은 이야기가 『장자』에도 등장한다.

『장자』(추수편)에는 '나는 박제되어 사당에 모셔지기 위해 죽는 신성한 거북보다, 진흙 속에 자취를 남기며 살아가는 거북이 되고 싶다'*라며, 재상이 되어 속박되기보다 서민의 신분에 머무르며 자유롭게 살고 싶다고 대답했다고 나와 있다.

사람은 출세나 부귀를 원하지만, 그것을 얻으면 대신 자유를 잃는다. 효율을 중시하고 출세나 부귀만이 정의가 되며 일에 쫓겨 즐거움도 없고, 쌓아온 신용과 명성을 잃지 않기 위해 자신을 굽히거나 상사나 세상의 시선만 신경 쓴다.

장자는 그런 삶의 방식을 부정한다. 무왕에게 간언하였으나, 그것이 받아들여지지 않아 몸을 숨기고 살다가 굶어 죽은 백이伯

★ 此龜者寧其死爲留骨而貴乎 寧其生而曳尾於塗中乎
    (차구자영기사위유골이귀호 영기생이예미어도중호)

夷·숙제叔齊와 같은 현인도, 장자의 말에 따르면 명성에 사로잡혀 자신을 잃어버린 어리석은 사람이다.

노자는 지나치게 열심히 하지 말라는 '무위無爲', 욕심부리지 말라는 '과욕寡欲', 양보하고 내주라는 '유약柔弱'을 설파한다. 그리고 '부드러움으로 강함을 이긴다', '지는 것이 이기는 것이다', '겸허한 태도로 욕심을 버리고 청렴하게 행동하며 열심히 하지 않아야 출세할 수 있다'라는 비전을 그린다.

이처럼 『노자도덕경』은 처세술로서 실용적이다.

반면에, 장자의 가르침은 실천한다 해도 출세로 이어지지 않는다. 장자는 애초에 부귀나 미모와 같은, 우리가 추구하는 것의 가치를 인정하지 않는다.

장자는 '사람들은 모장毛嬙과 여희麗姬를 아름답다고 여기지만, 물고기는 그들을 보면 물속 깊이 도망가고, 새는 그들을 보면 하늘 높이 날아가며, 사슴은 그들을 보면 힘껏 달아난다. 사람, 물고기, 새, 사슴 가운데 누가 세상의 올바른 아름다움을 알겠는가' *(제물론편)라고 묻는다. 그리고 인의와 시비도, 이러한 미모와 마찬가지로 자신은 그 구별이 불가능하다고 말한다. 결국 절대적인 가치는 없으니, 그런 것에 얽매이지 말라고 가르쳐준다.

★ 毛嬙麗姬 人之所美也 魚見之深入 鳥見之高飛 麋鹿見之決驟 四者孰知天下之正色哉 (모장여희 인지소미야 어견지심입 조견지고비 미록견지결취 사자숙지천하지정색재)

호접몽 : 꿈에서 나비가 된 것일까,
아니면 나비가 꾸는 꿈인 걸까

장자는 〈우언편〉에서 『장자』의 90%가 우화라고 직접 밝히고 있다. 우화란 이솝 이야기처럼, 어떤 사물을 빌려 사상이나 교훈을 이야기하는 설화다. 사서나 『노자도덕경』에서는 많이 볼 수 없지만, 『장자』나 『한비자』에는 수많은 우화가 등장한다. 예를 들어, 〈호접몽〉이 대표적이다.

옛날에 장주는 나비가 된 꿈을 꾸었다.
팔랑팔랑 즐겁게 날갯짓을 하며, 자신이 장주라는 사실을 까맣게 잊고 있었다. 문득 눈을 뜨니 장주였다. 그러나 알 수 없다. 장주가 꿈에서 나비가 된 것일까, 아니면 나비가 지금 꿈에서 장주가 된 것일까. 나비와 장주 사이에는 반드시 '분명한 구별'이 있다. 이를 일러 '물건의 변화物化'라고 한다. * 〈제물론편〉

'꿈과 현실을 구별할 수 있을까?', '지금이 꿈이 아니라고 어떻게 설명할 수 있을까?'라는 의문은 매력적이지만, 장자에게는 나

★ 昔者 莊周夢爲胡蝶 栩栩然胡蝶也 自喩適志與 不知周也 俄然覺 則蘧蘧然周也 不
知 周之夢爲胡蝶與 胡蝶之夢爲周與 周與胡蝶則必有分矣 此之謂物化
(석자 장주몽위호접 허허연호접야 자유적지여 부지주야 아연각 즉거거연주야 부지
주지몽위호접여 호접지몽위주여 주여호접즉필유분의 차지위물화)

비든 인간이든 상관없다. 변화했을 뿐이다.

'각자에게 주어진 몫은 한결같지 않고, 끝과 시작은 고정되어 있지 않
다.'★ 〈추수편〉

사물의 '몫(구분)'은 시시각각 변화하고, 생멸을 반복하며 집착
을 허락하지 않는다. 나비가 되든 죽든 그것을 받아들일 뿐이다.

'보내지도 아니하고 맞이하지도 아니하며, 사물에 따라 응할 뿐 간직하
지 않는다.'★★ 〈응제왕편〉

떠나는 자는 쫓지 않고, 오는 자는 거부하지 않으며, 그에 응하
고 마음에 두지 않는다. 그것을 말하는 것이 다음의 우화다.

장자의 아내가 죽었다. 혜자가 조문하러 갔더니, 장자는 책상
다리를 하고 앉아 흙으로 만든 독을 두드리며 노래를 부르고 있
었다. 혜자가 도리를 다하지 않는다고 따지자 장자는 이렇게 대
답했다.
'처음에는 나인들 어찌 슬프지 않았겠는가.

★   分無常 終始無故 (분무상 종시무고)
★★ 不將不迎 應而不藏 (부장불영 응이부장)

하지만 아내의 시작을 생각하면, 어렴풋이 파악할 수 없는 상태에서 기(만물의 재료)가 만들어지고 변화하여 모양이 잡히고 또 변화하여 생명(아내)이 되었다네. 그리고 지금 변화하여 죽음으로 돌아가는 걸세. 사계절을 한 바퀴 도는 것과 똑같지.

아내가 천지의 방에서 잠을 자려고 하는데 내가 쫓아다니며 큰 소리로 우는 것은 내가 생각해도 운명의 도리에 맞지 않는 것 같아 울지 않기로 했다네.' 〈지락편〉

이 우화에서는, 삶과 죽음도 변화의 하나로 받아들이는 장자의 모습을 그리고 있다. 이처럼 **모든 것을 받아들이고, 있는 모습 그대로 살아가라는 것이 바로 장자의 가르침이다.**

자신의 외모가 출중하지 않다든가, 인생이 잘 풀리지 않는다는 고민은 무의미하다. 아름다움과 추함도, 성공도, 누구와 비교하느냐에 따라 결정되는 상대적인 것에 불과하다. 그렇게 깨닫고 모든 것을 받아들일 때, 사람은 비로소 자유로워지는 것이다.

이 책의 포인트

❶ 아무리 노력하고 출세한다고 해도 일론 머스크를 이길 수는 없다. 가치는 어차피 상대적인 것이다.

❷ 모든 것을 받아들이고, 있는 그대로의 모습으로 살아가자. 망아(忘我)의 경지에 이르러라. 그곳에 자유가 있다.

세설신어 (世說新語)

분량 ■■■
난이도 ■□□

애호가가 많은 『삼국지』 시대를 포함해 후한 말부터 동진에 걸쳐 살다가 세상을 떠난 사람들의 일화를 기록한 책이다. **세속적 가치 규범에 얽매이지 않는 자유분방한 사람들이 등장한다.** 그들을 보며, 자신의 삶의 방식을 다시 생각해보게 된다.

유의경 (劉義慶, 403~444)
남북조 송나라(420~479)의 인물. 송 무제의 조카다. 문학을 사랑하고, 포조(鮑照) 등의 일류 문학자를 모아 교류회를 열었으며, 『세설신어』 외에도 시문 선집 『집림(集林)』, 지괴 소설 『유명록(幽明錄)』 등을 편찬했다.

중국의 기지를 마음껏 즐겨 보시길

『세설신어』는 후한(2세기 말)부터 동진(5세기 초)에 살던 인물들의 일화 120건을 모은 책이다. 동진의 뒤를 이은 남조 송나라의 황족 유의경이 편찬했다.

괴담을 기록한 '지괴 소설志怪小說'과 구분하여, 인간의 언행을 기록했다는 점에서 '지인 소설志人小說'이라고도 불린다. 소설이라고는 하지만 '그리 대단하지 않은 항간의 야사와 설화' 정도의 의미로, 창작물이 아니라 논픽션 기록집이다. 덕행, 언어, 정사, 문학, 방정, 아량 등 36개 부문으로 나누어 채록되어 있다.

그중에서도 제25편 이후의 〈배조排調편〉(상대를 꼼짝 못 하게 하다),
〈경저輕詆편〉(상대를 모멸하다), 〈가휼假譎편〉(상대를 속이다) 등 인간의
부정적인 일화를 모은 편들을 추천한다.

조조는 항상 시중을 드는 사람들에게 '내가 자는 동안 함부로
다가오면 안 된다. 사람이 가까이 오면 즉시 베어버리는데 기억
하지 못한다. 그러니 다들 조심하기를 바란다'라고 경고했다.

얼마 후 조조가 자는 척하고 있는데, 그가 예뻐하던 한 사람이
눈치껏 이불을 덮어주었다. 그러자, 조조는 망설임 없이 그를 베
어버렸다. 그 뒤로 조조가 자는 동안에는 어느 시종도 접근하지
않게 되었다. 〈가휼편〉

조조의 꾀가 넘치는 일화다.

사람은 취침 중 무방비 상태가 된다. 시의심이 가득한 조조는
시중드는 사람도 믿지 못했고, 그들에게 잠자리를 방해받지 않기
위해 하나의 계책을 궁리했다. 먼저 '자는 동안 사람이 가까이 오
면, 자신도 모르게 몸이 움직여 베어버린다'라고 거짓말하는 것이
다. 그런 다음 한바탕 연기를 한다. 자는 척을 하다가 실제로 한
명, 심지어 예뻐하던 시중을 베어 보인 것이다. 이로써 시중드는

사람들은 취침 중인 조조에게 접근하지 않게 되었다. 한 사람의 목숨을 희생해 신변의 안전을 확보한 셈이다.

〈가휼편〉에 나오는 유명한 이야기를 더 알아보자.

행군 중 갈증에 시달리는 병사들이 있었다. 이때 장수가 '전방에 매화나무 숲이 있다'라고 거짓말을 하였고, 그 말을 들은 병사들의 입안에 침이 나와 위기를 넘겼다고 한다.

| 『세설신어』의 구성(전 36편) |

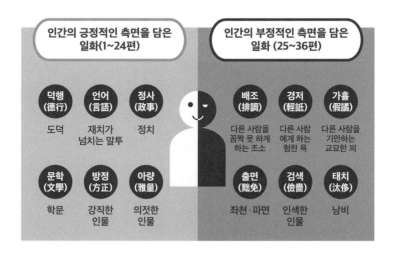

개성 넘치고 다양한 삶의 모습에서
스스로 깨닫게 된다

『세설신어』는 다양한 인간의 모습을 그리고 있다. 고결한 사람도 있고, 속물적인 사람도 있으며, 냉혈한 사람도 있고, (간단히 말해) 쓰레기도 있다. **처신, 출세, 타락, 기지, 능변, 도량, 교활, 음모, 비정 등 다양한 인간상을 맛볼 수 있다.**

예를 들어 장계응張季鷹이라는 인물은 속세에 얽매이지 않고 자유롭게 사는 남자로, '강동의 완적阮籍'이라고 불렸다. 어떤 사람이 '마음대로 즐기는 것도 좋지만, 죽은 뒤의 명성은 생각하지 않느냐'고 묻자, 그는 '사후의 명성보다는, 지금 이 순간의 술 한 잔이 더 좋다'라고 대답했다. 죽은 뒤에 명성을 줄 바에야, 한 잔이라도 좋으니 지금 술을 달라면서.

너무 멋있지 않은가!

여기에서 말하는 '완적'은, '죽림칠현' 중 한 사람이다. 죽림칠현竹林七賢이란 문학을 사랑하고 술을 좋아하며, 대나무 숲에서 유유자적하면서, 노장 사상을 바탕으로 한 철학 담의인 청담淸談을 즐긴 일곱 명의 인물을 가리킨다.

권력자에 굴복하지 않고 처형 당한 지사 혜강嵇康, 처세에 능하고 혜강에게 절교 당한 유능한 관리 산도山濤, 결혼할 조카에게 옷을 선물했다가 나중에 대금을 청구한 구두쇠 왕융王戎 등 개성 넘치는 인물들이 담겨 있다.

완적은 술을 좋아했는데, 보병 교위의 관직에 오른 이유도 그 관청의 조리장에 대량의 술이 비축되어 있었기 때문이다(임탄편). 어머니가 눈을 감았을 때도, 시대의 권력자가 그를 회유하려 했을 때도, 완적은 술을 마시고 거나하게 취했으며, 초연했다. 당시에는 세속의 가치 규범(특히 유학)을 무시하는 태도를 멋있다고 여기는 풍조가 있었다.

완적은, 우리는 할 수 없는 일을 해내는 영웅이었다.

『세설신어』가 편찬된 것은, 유학에 대한 반감이 커지고 노장 사상이 유행했던 시대였으며, 북방의 이민족과의 결혼도 이루어지는 등 가치관이 크게 전환된 시기이기도 했다. 그런 시대를 배경으로 그린 다양한 인간들의 모습. 그것이 『세설신어』의 매력이다.

❶ 『세설신어』는 다양한 인간상을 그린 일화집이다.

❷ 세속적인 가치 규범에 얽매이지 않는 자유분방한 사람들이 매력이다. 쓰레기 같은 인간도, 욕도 잔뜩 있다.

❸ 한 화, 한 화가 간결하다. 처음부터 끝까지 전체를 읽으려고 하지 말고, 마음에 드는 이야기를 찾는 느낌으로 읽는 것을 추천한다.

채근담 (菜根譚)

분량　■■□
난이도　■■□

살기 힘든 세상을 꿋꿋하게 살아가는 지혜로 가득한 책

명나라 말기에 탄생한 처세훈 중 하나. 기업가 마쓰시타 고노스케, 소설가 요시카와 에이지, 야구선수 노무라 가쓰야 등이 즐겨 찾는 책으로 꼽았다. 동양고전 중에서도 특히 유명하다. 지금 시대에 꼭 읽어야 할 고전이다.

홍자성 (洪自誠, 생몰년 미상)
명나라(1368~1644)의 인물. 이름은 응명(應明)이며, 자성은 자(字)다. 책 제목은 『소학』을 지은 왕신민(汪信民)의 '인상능교채근, 즉 백사가성'이라는 말에서 따왔다. 정사에 전해지지 않아, 그의 인생은 잘 알려지지 않았다.

사람들이 동양고전에서 원하는 것은?

우리가 동양고전을 읽는 이유는 무엇일까?

바로 '삶의 방식에 대한 깨달음'을 얻기 위해서다.

『논어』나 『노자도덕경』뿐만 아니라, 『주역』이나 『안씨가훈』, 『사기』 등 사람들은 자신을 일깨워줄 삶의 방식을 찾고자 동양고전을 읽는다. 그런 삶의 방식 중에서도 사회생활에 도움이 되는 가르침과 처세술을 담고 있는 대표적인 책이 바로 『채근담』과 『신음어』다.

『채근담』이 만들어진 것은 명나라(1368~1644) 말기. 사회가 문란해지고, 관료는 부패해 사리사욕으로 가득 찼으며, 민중은 그들의 수탈에 곤궁해지기만 한다. 뜻이 있는 관료가 세상을 구하려 해도(이를 경세제민經世濟民, 줄여서 경제經濟), 부패 관료로부터 탄압을 받는 상황이었다.

이런 가운데 고염무·황종희 등의 학자들이 학문은 사회 개혁에 활용되어야만 한다는 '경세치용의 학문'을 주창했다. 그 한편으로 홍자성·여곤은 각각 『채근담』과 『신음어』라는 처세훈의 양대 산맥을 탄생시켰다. 살기 힘든 세상을 어떻게 살아가야 하는지에 대한 지혜가 담겨 있다.

저자 홍자성에 관한 자세한 내용은 전해지지 않는다. 전직 관료로, 은퇴 후 시골에 틀어박혀 인생을 되돌아보면서 이 책을 저술했다고 여겨진다.

『채근담』은 수십 자의 단문 360조 정도를 나열한 형식이다. 하나가 끝나면 줄을 바꾸고, 또 하나가 끝나면 줄을 바꾼다. 내용은 유학을 바탕으로 하는데, 노장 사상과 불교의 영향도 짙게 배어 있어 '(유교·도교·불교) 세 종교의 융합'이라는 평가도 받는다. 중국의 지식인에게는 흔한 일이다.

| 책 제목 『채근담』의 유래 |

출전

소학

주자저

(남송)

왕신민의 말

'(채소의 뿌리는 굉장히 딱딱하고 마디가 많지만) 사람이 채소의 뿌리를 음미하고 또 음미한다면, 그 앞에 풍미 깊은 인생이 기다리고 있을 것이다(세상의 모든 일을 다 이룰 수 있다)'라는 메시지.

＝

인상능교채근 즉 백사가성
(人常能咬菜根 卽 百事可成)

평온하고 무사한 인생을 위해

실제 홍자성의 말을 살펴보자. 한 조에 한자 30자 정도의 대구로, 정연하고 아름답다.

완전한 명성과 아름다운 절개는 혼자서 독차지하지 말라.

조금은 남에게도 나눠줘야만 해를 당하지 않고 몸을 보존할 수 있다. 욕된 행실과 더러운 이름을 남에게만 돌리지 말라.

조금은 끌어다 자기에게 돌려야만 자신의 빛을 감추고 덕을 쌓을 수 있다.* 〈전편 19〉

★ 完名美節 不宜獨任 分些與人 可以遠害全身 (완명미절 불의독임 분사여인 가이원해전신) 辱行汚名 不宜全推 引些歸己 可以韜光養德 (욕행오명 불의전추 인사귀기 가이도광양덕)

성공했을 때는 모든 것을 자신의 공으로 삼아서는 안 된다. 가족과 동료에게 감사하고 그 명예를 나눠야 한다. 반면에, 나쁜 평판을 남에게 모두 떠넘겨서는 안 된다. 오히려 스스로 나서서 그 책임을 떠맡아야 한다. 그리고 자신의 재능을 뽐내지 않고 겸손하고 조심스럽게 행동한다.

이것이 해를 멀리하고 인덕을 기르는 방법이라고 말한다.

만일 자신이 프로 야구 선수라면, 경기에서 승리했을 때 모든 득점을 자신이 만들어 냈어도, 출루한 같은 팀 타자, 상대 팀을 1점으로 막아준 같은 팀 투수를 칭찬하고, 가족에게도 감사하는 마음을 갖는다.

반대로 경기에서 졌을 때는 득점 기회를 모조리 놓친 자신에게도 잘못이 있음을 깨끗하게 인정하고, 첫 회에 8점을 실점한 젊은 투수나 중요한 순간에 실수한 베테랑 2루수를 절대 나무라지 않는다.

인생을 평온하고 무사하게 보내고 싶다면, 이러한 배려가 필요하다는 것이다. 굉장히 공감한다.

『채근담』은 역경을 견뎌내고, 겸허하게 행동하며, 명리를 함께 나누고, 가족과 친구에게는 관용을 베풀고, 부하 직원은 확실하게 칭찬하라는 가르침을 수십 자의 대구(비슷한 어조를 가지고 짝 지은 글귀)로 담담하게 이야기해 나간다. 각 장이 독립적이기에, 적당히 아무 페이지나 펼쳐도 얻는 것이 있다.

예를 들어, '친구를 사귈 때는 모름지기 3할의 의협심은 지녀야 한다*'나 '벼슬자리가 지나치게 높은 것은 마땅치 않다**'가 있다.

인생의 고비마다 해결책을 찾는 사람에게 딱 맞는 책이다.

이 책의 포인트

❶ 『채근담』은 처세훈. 살기 힘든 세상을 어떻게 살아갈 것인가에 대한 지혜가 담겨 있다.

❷ 하나하나가 짧은 360개의 가르침이 나열되어 있는 형식. 책의 어느 부분부터 읽어도 괜찮다.

❸ 채소 뿌리와 같이 몇 번이고 반복해서 맛보면, 그 진가가 보일 것이다.

★   交友 須帶三分俠氣 (교우 수대삼분협기)
★★   爵位不宜太盛 (작위불의태성)

신음어 (呻吟語)

분량	■■□
난이도	■■□

혼란한 세상 속의 신음을 담은, 아는 사람만 아는 명작

명나라 말기에 탄생한 처세훈 중 하나. 많은 위인을 매료시킨『채근담』에 비해『신음어』는 소수만 아는 명작이다. 방대한 신음 속 '자신의 본분을 알아라', '과오를 인정하라', '저세상에 이 세상 물건은 아무것도 가지고 가지 못한다' 등 보편적인 가르침이 담겨 있다.

여곤 (呂坤, 1536~1618)

명나라(1368~1644)의 인물. 자는 숙간(叔簡), 호는 신오(新吾)이다.『신음어』외에도 많은 저작을 남겼는데, 지방관으로서의 경험을 살려 정치에 대해 구체적으로 서술한『실정록(實政錄)』은 특히 많이 읽혔다고 한다.

『채근담』과 견줄 만한 처세훈의 양대 산맥

저자 여곤은『채근담』의 저자 홍자성과 마찬가지로 명나라 말기의 관료다. 26세에 관리가 되어 순조롭게 엘리트 가도를 걸었다. 하지만, 62세에 중앙 정계의 부패를 호소하는 상소문을 제출하였고, 그를 계기로 정치적 경쟁자의 중상 비방을 받아 관계(官界)를 떠나게 되었다.

홍자성은 시골에 틀어박혀『채근담』을 정리하였지만, 여곤은 신입 관료 시절인 26세부터 30년 넘게 꾸준히 '신음(아픈 사람의 입에서 흘러나오는 앓는 소리)', 즉 명나라 말기의 퇴폐한 사회와 부패한 관료들에 대한 탄식을 써 내려갔다. 그 수는 총 1,976조다.

하고 싶었던 말이 어지간히도 많았나 보다.

『채근담』이나 『신음어』에는, 사회에 만연한 악한 자들에 대한 분노와 푸념, 저주로 가득하다고 해도 이상하지 않다. 하지만, 실제로는 그 속에서 자신은 얼마나 훌륭한 삶을 살 것인지, 악한 자들에 둘러싸인 상황에서도 불화를 일으키지 않고 얼마나 평온한 인생을 보낼 것인지에 대한 지혜가 담겨 있다.

SNS에서 쉽게 말썽에 휘말리는 사람은 그들의 지혜를 한 번 빌려보는 것을 추천한다.

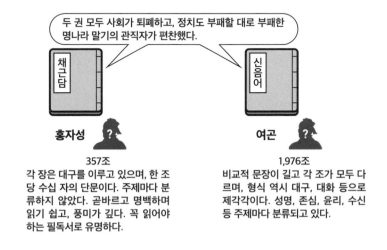

두 권 모두 사회가 퇴폐하고, 정치도 부패할 대로 부패한 명나라 말기의 관직자가 편찬했다.

채근담

신음어

홍자성

357조
각 장은 대구를 이루고 있으며, 한 조 당 수십 자의 단문이다. 주제마다 분류하지 않았다. 곧바르고 명백하며 읽기 쉽고, 풍미가 깊다. 꼭 읽어야 하는 필독서로 유명하다.

여곤

1,976조
비교적 문장이 길고 각 조가 모두 다르며, 형식 역시 대구, 대화 등으로 제각각이다. 성명, 존심, 윤리, 수신 등 주제마다 분류되고 있다.

지금 바로 『신음어』의 지혜를 맛보자.

참된 이치와 참된 묘미는 함축적이어야 하니, 말로써 노골적으로 드러내지 말아야 한다. 그 오묘함은 끝이 없어 말로는 다 설명할 수 없다. 그렇기에 성인聖人은 말하지 않은 것이다. *

나름대로 해석하면, '정말로 미묘한 것은 잠자코 마음에 담아두어라. 말로 하지 말라. 중얼거리지 말라. 끝없이 미묘하므로, 말로 한다고 하여 상대방에게 전해질 리 없다. 그렇기에 성인은 아무 말 없이 모두가 깨닫기를 기다리고 있는 것이다'라는 느낌이다.

그리고 이런 문장도 있다.

'가만히 참을 것인지, 일시적인 감정에 이끌려 터뜨릴 것인지, 어느 쪽을 선택하는가에 따라 행복과 불행의 경계가 된다.'**

이를 나름대로 해석하면 '여기에서 잠자코 견딜 것인지, 격정에 몸을 맡기고 무언가 행동을 취해 버릴지에 따라 앞으로의 전개가 결정된다. 일단 침착하자. 여기에서 화내고 부주의하게 일

★　眞機眞味 要涵畜 休點破 其妙無窮 不可言喩 所以聖人無言
　　(진기진미 요함축 휴점파 기묘무궁 불가언유 소이성인무언)
★★　忍激二字是禍福關 (인격이자시화복관)

을 해치우면 큰 화근을 부르게 될 것이다'라는 느낌이다.

SNS에서도 분노에 휩싸여 조심성 없이 무심코 발언하면, 괜히 불똥이 튀어 호되게 당한다. 냉정한 침착함이 무엇보다 중요하다.

여곤은 '**최고의 덕성은 침착함과 차분함이다**'*라며, 인간이 갖추어야 할 최고의 본성은 마음을 다잡고 침착하는 것에 있다고 말한다.

> 침착함과 냉정함이 인간으로서의 첫 번째 자질이다.**
>
> 정靜이라는 한 글자는 하루 종일 떼어 놓아서는 안 된다. 잠시라도 떼어 놓으면 그 사람은 반드시 문란해지고 만다.***
>
> 정묘한 조화는 체관한 사람만이 알 수 있다.**** (우주의 조화와 본성, 천도의 정묘함은 마음이 평온하며 체관한 사람만이 이해할 수 있다)

어쨌든 일단은 침착하라고 말하는 것이다.

선한 자가 반드시 복을 받는 것도 아니고, 악한 자가 반드시 화

★　　　德性以收斂沉著爲第一 (덕성이수렴침저위제일)
★★　　深沈厚重 是第一等資質 (심침후중 시제일등자질)
★★★　靜之一字 十二時離不了 (정지일자 십이시리불료)
　　　　一刻纔離便亂了 (일각재리편난료)
★★★★ 造化之精 性天之妙 唯靜觀者知之 唯靜養者契之
　　　　(조화지정 성천지묘 유정관자지지 유정양자계지)

　　　　　　　　　　　　　　　　　　　인생 내공 고전 수업

를 당하는 것도 아니다. 군자는 이를 잘 알고 있기에, 설령 불행한 일을 당한다고 할지라도 결코 악한 짓을 하지 않는다.

진실한 마음을 지닌 자는 궁지에 몰리곤 하며, 아첨하기를 잘하는 자는 빠져나가기를 잘한다. 군자는 그를 잘 알고 있기에, 설령 궁지에 몰리는 한이 있더라도 결코 아첨은 하지 않는다. 그것은 당연한 도리임을 알고 있을 뿐 아니라, 또한 그의 마음에도 스스로 용납하지 못하는 바가 있기 때문이다. *〈수신편〉

우리는 선한 일을 하면 복이 오고, 악한 짓을 하면 화가 닥친다고 생각하고 싶지만, 이 세상은 그렇게 단순하지 않다. 오히려 정직한 사람이 곤욕을 치르기도 하고, 상사의 비위만 잘 맞추는 사람이 손쉽게 출세하는 것을 보면, 성실하고 꾸준하게 일하는 것이 우습게 느껴지기도 한다.

하지만 군자는 그것을 알고 있어도 '아첨'에 치우치지 않는데, 여곤은 그 이유가 마음이 그것을 허락하지 않기 때문이라고 말한다.

또한, 여곤은 30년간 관료로서 심력을 다했지만, '거짓僞'을 지우지 못했다고 고백한다. 그 '거짓'은 여섯 가지다.

★ 善者不必福 惡者不必禍 君子稔知之也 寧禍而不肯爲惡 忠直者窮 諛佞者通 君子稔知之也 寧窮而不肯爲佞 非但知理有當然 亦其心有所容已耳
(선자불필복 악자불필화 군자임지지야 영화이불긍위악 충직자궁 유녕자통 군자임지지야 영궁이불긍위녕 비단지리유당연 역기심유소불용이이)

① 성실한 마음으로 백성에게 다하여도, 마음속으로 자신의 덕을 조금이라도 자랑하면 거짓

② 성실한 마음으로 선행을 하여도 마음속으로 남에게 알려지기를 조금이라도 바라면 거짓

③ 도리로서 해야 할 일을 충분히 하더라도, 사소한 일로 남과 다투고 만족하지 못하면 거짓

④ 정의심이 넘치더라도, 약간의 이기심이 있으면 거짓

⑤ 낮에는 선행을 하더라도 밤에 나쁜 짓을 꿈꾸면 거짓

⑥ 마음속으로는 90%인데, 100%인 듯한 표정을 지으면 거짓

상당히 엄격하다.

좋은 일을 하면 자랑하고 싶고, 다른 사람이 알아주기를 바란다. 조금은 타인과 싸우기도 하고, 뜻대로 되지 않으면 불만을 가질 수도 있다. 상사에게 칭찬받거나 승진 대상자가 될 수도 있다며 마음속으로 조금은 엉큼한 생각이 샘솟을 때도 있다.

여곤이여, 아무리 그래도 꿈속에서까지 나쁜 생각을 하면 안 된다거나, 전부를 쏟아부은 듯한 표정을 지으면 안 된다는 건 너무 심하지 않은가.

❶ 『신음어』는 처세훈. 살기 힘든 세상을 어떻게 살아가야 하는가에 대한 지혜가 담겨 있다.

❷ 주제별로 분류는 되어 있으며, 원하는 페이지를 펼쳐 마음대로 읽으면 된다.

❸ 마음에 와닿는 말을 발견하면, 글로 적어 좌우명으로 삼는 것도 멋있다.

두 번째
인생 내공

이 세상은
어떤 모양을
하고 있는가?

| 깊이 생각하고 깨닫게 하는 동양고전 10선 |

주역(周易)

분량 ■■□
난이도 ■■■

『주역』은 점술에 관한 책이지만, '오경'의 맨 앞을 차지하고 있다. '음과 양'이라는 두 가지 원리를 통해 우주·인생의 삼라만상에 관한 이치를 밝힌다. **수수께끼 같은 괘사·효사를 읽음으로써 인생과 처세에 대한 지혜**를 얻을 수 있다.

복희(伏羲)
'팔괘'를 작성했다고 전해지는 복희는 삼황(중국 고대 전설에 나오는 세 명의 왕) 중 한 사람으로, 인간의 머리에 뱀의 몸을 하고 있다. 신화 속에 존재하며, 아내는 여와(女媧)다.

문왕(文王)
'64괘'와 '괘사'의 작성자라고 전해지는 문왕은 주 왕조의 창시자다. '효사'를 작성했다는 주 공단은 문왕의 아들이며, '십익'을 작성했다는 공자는 유가의 창시자다.

영적인 분야의 원조 『주역』은 수수께끼로 가득하다

'맞는 것도 팔괘라, 맞지 않는 것도 팔괘이니.'

점은 맞을 수도 있고 맞지 않을 수도 있다는, 어떤 의미에서는 무책임한 말이다. 이러한 '팔괘'는 건(☰)·곤(☷)·진(☳)·손(☴)

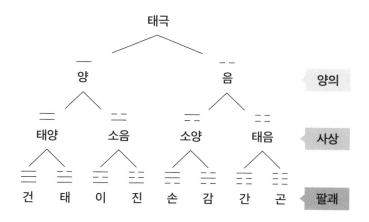

| 팔괘의 체계 |

· 감(☵) · 이(☲) · 간(☶) · 태(☱)라는 여덟 가지 점괘를 가리킨다.

이는 『주역』에 나오는 표현으로, 『주역』은 점술에 관한 책이라고 할 수 있다. 주나라 문왕이 이 팔괘에 팔괘를 곱하여 8 × 8 = 64괘를 만들었다고 한다.

예를 들어, 64괘 중 하나인 '건☰☰'의 괘사 · 효사(=점괘 결과)를 보자.

(괘) 건乾: 만사가 형통하도다. 점친 데는 좋은 결과가 있을 것이다.

(효) 초구初九: 물에 잠겨 있는 용이니, 행동하지 말라.

구이九二: 물에 잠겨 있던 용이 세상에 모습을 드러냈으니, 대인을 만나면 이로울 것이다.

구삼九三: 군자는 하루 종일 부지런히 노력하고 저녁에는 삼가니, 아무리 위태로운 일이 생긴다 해도 재난에 이르지 않을 것이다.

구사九四: 용이 하늘까지 올라가려고 하지만, 역시 깊은 땅속에 숨어 있다. 허물은 없다.

구오九五: 비룡이 하늘에 있으니, 대인을 만나면 이로울 것이다.

상구上九: 끝까지 올라간 용. 후회가 있을 것이다.

용구用九: 용들이 무리를 지어 모습을 드러냈다. 목이 없으니 길하다.

이런 느낌이다. 일본 신사에서 종이를 뽑아 길흉을 점치는 운세 뽑기(오미쿠지)를 몽땅 사 와서 '중길中吉 : 학문 - 성취할 수도 하지 못할 수도 / 기다리는 사람 - 오지 않을 것'이라고 되어 있는 것을 처음부터 끝까지 통독하는 것과 같다.

게다가 '용들이 무리를 지어 모습을 드러냈다. 목이 없으니 길하다'와 같은 말은 솔직히 이해하기 어렵다. '용에 목이 없다'고 해도, 용은 애초에 어디부터 어디까지가 목인지 알지 못하는 거 아니냐고 지적하고 싶어진다.

이 괘사·효사가 『주역』의 본체인 '경經'이다. 물론 이대로는 아무렇게나 받아들일 수 있으므로 자세한 주역·해설인 '전傳'이 붙는다.

그것이 공자가 지었다고 전해지는 〈단전象傳〉과 〈상전象傳〉이다.

〈단전〉은 '만사형통(원형이정)'이라는 괘사에 대해 '크도다, 건원이여'라고 말하며, '건'이란 만물을 총괄하는 덕이며, 여기에 있는 육룡의 가르침을 따르면 천도를 구동하고, 대자연을 조화하며, 만국은 안녕을 얻는다고 풀이한다.

반면에 〈상전〉은 '초구'부터 '용구'까지 일곱 가지 효사에 대해, 예를 들어 '용이 세상에 모습을 드러냈다는 것은 덕이 두루 퍼져 있다는 뜻이다'라고 하나하나 세세하게 설명해준다.

우리는 〈단전 상하편〉, 〈상전 상하편〉에 〈문언전〉, 〈계사전 상하편〉, 〈설괘전〉, 〈서괘전〉, 〈잡괘전〉을 더해 주석 10종(십익)의 도움을 받으며 괘사·효사를 읽어 나간다.

『주역』의 말은 우주와 인생의 이치를 밝히는 것이며, 『주역』이 말하지 않는 것은 없다.

『주역』을 통독함으로써 우리는 장대한 규모의 우주관을 맛보고, 거기에서 수많은 교훈과 훈계를 읽어내어 인생에 활용할 수 있다.

예를 들어, '용이 하늘에 오르면 뉘우침이 있으리라'*에서는 넘치면 언젠가는 모자라는 것이 도리이며, 최고의 상태도 오래가지 못한다고 경고한다. 또한, '서리를 밟을 때가 되면 머지않아 단단한 얼음에 이른다'**에서는 큰 재앙에도 미세한 징후가 있으니 예민하게 감지하고 빠르게 대처하라는 경고를 이해할 수 있다.

이처럼 책의 어느 페이지를 펼쳐도 인생과 처세에 관한 지혜를 얻을 수 있기에 『주역』은 꾸준하게 많은 사람에게 읽히고 있으며, 인생과 우주의 이치를 밝히고 과거·현재·미래에 관해 전망해주기 때문에 '오경'의 맨 앞에 놓여 있는 것이다.

이 책의 포인트

❶ 『주역』은 점술에 관한 책이다. 하지만 사람들은 그 수수께끼 같은 말에 빠져든다.
❷ 음양의 원리에서 인생·우주의 이치, 과거·현재·미래를 풀어낸다.
❸ 그 말을 통해 인생 처사에 도움이 되는 지혜를 읽을 수 있는 것이 가장 큰 매력이다.

★   亢龍有悔 (항룡유회)
★★ 履霜堅冰至 (이상견빙지)

시경(詩經)

분량 ■■□
난이도 ■□□

고전
12

고대를 살았던 사람들의 노래로, 사랑, 이별, 한탄, 슬픔, 분노, 그리고 기도를 담고 있다. 『시경』은 통속적이어서 고대 중국의 생생한 모습을 즐길 수 있다. 환상적인 신화 세계와 굴원의 고결한 마음을 노래하는 『초사楚辭』와 쌍벽을 이룬다. 『초사』도 이번 장에서 함께 풀이한다.

공자 (孔子, 기원전 552?~기원전 479)
춘추 시대(기원전 770~기원전 403)의 인물. 저서는 한 권도 남아 있지 않다. 『시경』은 예로부터 단순히 '시'라고 불렀는데, 주나라의 천자가 모았으며, 이름 없는 사람들의 가요다. 3,000여 편의 노래 가운데 공자가 300편을 선별했다고 알려져 있다.

유가 경전이 된 이름 없는 사람들의 시

『논어』에 이런 이야기가 있다. 공자의 아들 공리孔鯉가 선보인 아버지와의 추억담이다.

내가 아버지의 앞을 종종걸음으로 지나가자, 아버지가 나를 불러세우며 '시는 공부했느냐'라고 물으셨다. 내가 '아직 배우지 못하였습니다'라고 대답하자, 아버지는 '시를 배우지 않으면 아무 말도 할 수 없다'라고 하셨고, 나는 물러나 시를 배웠다.

다른 날 아버지가 나를 또 불러세우며 '예를 배웠느냐'라고 물으셨다. 내가 '아직 배우지 못하였습니다'라고 대답하자, 아버지는 '예를 배우지 않으면 설 수 없다'라고 하셨고, 나는 물러나 예를 배웠다.[*] (『논어』〈계씨편〉)

여기에서 공자는 시를 배우지 않으면 제대로 된 발언을 할 수 없고, 예를 배우지 않으면 위로 올라갈 수 없다고 아들에게 전하고 있다.

또한, 공자는 제자에게 '너희들은 어찌하여 시경을 공부하지 않느냐'[**]라며 『시경』을 배우라고 권한다. 『시경』은 흥미와 관심을 자극하고, 관찰력을 높여준다. 『시경』을 배우면 모두와 사이좋게 지낼 수 있고, 불만을 잘 표현할 수 있다. 가까이는 아버지, 멀게는 군주를 잘 보필할 수 있는데다 짐승과 초목의 이름도 많이 외울 수 있다고 한다. (『논어』〈양화편〉)

실제로 역사책인 『춘추좌씨전』을 보면, 사교 장면에서 종종 시가 인용되고 있다. 상류층 사이에서 시는 필수 교양이었다. 시를

---

[*] 對曰 未也 嘗獨立 鯉趨而過庭 曰 學詩乎 對曰 未也 不學詩 無以言 鯉退而學詩
(대왈 미야 상독립 리추이과정 왈 학시호 대왈 미야 불학시 무이언 리퇴이학시)
他日 又獨立 鯉趨而過庭 曰 學禮乎 對曰 未也 不學禮 無以立 鯉退而學禮
(타일 우독립 리추이과정 왈 학례호 대왈 미야 불학례 무이립 리퇴이학례)
[**] 小子 何莫學夫詩 (소자 하막학부시)

인생 내공 고전 수업

자유롭게 인용하고 이해하지 못하는 것 같으면, 그들의 무리에 끼워주지 않았다. 공자가 '시를 배우지 않으면 아무 말도 할 수 없다'라고 말한 이유도 알 것 같다.

『시』는 은나라 시기부터 춘추 시대에 황하강 유역에서 이름 없는 사람들이 부르던 시를 모은 것이다.

각 나라의 민요를 모은 '풍風(국풍)', 궁중 가요를 모은 '아雅(대아·소아)', 선조의 찬가를 모은 '송頌', 이렇게 세 가지로 나누어 수록되어 있다. 내용은 처녀의 연정에 관한 노래, 남편에 대한 불만이나 결혼을 축복하는 노래도 있고 출정 병사의 탄식도 있다. 의외로 통속적이다.

이러한 『시』가 어떻게 오경 중 하나가 되었을까?

수많은 시 가운데 공자가 300여 편을 선별하였다고 여겨지기 때문이다. 공자가 고른 이상 그 시에는 공자가 선택할 만한 무언가가 있다는 것이다.

동중서董仲舒의 상신을 받은 한 무제(재위 기원전 141~기원전 87)가 유학을 관학으로 공인했을 때, 『시』는 역易·서書·예禮·춘추春秋와 함께 『시경』이 되었다고 한다.

'경經'이란, 유가가 가장 존중해야만 하는 중요한 글을 말한다. 『주역』으로 말하자면 괘사와 효사, 『시경』으로 말하면 시다. 다시 말해 시는 유가의 가르침, 즉 윤리와 도덕을 이야기하는 것으로 여겨졌다.

실제로 시는 이런 느낌이다. 우선 가장 유명한 〈도요桃夭〉(국풍·주남)부터 살펴보자.

복숭아꽃이 만발하고 불처럼 붉은 꽃이로다.
이 여인 시집가서 화목한 가정을 이루리라.
복숭아꽃이 만발하고 무성히 달린 열매로다.
그 여인 시집가서 화목한 집안을 이루리라.
복숭아꽃이 만발하고 이파리가 우거졌도다.
그 여인 시집가서 화목한 식구를 이루리라.★

모시서毛詩序에 따르면 한나라 시대에는 이 시를 '후비로부터 비롯된 노래. 그녀가 질투심을 갖지 않았기에 남녀는 올바르고 혼인은 적당한 때에 행해져, 나라에 아내 없는 남자는 없어졌다'라고 해석하며, 질투심을 갖지 않았다는 후비의 덕을 노래했다고 보았다. 정말 과한 곡해다.

오늘날에는 윤리·도덕과 결부하는 유가적 해석을 멀리하고,

★ 桃之夭夭 灼灼其華 之子于歸 宜其室家 (도지요요 작작기화 지자우귀 의기실가)
   桃之夭夭 有蕡其實 之子于歸 宜其家室 (도지요요 유분기실 지자우귀 의기가실)
   桃之夭夭 其葉蓁蓁 之子于歸 宜其家人 (도지요요 기엽진진 지자우귀 의기가인)

시의 본래 의미를 찾는 것이 주류다.

〈도요〉에서 '복숭아꽃'은 결혼의 계절인 봄에 피는 꽃으로, 나쁜 기운을 쫓을 때도 사용하는 신목이다. 여기에서는 시집가는 젊은 여성을 의미한다. 새빨간 '꽃'은 그녀의 아름다움을, 커다란 '열매'는 그녀의 임신을, 무성한 '잎'은 자손 번성을 의미하며, 결혼을 축하하는 노래라고 풀이한다.

다음은 〈계명鷄鳴〉(국풍·제풍)을 살펴보자.

닭이 이미 울어 조정에 이미 신하들이 가득하다 하였더니, 닭이 운 것이 아니라 파리떼가 나는 소리였네.

동쪽이 밝은지라 조정에 이미 신하들이 많다 하였더니, 동쪽이 밝은 것이 아니라 달이 떠서 빛남이로다.

벌레가 날아 윙윙거리거든 그대와 함께 단꿈 꾸고 싶지만, 모였다가 헛걸음치고 돌아가면 행여 나 때문에 당신이 미움받지 않을까. ★

★ 雞旣鳴矣 朝旣盈矣 匪雞則鳴 蒼蠅之聲 (계기명의 조기영의 비계즉명 창승지성)
東方明矣 朝旣昌矣 匪東方則明 月出之光 (동방명의 조기창의 비동방즉명 월출지광)
蟲飛薨薨 甘與子同夢 會且歸矣 無庶予子憎 (충비훙훙 감여자동몽 회차귀의 무서여자증)

'계명'은 새벽을 알리는 닭의 울음소리인데, 여기에서는 남녀의 정사가 끝났음을 알리는 신호다.

마치 듀엣곡 같아서 흥미롭다. 결혼 전, 남자가 밤에 몰래 여자를 찾아온다. 이는 구혼의 의식이기도 하다. '아침이 왔으니, 돌아가야만 한다'라고 재촉하는 여자에게 '아니, 아직 아침이 아니다'라고 되받아치는 남자. 마지막은 '구혼에 응하겠습니다'라는 말로 끝을 맺는다.

그 밖에도 〈맹氓〉(위풍)은, '사내가 놀아남에 빠지면 오히려 벗어날 수 있지만, 여인이 놀아남에 빠지면 벗어날 수가 없느니라' *(남자는 사랑에 빠져도 제정신으로 돌아갈 수 있지만, 여자는 정에 빠지면 정신을 차리기 어렵다)라며, 뜨내기 남자에게 속아 사랑의 도피를 하듯 남자를 따라 결혼했지만, 불과 3년 만에 배신 당하고 '역시 어쩔 수 없는 것인가'라고 한탄하는 여자의 노래다.

2천 년 이상 된 노래라고는 생각하기 어렵다.

★ 士之耽兮 猶可說也 女之耽兮 不可說也 (사지탐혜 유가설야 여지탐혜 불가설야)

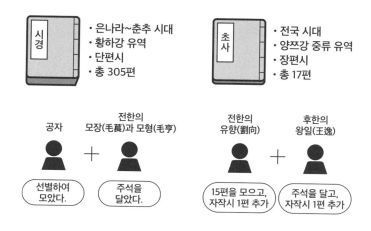

신화의 세계를 즐기고 싶다면『초사』

『시경』과 쌍벽을 이루는 것이『초사楚辭』다.

'초'는 양쯔강 중류 유역을 말하며,『초사』란 전국 시대에 초 지방에서 불리던 가요를 모은 책이다. 총 17편이다. 그중 대표작은 〈이소離騷〉, 〈구가九歌〉, 〈천문天問〉, 〈어부漁父〉 등 7편이며, 저자는 굴원屈原이라고 알려져 있다. 『시경』에 비해 신비롭고 난해한 것이 특징이다.

굴원은 전국 시대 초나라의 왕족으로, 회왕을 섬겼다. 그러나 우매한 왕이 다른 신하의 참언을 믿어 충신이었던 그를 추방했고, 굴원은 나라를 걱정하며 멱라강에 몸을 던졌다. 『초사』는 그의 충군·애국에 대한 마음을 담은 노래다.

〈이소〉는 고귀한 핏줄과 고결한 영혼을 가진 주인공이 어리석은 임금에게 냉대를 받고 이 세상에 절망해 천계로 떠난다는 장편시다. 확실히 시의 주인공은 굴원을 떠올리게 한다.

〈구가〉는 동황태일이나 운중군, 하백 등 아홉 신을 모시는 노래인데, 굉장히 난해하다.

〈천문〉은 천지 우주의 실상을 문답 형식으로 노래한다.

〈어부〉는 '온 세상이 모두 탁한데, 나 홀로 맑다'(이 세상에는 쓰레기로 가득한데, 나 혼자만이 청렴하다)라고 한탄하는 굴원과 은자의 대화를 노래한다.

이 책의 포인트

❶ 『시경』은 유가의 경전이라고 생각하기 힘들 정도로 내용이 적나라하다. 연애시부터 읽어보길 추천한다.

❷ 『초사』는 신화 세계를 끈적이면서도 풍성하게 노래한다. 굴원의 고결함에 감동해 보는 것도 좋다.

인생 내공 고전 수업

예기 (禮記)

고전 13

분량　■□□
난이도　■■■

『예기』란 〈예경〉〈의례〉)의 '기(해설)'라는 의미

거기에 『증자』나 『자사자』의 일부 등 다양한 유가 문헌이 추가되어 성립되었다. 내용은 정치, 철학, 윤리, 제도, 음악 이론 등 다양하다.

대성 (戴聖, 생몰년 미상)

전한(기원전 202~기원후 8)의 인물. 숙부인 대덕(戴德)과 구분하기 위해 대덕을 '대대(大戴)', 대성을 '소대(小戴)'라고 부른다. 한 선제(재위 기원전 74~기원전 49)의 명을 받아, 오경의 다름을 의론하는 석거각(石渠閣) 회의에 예가로서 참가했다.

오경에는 세 가지 예禮가 있다

예禮는 역·서·시·춘추와 함께 오경의 한 부분을 차지한다.

'예'를 중시한 『논어』에는 '예'라는 단어가 자주 등장하는데, 이때는 아직 책으로 만들어지지는 않았던 것 같다. 전국 시대에 후학의 손에 책으로 정리되었으나 진시황에 의해 사상을 통제하고 실용서 이외의 책은 소각해 버리는 분서갱유의 대상이 되어, 그 서적(『예기』의 원본)은 불타버렸다.

이후 '예'는 구전으로 이어지거나 공자의 집 벽에 숨기는 등의 방법으로 후세에 전해졌다.

문제는 그 '예'가 세 개라는 점이다.

첫 번째는 『의례儀禮』다.

원래는 『예경禮經』, 『사례士禮』라고 하며, 구전으로 전해져 내려온 '선비의 예'를 정리한 것이다. '사'란 경卿·대부大夫·사士라고 불리는 신분 계급 중 하나다. 경·대부가 재상·대신·장군급의 상급 귀족이며, 사는 일반 관료·병사급의 하급 귀족에 해당한다. 귀족이기에 서민과 달라 예의범절을 철저히 지켜야 하는데, 그 예를 적은 것이 바로 『의례』다. 내용은 성인의 의식이나 결혼 절차, 음주 예절, 기사 모임 예절, 상중 예절, 조상 제사 예식 등이다.

두 번째는 『주례周禮』 혹은 『주관周官』이라고 한다.

제목처럼 주 왕조의 관제를 정리한 것으로, 여러 관직과 그 역할, 인원 등이 기록되어 있다. 주나라는 유가를 이상理想으로 여기는 왕조다. 『주례』는 그 관제官制로서, 유학의 소양이 요구되는 관료는 이를 금과옥조라 하여 무슨 일이 있을 때마다 인용하였다. 전한 초, 공자의 옛집에서 발견되었다는 설도 있지만, 정확하지 않다.

전한 말기, 『초사』를 엮은 유향의 아들 유흠劉歆이 궁정 도서를 정리하던 중 발견해서, 당시의 권력자이자 유가가 이상으로 삼은 주대를 재현한다는 명목으로 전한을 멸망시키고 새로운 왕조를 세운 왕망王莽에게 헌상하였다고 한다.

마지막은 『예기禮記』다.

『의례』, 『주례』는 의례·예의범절·규정·제도 등을 기록한 무미건조한 책이다. 반면에 『예기』는 읽을거리가 풍부하다. 『의례』에서는 혼인할 때 우선 중매하는 사람을 통해 여성의 집에 결혼의 뜻을 전하는 것이 예의이고, 상대가 응하면 다음에 예물로 기러기를 바치며, 여성의 아버지는 종묘(조상의 모시는 묘)의 서쪽에 앉는 것이 예의라는 이야기 등을 담담하게 서술하고 있다(사혼례편).

반면 『예기』에서는 혼인 예절의 의의가 무엇인지를 설명하며, 혼인은 양가의 바람을 통해 혈통을 이어가기 위한 것이라고 말한다(혼의편). 남녀의 사랑은 관계없다.

『예기』의 내력은 복잡하다. 전한 초에 하간헌왕(河間獻王)이 예의 기록 131편을 입수하여 황제에게 올리고, 전한 말기에 유흠의 아버지인 유향이 그것을 발견한다. 그 후 대덕이 중복되고 번잡한 부분을 제외하여 85편으로 편집하고, 대성이 다시 정리하여 49편으로 만들었다(여러 설이 있다). 전자를 '대대례大戴禮', 후자를 '소대례小戴禮'라고 하며, 가장 간편한 '소대례'가 『예기』 49편이 되었다.

그렇다면, 실제 『예기』의 일부를 살짝만 살펴보자.

사람이 태어나 10세가 되면 유幼라 하며, 이때부터 글을 배운다. 20세는 약弱이라 하며, 이때 성인이 되어 관을 쓴다. 30세는 장壯이라 하며, 이때 아내를 맞이하고 집을 가지며 자식을 둔다. 40세는 강强이라 하며, 이때 벼슬길에 오른다.★

첫 10년은 '유년'으로 배우는 시기다.

공자는 『논어』 〈위정편〉에서 '열다섯에 학문에 뜻을 두었다'★★ 라고 말하는데, 학문에 몰두하는 시기가 『예기』에서 말하는 나이보다 더 늦다.

다음 10년은 '약년'으로, 아직 약하다는 의미다. 세는 나이로 스무 살에 성인이 되는데, 이때 남자는 성인의 증표로 관을 쓰기에 '약관 20세'라고 표현한다. '관혼상제'의 '관'이 바로 이것으로 성인식(관례)을 의미한다.

다음 10년은 '장년'으로 만물 생성의 근원이 되는 정기를 의미하며, 이 기간(20대)에 아내를 맞이한다. 여성은 15세에 성인식(계례)을 맞아 시집을 가기 때문에, 부부의 나이 차이는 일반적으로

★ 人生十年曰幼 學 (인생십년왈유 학), 二十曰弱 冠 (이십왈약 관),
　　三十曰壯 有室 (삼십왈장 유실), 四十曰强 而仕 (사십왈강 이사)
★★ 吾十有五而志于學 (오십유오이지우학)

5살 이상이었다.

『예기』〈단궁편〉에는 '공자는 어려서 아버지를 여의었기에, 아버지의 무덤이 어디에 있는지 몰랐다'라는 말이 나온다. 공자의 어머니 안징재顏徵在가 공자의 아버지 숙량흘叔梁紇의 무덤 위치를 알려주지 않아, 공자는 어머니가 세상을 떠난 뒤 어머니의 유해를 어디에 묻어야 할지 몰라 고생했다는 이야기를 전하고 있다.

공자는 아버지의 성묘를 경험한 적이 없다고 한다. 후한의 학자 정현의 주장에 따르면, 공자는 부모가 '야합'하여 태어난 자식이었기에 어머니가 이를 부끄러워해 공자에게 알려주지 않았다고 한다. 충격적인 공자의 탄생설이다.

마찬가지로 〈단궁편〉에 나오는 이야기다.

공자 일행이 태산 기슭을 지나가는데, 여인의 통곡 소리가 들려왔다. 이유를 묻자, 그녀의 시아버지와 남편이 모두 호랑이에게 죽임을 당했는데, 조금 전에 아들까지 희생되었다고 했다. 공자가 그런 위험한 곳에서 계속 사는 이유를 묻자, 그녀는 '여기에는 (호랑이는 있어도) 가혹한 정치는 없다'라고 대답하였다. 공자는 제자들에게 '모두 이것을 꼭 기억해 두어라. 이처럼 가혹한 정치는 호랑이보다 무서운 것이니라'*라고 말했다고 한다(교과서에도 나오는 유명한 고사).

『예기』의 내용은 이처럼 다채롭다. 좋아하는 편을 골라 읽는 것을 추천한다.

이 책의 포인트
❶ 『예기』는 예에 관한 잡다한 기록을 모은 책이다. 다방면에 걸친 다양한 내용을 다루고 있다. ❷ 시령 사상을 정리한 〈월령편〉이나 노장 사상을 떠올리게 하는 〈중니한 거편〉 등도 있다.

★ 小子識之 苛政猛於虎也 (소자식지 가정맹어호야)

춘추번로 (春秋繁露)

분량 ■□□
난이도 ■■■

고전
14

동아시아를 유교 문화권으로 만든 동중서가 지은 책

그는 나쁜 정치를 하면 하늘이 재해를 일으켜 경고한다는 천인상관설(재이 사상)을 설파한 전한 시대의 인물이다. 3년 동안 정원에도 나가지 않고 학문에 몰두한 그는 한 무제의 마음을 사로잡아 동아시아의 문화를 크게 바꾼다.

동중서 (董仲舒, 기원전 176?~기원전 104?)
전한(기원전 202~기원후 8)의 인물. 『춘추공양학(春秋公羊學)』을 공부했다. 무제의 자문에 세 번 답하여 신임을 얻었으며, 그 결과 '오경박사'가 설치되는 등 유학을 중시하는 정책이 시행되었다. 이를 '유교의 국교화'라고 한다(다양한 설이 있다).

동아시아를 유교 문화권으로 만든 주역

로마 제국이 크리스트교를 국교화하면서 유럽이 크리스트교 문화권이 되었듯, 한漢 제국이 유교를 국교화하면서 중화 세계는 유교 문화권이 되었다.

중국, 한국, 일본, 베트남 등으로 유교 문화권이 확산되면서 제2차 세계 대전이 끝난 후 한국, 대만, 홍콩, 싱가포르는 눈부신 경제 발전을 이룩하였다. 이 나라들이 '아시아 NIES(신흥공업경제지역)'이 되어 '아시아의 네 마리 용'이라고 칭해지게 된 것은 유교 문화가 배경에 있었기 때문이다.

그런 '유교의 국교화'의 주역으로 유명한 인물이 '동중서'다.

지금은 이의를 제기하는 사람도 많고 이렇게 단순하게 이해하지는 않지만, 유학이 중국 문화의 핵심이 된 요인 중 하나가 동중서인 것은 분명하다.

전국 시대에 진나라는 법가 사상을 채용하여 정치적·군사적으로 성공을 거두는 한편, 유학은 '현실과 거리가 멀어 사정에 어둡다'(『사기』)라며 멀리하였다. 이는 동중서의 제자이기도 했던 역사가 사마천司馬遷의 말이다.

또한, 전한 초기에는 황로 사상(전설 속 제왕인 황제와 도가의 창시자인 노자의 이름을 딴 정치 사상으로, 도가와 법가를 합친 듯한 내용)이 유행했다. 그리고 재상이었던 조참曹參은 황로 사상을 바탕으로, 윗사람이 아무것도 하지 않고 조용히 지켜본다면 백성은 스스로 안정되어 다스려진다는 '무위 청정'의 정치를 실천했다.

요컨대 전국 시대 말기부터 한나라 초기에 걸쳐서는 법가나 도가가 지배적인 사상이었다.

유가는 처음 탄생할 때부터 한결같이 대단한 사상이 아니었다. 전한 무제(재위 기원전 14~기원전 87)의 앞에 나타난 동중서가 유가를 국가적 사상의 지위까지 올려놓은 것이다.

114

동중서는 『춘추공양전』을 공부했다.

『춘추』는 오경 중 하나로, 공자가 태어난 노魯나라의 역사서다. 『공양전』은 『춘추』에 덧붙여진 세 개의 주석서 '좌씨전·공양전·곡량전' 중 하나다. 공양전의 '춘추의 의미를 밝혀, 후세의 성인을 기다린다'라는 부분에서, 공자는 후세(주나라를 계승한 한 왕조)를 위해 『춘추』를 만들었다는 것을 알 수 있다. 이를 '한대예정설漢代豫定說'이라고 하며, 이는 한 왕조를 뒷받침하는 학설이다.

또한, 동중서는 『공양전』에 나오는 '대일통大一統(통일을 중요하게 여긴다는 의미)'이라는 표현을 황제에 의한 국가 통일이라고 해석하고, 학설적으로 황제의 권력에 근거를 부여했다. 한 무제가 유학을 관학화한 이유도 알 것 같다.

하늘의 뜻을 대신하는 황제
따라서, 재해가 생기면 황제 때문

동중서 사상의 근간은 천인상관설=재이 사상이다. 황제의 도덕적·정치적 행동에 만물의 주재자인 하늘이 감응하여, 재앙이 되는 기괴한 일이나 상서로운 조짐을 내린다는 설이다.

요컨대 '황제가 안타까운 정치를 하고 있으면, 하늘은 천벌로 메뚜기떼나 지진, 홍수 등의 '재앙'을 내리고 경고한다. 반대로 선

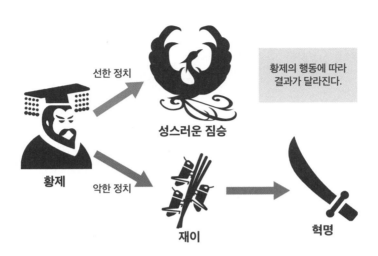

| 재이 사상 |

황제의 행동에 따라 결과가 달라진다.

선한 정치 → 성스러운 짐승

황제

악한 정치 → 재이 → 혁명

한 정치를 하면 기린이나 봉황 등 상서로운 짐승이 나타난다.

천인 상관에서 '인(사람)'은 황제를 가리킨다. 하늘이 황제에게 천명을 내려 천하를 통치하게 하는데, 천자가 하늘의 지시를 어기면 하늘은 재앙을 내리고 경고한다. 그래도 나아지지 않으면, 천명을 개혁하여 다른 사람에게 내린다. 이것이 혁명이다.

동중서의 사상을 알기 위해 기본적으로 보면 좋은 문헌은 『한서』〈동중서전〉(무제에게 제출한 논문, 이른바 '천인삼책天人三策'을 수록), 『한서』〈오행지〉(재이에 관한 동중서의 해석을 수록), 그리고 그의 저작으로 여겨지는 『춘추번로』, 세 가지다.

다만, 『춘추번로』는 위작설이 있다. 내용은 '춘추의 필법'을 거론하며 공양학의 입장에서 해설한 후, 정치·군사·예제 등을 논하고 있다.

예를 들어, 『춘추』는 침략자를 나중에 쓴다. '진인晉人과 진인秦人, 하곡河曲에서 싸우다(문공 12년)'의 문장에서 침략자는 진인秦人이다. 이 필법(글을 쓰는 법칙)을 거론하며 침략을 증오하기 때문이라고 설명한 후 전쟁론을 전개한다.

춘추의 법에서는 흉작인 해에 보수 공사는 하지 않는데, 그 이유는 백성을 괴롭게 하기 때문이다. 하물며 백성을 해하는 것은 더욱 그렇고, 백성을 죽이는 것은 더더욱 안 된다.

'백성을 해치는 것이 작다면 그것은 작은 악이다. 백성을 해치는 것이 크다면 그것은 큰 악이다. 지금 전란의 백성에게는 그 해악이 얼마나 크다는 말인가'(죽림)라며, 악惡의 크고 작음은 백성에게 끼치는 피해害의 크고 작음에 비례한다. 즉, '침략의 피해는 헤아릴 수 없다'라고 말하며 침략 전쟁을 전면 부정한다.

이 책의 포인트

❶ 사상사적 측면에서 동중서를 빼놓을 수 없다. 『춘추번로』는 더욱 주목받아야 할 고전이다.

❷ 다만 위작설도 있는 데다, '춘추학'의 소양이 있어야만 읽을 수 있는 것이 난점이다.

❸ 동중서에 관해 대화를 나눌 때는 천인상관설을 거론하면 좋다.

논형 (論衡)

말의 경중을 헤아려, 진위의 기준을 세운 책

백과사전처럼 온갖 사상·속설·기사를 다루며, 비판 정신을 가지고 하나하나 파고든다. 고대의 '논파왕' 왕충의 날카로운 비판을 즐겨보자.

왕충 (王充, 27~100?)
후한(25~220)의 인물. 수도 낙양(洛陽)에서 유학하며, 『한서』의 편자 반고의 아버지인 반표(班彪)의 가르침을 받았다. 집이 가난하여 책을 사지 못해, 책방에 서서 집중하여 조용히 읽었으며, 다양한 학문에 통하는 고사도 유명하다. 당시 유행하던 재이 사상을 비판했다.

후한 시대 합리 사상의 영웅, 왕충

전한의 동중서, 다음 차례는 후한의 왕충이다.

터무니없는 학설을 주창한 동중서에 대해 그건 말도 안된다며 따진 인물이 왕충이다. 3초만 생각해도 정치와 재해 사이에 관계가 없다는 것을 알 수 있다. 정치가 좋든 나쁘든 재해가 일어날 때는 일어난다. 다만 재해를, 황제에게 깊은 반성을 촉구하는 재료로 쓸 수 있다는 점에서 동중서의 천인상관설은 유익했다. 그런데 그게 끝이다. 과학적으로는 말도 안 되는 이야기다.

왕충의 사상은 환담桓譚, 응소應劭, 왕부王符 등과 함께 후한의 합리 사상으로 총칭된다.

왕충의 『논형』은 '허망함을 부정하는' 태도를 기준으로, 모든 거짓말과 헛소리를 비판적으로 검토해 공정한 진리를 밝히고자 한 책이다. 그가 이 저서에서 표적으로 삼은 것이 재이설災異說과 참위설讖緯說이다.

재이설은 동중서가 만든 이론으로, '재이(재해와 이변)'를 하늘의 경고로 해석한다. 그것을 더욱 발전시켜, 재이를 오행 사상(다양한 사상을 나무·불·흙·금·물로 설명)으로 해석하여 미래를 예언하는 참위설이 탄생했다. 미래를 예언하는 자연 현상(혹은 자연적으로 발생한 문자)을 '참(도참·부명)'이라고 부르고, 그 예언들에 관해 해설하는 책을 '위서緯書'라고 부른다. 이렇게 유학이 단번에 신묘 사상화되고 말았다.

왕망이 제위를 찬탈할 때 우물에서 붉은 글씨로 '안한공 왕망이 황제가 될 것임을 고하노라'*라고 적힌 흰 돌이 발견되었는데, 이는 그에게 천명이 내려졌다고 알리는 부명으로 여겨졌다. 누가봐도 미리 넣어둔 돌일 텐데 말이다.

『논형』에서 다루는 주제는 매우 다채롭다. 지식의 백과사전이

★ 告安漢公莽 爲皇帝 (고안한공망 위황제)

다. 〈견고편〉에서는 재이설에 대해 '재이를 논하는 자에 의하면 옛 군주는 정치가 잘못되면 하늘이 재앙과 이변을 내려 꾸짖었다고 한다'라고 서술하고 있다.

예를 들어, 형을 내리는 시기가 늦으면 한기를, 상을 내리는 시기가 늦으면 온기를 불러와 하늘이 군주를 견책한다는 재이설을 소개한 다음, '이 정도면 의심은 기정사실'이라고 말하고 있다.

왕충의 비판 논리는 다음과 같은 방식이다.

나라에 재이가 일어나는 것은 흡사 가정에 변이가 일어나는 것과 같다.

① 가족이 아파도 하늘이 노여워했다고는 생각하지 않는다. 단순히 혈맥이 좋지 않아서 병에 걸렸을 뿐. 재이도 마찬가지로 기후가 좋지 않을 뿐이다.

② 군주가 정치에 실패하는 것은, 가정에 비유하면 맛있는 음식을 만들려고 했으나 너무 짜거나 싱거운 요리를 한 것과 같다. 요리에 실패한다고 하여 과연 하늘이 가족들을 병들게 할까? 그럴 리가 없지 않은가. 그렇기에 재이설은 의심스러운 것이다.

이렇게 왕충은 재앙과 이변을 주변에서 경험할 수 있는 '가족의 병'에 비유하여, 가족의 병이 천벌일 리가 없으며 요리에 실패했다고 천벌을 받을 리가 없다고 확인시킨다. 그러므로 하늘이 나라에 재앙을 내려 벌한다는 말도 거짓이라고 결론짓는다.

이렇게 **'상식적으로 생각하면, 그런 일은 있을 수 없지 않아?'라고 말하는 것이 왕충의 논법이다.** 그는 이 합리적 판단을 무기로 거짓말과 헛소리를 비판한다.

그 밖에도 '선을 행하는 자에게는 복이 찾아오고, 악을 행하는 자에게는 화가 닥친다'(복허편)라는, 유명한 미신에 대한 비판은 다음과 같은 식으로 한다.

초나라 혜왕은 식사 중 초무침에서 거머리를 발견했다. 이때 죄를 물으면 법률상 요리사는 처형이다. 하지만 이런 일로 처형당하는 요리사가 불쌍하다. 그렇다고 안이하게 용서하면 국민에게 본보기가 되지 않는다.

자, 그렇다면 혜왕은 어떻게 하였을까?

그는 몰래 거머리를 삼켜 사건을 은폐하는 방법을 택했다. 얼마나 따뜻한 사람인가! 하지만 그는 심한 복통에 시달렸다.

초나라의 재상 영윤令尹이 사정을 묻자, 혜왕은 시원하게 자백했다. 영윤은 깊이 머리를 숙여 '신이 듣건대 하늘의 도는 지극히 공평하여 한쪽으로 치우치는 법이 없지만, 덕을 행하는 자만큼은 돕는다고 하였습니다'라고 안심을 시키며, '어진 폐하를 하늘이 병들게 할 리 없습니다'라고 기원했다. 실제로 저녁에 항문으로 거머리가 배출되어 병은 완치되었다.

단순히 '덕이 있으면 정말로 보상을 받는구나!'라고 생각할 수도 있다. 하지만, 이 미담에 대해 왕충은, ①왕이니까 제대로 해라, ②거머리조차 눈치채지 못하는 실력 없는 요리사를 탓해야 한다, ③거머리를 삼키지 말고 숨기면 되지 않았냐고 지적하며, '하늘은 바보에게 보상을 주는 거야?'라며 딴지를 놓는다.

그리고 '만약 하늘이 덕 있는 자의 병을 고친다면, 성인聖人은 병에 걸리지 않을 것이다. 그러나 성인이었던 공자도 병에 걸리지 않는가'라고 결정타를 날린다. 그의 날카로움은 이런 느낌이다. 정곡을 찌르는 능력이 굉장하다.

이 책의 포인트

❶ 『논형』은 전한 이후, 재이설과 같은 거짓말과 헛소리가 유행하는 시기에 탄생한 책이다.

❷ 왕충의 삐딱한 지적이 매력적이다. 보통 사람은 하기 어려운 말을 해준다.

❸ 우불우(遇不遇)에 대해 말하는 〈봉우편〉이나 유학자를 깊게 파고드는 〈문공편〉, 〈자맹편〉도 추천한다.

인생 내공 고전 수업

열녀전 (列女傳)

분량 ■■■
난이도 ■□□

남존여비가 뿌리 깊은 중국에서 뛰어나게 훌륭한 여성들의 열전

'맹모삼천', '맹모단기' 외에도 세속에 사로잡힌 남편에게 깨우침을 주는 현명한 아내, 말솜씨 하나로 곤경을 헤쳐 나가는 능력 있는 여성, 임금을 현혹하여 나라를 기울어지게 만드는 악녀 등 다양한 여성들의 일화를 수록하고 있다.

유향 (劉向, 기원전 77~기원전 6)

전한(기원전 202~기원후 8)의 인물. 『춘추곡량학(春秋穀梁學)』을 공부했다. 궁중 도서의 분류 목록인 『별록(別錄)』을 만들었고, 그를 아들 유흠(기원전 53~기원후 23)이 이어받아 『칠략(七略)』을 완성하였다. 이것이 『한서』 〈예문지〉의 기초가 되었다. 중국 목록학의 시조로 여겨진다.

중국에서 가장 오래된 여성 열전

유학은 남존여비의 사상이다. 그런 유학이 엘리트 계급의 저항할 수 없는 도덕 규범이 되면서 과거의 중국 문화는 곧 남존여비의 문화였다고 해도 과언이 아니다.

유학이 여성에게 요구하는 것은 '삼종사덕三從四德'이다. '삼종'이란 어릴 때는 아버지를 따르고, 아내가 되어서는 남편을 따르며 나이가 들면 자식을 따르라는 의미로, 언제 어느 때라도 남자를 따르라는 가르침이다.

'사덕'은 정종·언행·완만·부공의 네 가지 덕목이다. '정종貞從'은 정숙하고 순종하는 마음, '언행言行'은 여성스러운 말씨, '완만婉娩'은 온화하고 솔직한 태도, '부공婦功'은 아내의 의무를 다하는 것을 의미한다. 입이 다물어지지 않는다.

『열녀전』은, 그런 중국에서 지금으로부터 2천여 년 전에 편찬된 여성들의 설화집이다.

상고 시대부터 전한 시대까지 100여 명의 여성들의 전기를 모의母儀·현명賢明·인지仁智·정순貞順·절의節義·변통辯通·얼폐孼嬖라는 7개의 카테고리로 분류하여 수록하였다. 편저자는 중국 목록학의 창시자이자『전국책戰國策』,『신서新序』,『설원說苑』을 편찬한 인물로도 유명한 유향이다. 설화집 편찬의 달인이다.『신서』나『설원』이 황제의 교과서로 만들어진 것과 마찬가지로『열녀전』도 여성을 위한 교과서로 만들어졌다.

소제목인 '정순'이나 '변통'에서 사덕의 '정종'과 '언행'을 느낄 수 있어 오롯이 유학적 여성상을 그리는 것처럼 보이지만, 그렇지 않다.

나약한 남편을 타이르는, 남자보다 현명하고 훌륭한 여성이나 말솜씨로 위기를 극복하는 두뇌 회전이 빠른 여성도 등장한다. 〈얼폐전〉에 이르면 악녀의 이야기도 다룬다. 하·은·주나라를 파

멸시킨 '경국지색' 말희末喜·달기妲己·포사褒姒·하희夏姬(제4장 『춘추좌씨전』 참고)도 등장한다.

여기에서는 두 가지 이야기를 소개하려고 한다.

먼저 '모범적인 어머니의 도리'를 모은 〈모의전〉이다.

맹자 어머니의 이야기다. 맹자의 집은 묘지 근처에 있었다. 어린 맹자가 장례식 흉내를 내며 노는 것을 보고, '여기는 내 자식이 있을 곳이 아니다'라며 시장 근처로 이사했다. 그랬더니 이번에는 어린 맹자가 장사꾼 흉내를 내고 놀아, '이곳도 내 자식이 있을 곳이 아니다'라며 학교 근처로 이사를 했다. 그러자 어린 맹자는

| 맹모삼천지교 |

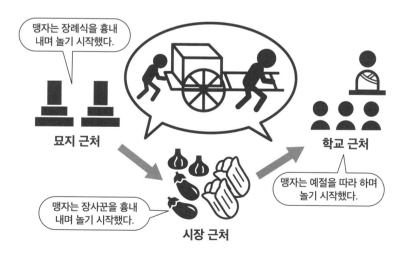

예절을 따라 하고 제례를 지내는 흉내를 내며 놀기 시작했다.

이렇게 교육에 진심인 어머니에게 감동을 받은 맹자는 고대 중국 교육의 6가지 과목인 육예六藝를 공부해 위대한 유학자가 되었다. 이것이 '맹모삼천지교孟母三遷之敎'다. (맹자의 어머니가 첫 번째 실수에서 깨달음을 얻었더라면 한 번에 학교 근처로 이사할 수 있었을 것이라는, 그런 지적까지는 굳이 할 필요가 없다.)

맹자 어머니의 일화는 이것으로 끝이 아니다.

소년 맹자가 학업을 그만두고 돌아오자, 어머니는 그때까지 짜고 있던 천을 칼로 잘라버리며, '학문을 중단하는 것은 이와 같다. 여자가 베를 짜지 않으면 생활할 수 없듯, 남자가 학문을 중단한다면 결국 도둑이나 하인이 되는 수밖에 없다'라고 타일렀다.

이 말을 들은 맹자는 아침저녁으로 학문에 힘써 천하의 위대한 유학자가 되었다. 이것이 '맹모단기지교孟母斷機之敎'다.

이외에도 많은 일화가 있는데, 맹자의 어머니는 품행과 두뇌 측면에서 맹자를 능가한다. 자식에게 순종하기만 하는 어머니의 모습은 보이지 않는다.

이번엔 '말솜씨가 뛰어난 여성'의 이야기 〈변통전〉을 살펴보자.

고축녀孤逐女의 이야기다. 그녀는 고아에다가, 외모도 몹시 추해 마을에서 여덟 번이나 쫓겨났다. 고축녀는 나이가 지나도 혼인 상대를 찾을 수 없었다.

어느 날 그녀는 제나라 양왕襄王을 만났는데, 첫째 날에 평안하고 태평한 나라를 위한 열쇠는 재상이라고 말했다.

둘째 날엔, '우리나라 재상을 어떻게 생각하는가'라는 양왕의 질문에 '그는 혼자서는 힘을 발휘하지 못합니다. 조력자가 필요합니다. 훌륭한 측근과 현명한 아내를 내리셔야 합니다'라고 대답했다.

셋째 날엔, '재상을 바꾸어야 하냐'는 질문에 '이 나라에 그보다 나은 인재는 없습니다. 연나라가 곽외郭隗를 후대하여 악의樂毅를 얻었듯, 먼저 그를 후대해야 합니다'라며 큰일을 이루려면 먼저 작은 일부터 시작해야 한다는 '선종외시先從隗始'의 고사성어에 비유하여 제안했다.

이에 양왕은 재상을 후하게 대접하고, 현명한 축녀와 결혼시켰다. 그 결과 제나라에는 천하에서 인재들이 모여, 나라가 태평했다고 한다.

말솜씨만으로 역경을 극복하고, 재상과 결혼한 여성의 이야기다.

『열녀전』에는 현모양처를 찬양하는 이야기만 나오는 것이 아니라, 이런 통쾌한 이야기도 많이 다룬다. **고대 중국 여성들의 활약을 즐기고 싶다면, 한번 읽어볼 만한 가치가 있다.** 멋진 여성들을 많이 만날 수 있을 것이다.

이 책의 포인트

❶ 여성은 순종적이고 조신해야 한다고 여겨지던 시대에 활약한 여성들의 모습을 만날 수 있다.

❷ 문자 그대로 나라를 위태롭게 할 정도로 뛰어난 절세미녀들이 나오는 악녀 열전이 의외로 매력적이다.

고전 17 산해경 (山海經)

분량	■□□
난이도	■■■

세상에 드문 진기한 짐승이나 기괴한 짐승이 등장하는 책

종횡으로 뻗은 산맥, 중국 세계의 바깥으로 펼쳐진 이경異境을 무대로, 요
괴·악귀·신수·귀신·괴신을 소개하고 있다. 염제, 전욱, 치우, 서왕모 등 매
력적인 중국 신화도 등장한다.

우 (禹, 생몰년 미상)
실존했는지조차 불분명하다. 물론 『산해경』의 저자라고 믿는 사람도 드물다. 전설
속 황제(黃帝)의 현손(손자의 손자)으로, 사람 얼굴에 물고기의 몸을 가진 신. 중국
태고의 천지인 순(舜)임금으로부터 치수(治水)의 임무를 명받아, 분초를 아껴 일하
며 제위를 물려받았으며, 아들이 세습하여 하 왕조를 열었다.

기상천외한 중국판 '백귀야행'

동양고전이라고 해서 딱딱하고 어려운 작품만 있는 것이 아니다.
『산해경』이 그리는 세계는 그야말로 기상천외하다. 세상에 드
문 진기한 짐승이나 기괴한 짐승이 계속해서 등장한다.

머리가 9개, 얼굴이 3개, 몸이 3개, 엉덩이가 2개, 날개가 4개,
뿔이 4개, 다리가 6개, 귀가 4개, 꼬리가 9개 등 부위의 개수가 정
상적이지 않은 짐승이나 새, 물고기, 사람, 그리고 신이 이래도 되
나 싶을 정도로 많이 등장한다. 그런가 하면 머리가 없다거나 팔

이나 다리, 눈이 하나밖에 없는 것도 있다.

특히 추천하는 것은 마블 영화에도 등장하는 '제강帝江'이다. '여기 있는 신은, 생김새는 누런 자루와 같은 형상에, 붉기가 빨간 불꽃 같고, 6개의 다리와 4개의 날개를 가지고 있다. 혼돈으로 설명되는 이 신은, 얼굴은 없지만 노래와 무용으로 표현한다'라고 되어 있다. 귀여운 엉덩이도 2개다.

슬쩍 보기만 해도 잊을 수 없는 것은 '형천形天'이다. '형천은 천제天帝와 제왕의 자리를 놓고 다투었다. 천제가 그의 머리를 잘라 상양산常羊山에 묻자, 곧 젖이 눈으로 변하고 배꼽이 입으로 변하였으며, 방패와 도끼를 들고 춤을 추었다'라고 되어 있다. 머리가 없는 모습이 굉장히 우스꽝스럽다.

연유延維는 일명 위사委蛇라고도 부른다. '여기 있는 신은 사람 머리에 뱀의 몸이며, 키는 마치 수레의 바퀴통 같고, 왼쪽과 오른쪽에 머리가 있으며, 자줏빛 옷을 입고 깃 달린 갓을 쓰고 있다. …… 임금이 만나 잔치를 대접하면, 온 세상의 주인이 된다'라고 말하고 있다.

제환공이 이 신을 만나, 실제로 천하를 정복한 패자覇者가 되었다는 이야기가 『장자』에도 나온다.

인생 내공 고전 수업

사실, 『산해경』은 지리서다

『산해경』은 저자도 알려지지 않았고, 성립 시기도 불분명하다.

오래전 중국에서는 전설의 황제 우禹가 『산해경』을 지었다고 믿었다. 우가 ①중국 전역을 돌아다니며 치수 사업을 하고 수로망을 구축하며 모든 산과 강에 이름을 붙였고, ②먼 지방遠國에서 온갖 귀신(이매망량)을 공물로 바쳐 그 형상을 금속으로 만든 아홉 개의 솥九鼎(구정)에 넣어 각지의 무시무시한 요괴의 모습을 사람들에게 미리 알렸다는 두 가지 전설이 있다.

이것이 우가 『산해경』을 지었다는 설의 근거가 되고 있다.

『산해경』은 총 18편이다.

전반부는 〈산경山經〉인데, 남산경·서산경·북산경·동산경·중산경 등 총 5편으로 약 450개의 산을 소개하고 있다.

후반부는 〈해경海經〉으로, 해외·해내·대황의 각 동서남북인 사경(3×4)에 해내경 한 편을 더해 총 13편이다. 중국 세계의 바깥으로 펼쳐진 이세계(혹은 신화 세계)를 소개하고 있다.

예를 들어, 〈산경〉은 이런 느낌이다.

> (기산으로부터) 동쪽 300리에는 청구산青丘山이 있다. 그곳 양지에는 옥玉이 많으며, 음지에는 질 좋은 푸른색 찰흙이 많다. 그리고 짐승들이 있는데, 그 형상은 여우와 같고, 꼬리는 아홉이며, 소리는 어린아이의 울음소리와 같다. 능히 사람을 잡아먹을 수 있으며, (그 고기를) 먹는 자는 불길한 기운을 피할 수 있다.* …… 〈남산경〉

산의 이름, 채취할 수 있는 광물, 서식하는 짐승…….

여기에서는 다루지 않았지만, 비둘기를 닮았으며 몸에 지니고

★ 又東三百里 曰青丘之山 其陽多玉 其陰多青䕛 有獸焉 其狀如狐而九尾 其音如嬰兒 能食人 食者不蠱 (우동삼백리 왈청구지산 기양다옥 기음다청호 유수언 기상여호이 구미 기음여영아 능식인 식자불고)

인생 내공 고전 수업

있으면 현혹되지 않는다는 관관灌灌이라는 이름의 새, 흘러나오는 강, 적赤이라는 이름의 인면어로 먹으면 옴이 생기지 않는다는 물고기 등의 정보를 담담하게 나열하고 있다. 『산해경』은 구미호의 가장 오래된 자료이기도 하다.

그리고 〈해경〉에서는 이렇게 기술하고 있다.

> 관흉국貫匈國은 그 동쪽에 있으며, 이곳 사람들은 가슴에 구멍이 나 있다. 교경국交脛國은 그 동쪽에 있으며, 이곳 사람들은 정강이가 엇갈려 있다. 불사국不死國은 그 동쪽에 있으며, 그곳 사람들은 피부색이 검고, 늙지도 죽지도 않는다.[*]

아무렇지 않게 엄청난 글을 쓰고 있다.

그리고 중간중간에 염제炎帝, 황제黃帝, 전욱顓頊, 예羿, 치우蚩尤, 여와女媧, 축융祝融, 서왕모西王母, 도철饕餮 등이 등장하므로 중국 신화를 마음껏 즐길 수 있다.

---

[*] 貫匈國在其東 其爲人匈有竅 交脛國在其東 其爲人交脛
(관흉국재기동 기위인흉유규 교경국재기동 기위인교경)

❶ 450여 개의 산을 소개하는 〈산경〉과 변방의 이세계를 소개하는 〈해경〉으로 구성되어 있다.

❷ 〈산경〉에서는 소개하는 짐승, 새, 물고기 등 온갖 것이 나온다. 판타지 팬들을 사로잡을 만하다.

❸ 〈해경〉에서는 기상천외한 상상 속 사람들과 유명한 신들이 속속 등장한다.

안씨가훈 (顔氏家訓)

고전 18

분량 ■□□
난이도 ■□□

세상의 쓴맛 단맛을 모두 겪은 사람의 설교집

공자의 뛰어난 제자로 유명한 안회顔回의 후손이자 명문 귀족 출신 안지추가
지었다. 왕조가 차례로 흥하고 망하는 남북조 시대, 전란에 휘말려 남에서 북
으로 유랑하면서도 학문에 힘쓰며, 양, 북제, 북주, 수의 네 왕조를 섬겼다.

안지추 (顔之推, 531~590)
남북조(439~589)의 인물. 양·북제·북주·수 왕조를 섬겼다. 안씨는, 학문을 가업
으로 하는 '서생 문호'를 자처하고, 『주례』와 『춘추좌씨전』을 가문의 학문으로 삼았
다. 시대의 파도에 휩쓸려 농락 당하지만, 학문으로 헤쳐 나가는 모습을 보여주었다.

고난의 인생을 지낸 지식인, 안지추

똑똑한 아버지가 이해가 빠른 아이에게 거침없이 설교를 늘어
놓는 모습을 상상해보자. 그것이 바로 『안씨가훈』이다.

'나는 난세에 태어나, 전쟁 속에서 성장했다. 고향을 떠나 타향
을 유랑하며 여러 가지를 보고 들었다. 그만큼 내가 만난 훌륭한
분들에게는 언제나 진심이었으며, 그들을 공경하고 우러러보지
않을 수 없었다.'

이렇게 상투적인 본인의 이야기부터 시작해 '(아이라는 존재는) 평상시 가까이 지내는 사람의 영향을 받아 배울 생각이 없는데도 말투나 웃는 모습까지 무의식적으로 감화되어 자연스럽게 그 사람을 닮아간다'라고 말을 이어간다.

다시 말해 친구는 신중하게 선택하라고 말하고 있는 것뿐이지만, 교양 있는 사람이었던 안지추는 『안씨가훈』〈모현편〉에서 대구, 비유, 인용 등 다양한 수사법을 구사하며 꽤 진지하게 설교하고 있다.

'좋은 사람과 함께 한다면 향초가 있는 방 안에 있는 것처럼 오랫동안 향기로운 냄새를 풍기게 된다. 반대로 나쁜 사람과 함께 한다면 건어물 가게 안에 있는 것처럼 언제까지나 악취를 풍기게 된다. 묵자가 실이 여러 가지 색으로 물드는 것을 슬퍼한 이유는 이런 의미다. 군자는 반드시 교제를 신중하게 해야 한다. 공자는 『논어』〈학이편〉에서 자신에 미치지 않는 자를 친구로 삼지 말라고 말한다.'

이 말은 상당히 정확하다.

말투는 신중하게 해라, 몸가짐은 바르게 해라, 노력해라, 공부해라, 친구를 선택해라, 세상에 도움이 되고 고결하게 행동해라,

하지만 지나치게 고결해서도 안 된다, 다른 사람이 받아들일 만한 여지를 만들어라 등.

핵심을 찌르는 말들뿐이어서 '맞아, 맞아'라고 고개를 끄덕이거나(별로인 동료를 떠올리거나), '죄송합니다. 앞으로 조심하겠습니다'라고 사과하게 된다(마음에 짚이는 부분이 있다면).

물론 현대의 상황에서는 받아들일 수 없는 것도 있다.

예를 들어, 육아에 관해 체벌의 중요성을 강조하고 부모와 자식의 친밀한 관계를 인정하지 않는다. '부모 자식 사이는 엄숙해야 하니 지나치게 격의 없이 지내서는 안 된다'[*](교자편)라며, 부모와 자식의 관계는 엄격한 것이니 너무 가까워서는 안 된다고 말한다.

또한, 나이 마흔을 넘은 왕승변王僧辯에게 회초리를 든 어머니 위부인魏夫人을 격찬한다. 그리고, 유능하지만 응석받이로 자란 남자가 결혼 후 고집쟁이가 되어 '장이 찢기고 발려 그 피를 북에 발라 피투성이가 되었다'라는 예를 들면서, 자식이 제멋대로 하게 내버려 두어서는 안 된다고 말한다.

조기 교육의 중요성을 언급하는 대목에서는, '왕자비는 임신

★   父子之嚴 不可以狎 (부자지엄 불가이압)

3개월이 되면 다른 궁궐로 옮겨가, 눈에 옳지 않은 것을 보거나 귀에 거슬리는 것을 들어서는 안 된다. 음악이나 식사 등 모두 예(禮)에 맞는 것으로 한정한다'라는 『대대례』〈보부편〉의 한 구절을 인용한다. 나아가 '아이가 태어나 울거나 웃을 때가 되면, 교육계 선생님이 효의 길, 인의·예절의 길을 가르치고 인도하도록 한다'라는 『예기』, 『한서』의 한 구절을 인용한다.

이것이 이상적이라고 할지라도, 너무 이르지 않은가? 안지추는 철이 들면 예의범절을 가르치기 시작하여 대여섯 살이 됐을 때는 체벌을 고려해야 한다고 진지하게 주장한다.

안지추는 명문가 출신이다. 공자의 뛰어난 제자로 잘 알려진 안회를 조상으로 모신다. 『논어』〈공야장편〉에서 동문인 자공子貢에게 '회回는 하나를 듣고도 열을 안다'*, 〈옹야편〉에서 공자에게 '회는 훌륭하도다!'**, 〈선진편〉에서 '회는 거의 도에 가까웠다'***라며 칭찬을 받았다. 또한, 젊은 나이에 세상을 떠나자 공자가 '아아, 하늘이 나를 버리시는구나'**** 하며 통곡했다는, 바로 그 안회다.

★   回也聞一以知十 (회야문일이지십)
★★   賢哉回也 (현재회야)
★★★   回也其庶乎 (회야기서호)
★★★★   天喪予 天喪予 (천상여 천상여)

안회는 『주례』, 『춘추좌씨전』을 가문의 학문으로 하는 학자 가문으로, 후손 가운데 『한서』의 주석자로 알려진 안사고顏師古, 서예가로 알려진 안진경顏眞卿 등이 배출되었다.

안지추는, 중국 역사상 가장 긴 혼란의 시대였던 남북조 시대에 태어났다. 안씨 가문은 건강(현 난징)을 수도로 하는 남조 제나라의 귀족이었다. 그러나, 소연蕭衍(양 무제)이 제위를 찬탈하고 양왕조를 열자 안지추의 할아버지 안견원顏見遠이 자살로 항의하였으며, 이를 계기로 안씨 가문은 몰락하고 만다. 또한 안지추가 아홉 살 때 아버지 안협顏協도 일찍 세상을 떠나, 이후 궁핍한 생활을 해야 했다.

시작하는 나이는 상관없다. 포기하지 말고 나아가라

어려운 상황에서도 안지추는 학문에 매진했고, 머지않아 그의 학식과 글재주가 명성을 얻으며 문인 관료로 주목받기 시작했다. 그러나 양나라를 뒤흔드는 후경侯景의 난이 발발하면서, 안지추는 반란군의 포로가 되어 형사의 위기를 맞는다.

왕승변(마흔이 넘어 어머니에게 회초리를 맞은 인물)과 진패선陳覇先이 반란을 진압하며 목숨을 건졌지만, 이번에는 북조 서위西魏의 침공을 받아 양이 멸망한다. 그는 서위로 끌려간 이후 북제 → 북주 → 수나라로 건너다니며, 가는 곳마다 박학다식한 면과 글재주를 인정받아 겨우 목숨을 부지할 수 있었다.

그런 고생 끝에 쓰인 『안씨가훈』은 문장 하나하나에서 무게감이 느껴진다.

『안씨가훈』〈면학편〉에서는 '증자는 일흔 살부터 학문을 시작해 천하에 이름을 떨쳤다. 순자도 쉰 살이 되어 제나라에서 유학하면서 위대한 학자가 되었다. 한나라 공손홍公孫弘은 마흔이 넘어 『춘추』를 읽었고, 그 덕에 승상(총리대신)에까지 올랐다'라고 말한다. 즉, **시작하는 나이는 상관없으니 포기하지 말고 나이가 들어서도 공부해야 한다고 우리를 격려해준다.**

학문의 중요성에 관해 놀라울 만큼 진중하게 설교하고 있는 『안씨가훈』은 사회인이 되어서도 학문에 뜻을 두는 사람들의 마음에 틀림없이 깊은 울림을 줄 것이다.

이 책의 포인트

❶ 『안씨가훈』은 자손에게 남기는 안지추의 가르침이다.
❷ 내용은 육아, 가족의 의미, 일을 대하는 자세, 건강한 삶의 마음가짐, 불교의 추천 등을 다루고 있다.
❸ 그의 생애를 이해하고 읽으면 말의 무게가 다르게 느껴질 것이다.

근사록 (近思錄)

분량 ■■■
난이도 ■■■

인생에 도움이 되는 보석 같은 격언과 경구가 담긴 책

주자학 입문서. 북송 4대 학자인 주돈이周敦頤, 장재張載, 정이程頤, 정호程顥의 작품에서 요긴한 부분만 임의로 골라 편집한 선집. 주희가 편찬하였으며, 불평 따위를 말할 여지가 없다. 책 제목은『논어』의 '간절하게 묻고 가까이 생각하면 인仁은 가까운 곳에 있다'★에서 따왔다.

주희   여조겸

주희(朱熹, 1130~1200)와 그의 친구 여조겸(呂祖謙, 1137~1181)

남송(1127~1279)의 인물로,『근사록』의 편저자다. 주희는 주돈이·장재·정이·정호의 유학을 계승하여, 송학으로 집대성한 인물. '성즉리(性卽理)'를 제창하고, 오경 위에 사서를 두었다.

근세 최대의 사상가 주희를 만나다

드디어 중국 철학의 거물 주희가 등장한다.

공자부터 시작된 유학은 동중서를 거쳐 전한 말·신 왕조 시대에는 지배적인 지위를 얻었으나, 후한에 들어서면서 훈고학訓詁學으로 인해 쇠퇴하게 되었다.

훈고학이란 문자와 어구의 의미를 올바르게 파악해 텍스트를

★ 切問而近思 (절문이근사)

정확하게 해석하려는 학문이다. 나쁘지는 않을 것 같지만 좀 지루하다. 학문으로서는 이류라고 할 수 있다.

이후 위진남북조 시대가 되자 북방 이민족 오호五胡가 중국으로 대규모 남하하면서 이문화가 대량으로 유입되었다. 그런 가운데 유학이 쇠퇴하고 불교·도교, 노장 사상이 유행했다.

불교·도교나 노장 사상은 사변적·형이상학적으로 우주 만물의 원리를 설명하며, 살기 힘든 이 세상을 어떻게 살아가야 하는지에 대한 지혜도 알려준다.

'군자라는 존재는 이래야 한다, 저래야 한다'라며 성가신 도덕 철학이었던 유학이 외면받게 되면서, 당시에는 신비로운『주역』만 읽혔다. 유학을 국가 이데올로기로 삼은 한나라가 멸망하고, 불교 국가인 전진이나 양나라가 차례로 생겨난 시대이니, 당연하다면 당연한 흐름이다. 소련의 붕괴로 공산주의가 쇠퇴한 것과 마찬가지다.

주희가 등장하는 것은 남송 시대다.

위진남북조 시대라는 중국 역사상 가장 긴 혼란의 시대(『안씨가훈』의 안지추가 살았던 시대)에 수나라가 마침표를 찍고, 두보杜甫·이백李白 등의 시인이 활약한 당나라 시대를 거쳐, 오대십국 시대라

인생 내공 고전 수업

는 짧은 혼란의 시대를 맞았지만, 다시 북송이 천하를 통일했다.

북송 시대에는 구양수歐陽脩, 소식蘇軾, 『자치통감』의 저자 사마광司馬光 등 문인의 활약으로 중국 문화가 꽃을 피웠다. ('중국 문화'라는 말을 들었을 때 우리가 떠올리는 문물은, 중국 요리를 포함해 대부분 북송 이후에 탄생한 것이다.)

이후 1126년에 중국 동북부의 퉁구스계 여진족이 건국한 금나라가 남하하여 북송을 멸망시켰다.

남송은 황제의 일족이 항저우에 기반을 두고 송을 재건한, 이른바 망명 정권이다. 이때 중국의 북반부는 이민족의 지배하에 놓여 있었다. 게다가 군사적으로 우위였던 금나라에 남송이 신종하는 상황이었다. '중화 문명은 세계 제일'이라 믿고, 이민족을 무시하는 중화사상을 가진 그들에게는 굴욕으로 얼룩진 시대였던 것이다.

그런 북송·남송 시대에 유학이 부흥을 이루었다.

주희의 고전을 읽어보고 싶다면

주희는 자신의 사상을 정리된 저작으로 남기지 않았다.

이는 『논어』〈술이편〉에 나오는 '서술해서 전할 뿐 스스로 짓지는 않는다'*라는 유가의 전통을 따른 것이다. 위대한 선왕의 가르침은 이미 '사서오경'이라는 형태로 정리되어 있으니, 자신이 여기에 새로운 책을 더해 '오서오경'이니 '사서육경'으로 만들 수 없다는 것이다.

그 대신 선인의 문헌에 주석이나 해설을 달았다. 대표작이 『사서집주四書集註』다. 대학·중용·논어·맹자에 주희가 주석을 덧붙인 것으로, 기존의 주석 고주古註와 구분하여 '신주新註'라고 불린다. 다만 주희는 상당히 독창적으로 해석하였으며, 주석의 형태를 빌려 자신의 사상을 전개하고 있다.

사서 외에도 주역·시경·서경·의례·초사·자치통감 등에도 주석이나 해설을 달았다. 또한, 선인의 문헌을 정리·편찬하여 한 권의 책으로 정리했는데, 대표적으로 『근사록』, 『정씨유서程氏遺書』, 『소학小學』 등이 있다.

주희의 고전을 읽어보고 싶은 사람에게는 『사서집주』, 『근사록』, 『주자어류』를 추천한다.

『주자어류』는 주희와 그 제자들이 나누었던 질문과 답을 모은 책이다. 97명의 강의 노트를 '이기理氣', '귀신鬼神', '성리性理'라는 주제로 나누어 재편성한 것이다. 주희의 말을 기록한 것이기에 구

★   述而不作 (술이부작)

어체로 전개된다. 문어체(대화에서 쓰는 말투가 아니라 글에서 쓰는 말투)와는 다른 매력이 있으며, 생동감이 느껴진다.

　여기에서는 『근사록』을 살펴보도록 하자.

　주자는 맹자 이래로 선왕의 도道가 끊어졌다고 서술한다.

　선왕의 도란, 과거의 성인, 즉 제왕들의 가르침이다. 복희伏羲·신농神農·황제黃帝 등 상고 시대의 성인들부터 요 → 순 → 우 → 은나라의 탕왕 → 주나라의 문왕·무왕 → 공자 → 증자 → 자사 → 맹자로 이어지다가, 여기에서 끊겼다고 한다.

　그리고 북송에 이르러 갑자기 그것을 계승하려는 자가 나타났

| 주자학과 『근사록』의 관계 |

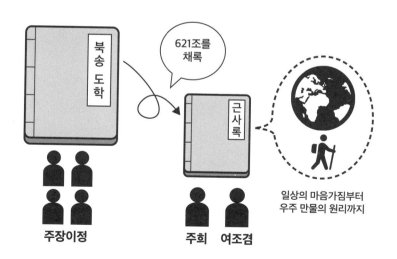

일상의 마음가짐부터
우주 만물의 원리까지

는데, 그것이 주돈이·장재·정이·정호(주장이정) 네 사람이며, 그들의 사상을 체계화하여 만든 새로운 유학이 바로 주자학이다.

『근사록』은 주희와 그의 친구 여조겸이 '주장이정'의 작품 가운데 '그 내용과 관련이 있고 일상생활에 꼭 필요한 글' 621조를 채록한 입문서다. 가깝게는 일상의 마음가짐부터 멀게는 우주 만물의 원리까지 내용이 매우 다채롭다.

귀에서 피가 나올 정도로 따끔한 문구가 가득

무극無極이면서 태극太極이다.

태극이 움직여서 양陽이 생기고, 움직임이 극한에 달하여 고요해지는데, 고요해지면 음陰이 생긴다. 그리고 고요함이 극한에 다다르면 다시 움직인다. 한번 움직이고 한번 고요해져서 서로 각각의 근거가 되니, 음으로 나뉘고 양으로 나뉘어 양의兩儀가 세워진다.

음양이 변화하거나 결합해서 수水·화火·목木·금金·토土라는 오행이 생겨난다. 다섯 종류의 기五氣는 순서에 따라 퍼져서 춘春·하夏·추秋·동冬이라는 사시四時가 운행된다. (······)

건乾의 도리는 남자를 이루고, 곤坤의 도리는 여자를 이룬다고 하니, 음양이라는 두 기가 교감하여 만물을 화생시킨다. 만물이

발생하는 과정을 반복하니 변화는 끝이 없다.[＊] 〈도체편〉

이것은 주돈이의 『태극도설太極圖說』에서 인용한 글이다.

노장 사상의 느낌이 굉장히 많이 난다. 실제로 '무극'은 『노자도덕경』에서 볼 수 있는 표현인데, 유가 문헌에서는 보이지 않는다고 한다.

『노자도덕경』은, 도道에서 하나, 하나에서 둘, 둘에서 셋, 셋에서 만물이 탄생하고, 만물은 음과 양을 거느린다고 하였다(제42장). 이 '도'가 '무극', '하나'가 '태극', '둘'이 '음양'이라고 해석하면, 주돈이의 이론과 비슷하다. 어쨌든 실천 도덕을 말하는 유학이 만물 생성의 과정을 사변하고 있다는 것이 포인트다. 노장에 대항하는 느낌이 굉장하다.

'무극이면서 태극(무형 및 지극의 이치)'으로부터 음·양의 이기二氣 → '양의(하늘과 땅)', 수·화·목·금·토의 오기五氣 → '사시(계절)의 운행'이 만들어진다. 그리고 건의 도리(양기)로부터 남자, 곤의

★ 無極而太極 (무극이태극)
太極動而生陽 動極而靜 靜而生陰 靜極復動 一動一靜 互爲其根 分陰分陽 兩儀立焉
(태극동이생양 동극이정 정이생음 정극복동 일동일정 호위기근 분음분양 양의입언)
陽變陰合 而生水火木金土 五氣順布 四時行焉
(양변음합 이생수화목금토 오기순포 사시행언) ……
乾道成男 坤道成女 二氣交感 化生萬物 萬物生生 而變化無窮焉
(건도성남 곤도성녀 이기교감 화생만물 만물생생 이변화무궁언)

도리(음기)로부터 여자가 만들어지고, 이 남녀의 이기가 교감하여 만물이 탄생하며, 만물은 그치지 않고 변화 유전한다.

이처럼 『근사록』은 인용문으로 구성된 송학(송나라 시대에 탄생한 신유학)의 선집이라고 할 수 있다. 여기에서는 유학답지 않은 사변적인 부분을 소개했는데, 학문의 태도, 일에 대한 마음가짐, 처세술 등 친숙한 내용도 담고 있다.

예를 들면, 〈위학편〉의 줄거리는 다음과 같다.

'성인은 하늘을 본받고, 현인은 성인을 본받으며, 선비는 현인을 본받는다'[*]는 자기 실력 이상의 일을 하려고 애쓰지 말고, 가까운 것부터 한 걸음 한 걸음 나아가야 하며, 일단 현인을 본받아야 한다고 말한다. 누구나 야구선수 오타니 쇼헤이가 될 수 있는 것은 아니기 때문이다.

또 '문사만을 따지는 자는 천박한 자다'[**]라며, 학문은 체득하는 것이지 블로그나 SNS에 게시만 하고 만족하는, 그런 학문은 볼품없다고 말했다.

'성현의 말씀은 부득이한 것이다'[***], 즉 성인이나 현인이 말씀

---

[*]   聖希天 賢希聖 士希賢 (성희천 현희성 사희현)
[**]   彼以文辭而已者 陋矣 (피이문사이이자 루의)
[***] 聖賢之言 不得已也 (성현지언 불득이야)

을 남긴 것은 후세에 도리가 전해지지 않는 것을 걱정했기 때문이며, 요즘 사람들처럼 명예욕이나 승인 욕구를 충족시키기 위한 것이 아니다.

읽다가 귀에서 피가 나올 정도로 핵심을 찌르는 말이다.

전습록 (傳習錄)

분량 ■■□
난이도 ■■■

왕양명과 그 제자들의 질문과 대답을 기록한 책

양명학 입문서. 책 제목은 『논어』의 '내가 제대로 익히지 않은 것을 남에게 함부로 가르쳐주지는 않았는가?'라는 전불습호傳不習乎에서 따왔다. 제자들이 품은 소박한 물음은 우리의 물음이기도 하다. 왕양명의 대답을 읽고, 현대인은 심즉리心卽理, 지행합일知行合一이라는 왕양명의 사상을 이해할 수 있다.

왕양명 (王陽明, 1472~1529)
명나라(1368~1644)의 인물. 양명은 호며, 이름은 수인(守仁), 자는 백안(伯安)이다. 주희의 가르침에 따라, 정원에 있는 대나무의 '이(理)'를 파고들려고 했으나, 오히려 병만 얻게 되었다. 그래서 주자학과 결별하고, '심즉리'를 제창하며 양명학을 만들었다.

주자학과 양명학, 중국 근세 철학의 투톱

왕양명은 명나라의 사상가다.

남송이 멸망한 후 몽골 정권의 원나라를 거쳐, 다시 한족 정권의 명나라가 성립한다. 명나라는 주자학을 관학으로 삼아 모든 인민에게 철저하게 가르쳤는데, 이는 조선 왕조나 에도 막부도 마찬가지였다.

주자학은 위정자에게 상당히 편리한 사상이었다고 생각한다.

전한이 '유학을 관학으로 삼은' 이유도 황제 지배를 정당화하는 편리한 사상이었기 때문이었다. 유학은 애초에 그런 사상이다.

그런 주자학에 반기를 든 인물이 왕양명이다.

주자학에 따르면, 만물은 이理와 기氣로 이루어져 있다. '이'는 각각이 갖는 성질이고, '기'는 각각을 구성하는 물질이다. 필자도, 치와와도, 모두 같은 '기'로 만들어졌다. 재료는 똑같다. 하지만 필자와 치와와가 이렇게 다른 것은 '이'가 다르기 때문이다.

주희는 '성즉리'라고 하며, 하늘이 주신 선한 성질은 '이'에 불과하다고 말했다. '이'는 외부에 있는 것으로, 도리(인·의·예·지)도 물리 법칙과 똑같이 존재한다. 주희는 『대학』을 바탕으로 독서와 정좌(명상)를 통해 '격물'하라, 즉 사물의 도리를 다하라고 말하며 스스로 수양하고 군자가 되어 인민을 교화해야 한다는 '수기치인'을 강조했다.

요컨대, 주자학은 선비, 즉 엘리트를 위한 학문이다. '선택받은 너희 같은 인간에게는 연약한 백성을 이끌어야 할 책무가 있다. 스스로 수양하라'는 것이다.

반면, 왕양명은 마음이 곧 '이'라는 '심즉리'로 반박했다. '이'는 내면에 있는 것으로, 마음에 따라 행동하면 그것은 자연히 이

(충·신·효·제)로 이루어진다.

독서로는 도리를 다할 수 없다. 왜냐하면 이는 외부에 없고, 내면의 마음에 있기 때문이다. 사서오경을 읽지 않아도 마음에 집중하여 '격물'한다면(마음에 있는 도리를 다한다면) '치양지(양지=도덕적 본성을 발휘)'하여 선비도, 시민도 모두 성인이 될 수 있다.

명나라는 인민에게 주자학을 가르치려 했지만, 실천할 수 없었다. 하루하루 살아가기 벅찬 사람들에게 독서나 명상이 도대체 무슨 의미가 있단 말인가.

그래서 **왕양명은 '학문 따위는 필요 없다. 누구나 성인이 될 수 있다'라고 주장했다.** 사실 '심즉리'는 맹자의 성선설에 더 충실한

| 주자학과 양명학의 관계 |

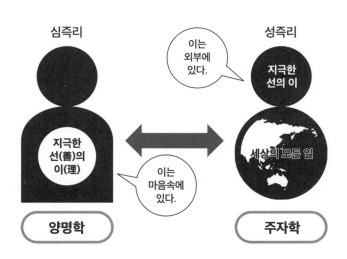

편이다. 그러나 당시는 주자학이 관학, 즉 정통한 유학이었기에 양명학은 이단 학문 취급을 받았다.

『전습록』은 질문과 대답을 기록한 책

『전습록』은 왕양명과 그 제자들이 나눈 대화를 담은 책이다. 그런 점에서『주자어류』와 같다. 다만 주제별로 편집되어 있지 않으며, 왕양명의 마흔 살 무렵의 말이 상권에, 말년의 말이 중권·하권에 담겨 있다. 양명학의 입문서이자 기본 문헌이 된다.

실제 문장은 이런 느낌이다.

> 마음은 곧 이理다. 천하에 어찌 마음 바깥에 존재하는 일이 있으며, 마음
> 바깥에 존재하는 이理가 어디 있겠는가.[*] (상권)

'심즉리'를 표명한 부분이다.

'세상의 모든 일 위에 지극한 선善의 이理가 있다'라고 말한 주자에 대해, 왕양명은 이理는 사물=외부에는 없으며, 지극한 선이란 마음의 본체 그 자체이고, 자신의 명덕을 밝혀(『대학』의 삼강령 중 하나인 명명덕) 정일精一의 극치에 도달하는 것 외에는 없다고 반론했다.

★ 心卽理也 天下又有心外之事 心外之理乎 (심즉리야 천하우유심외지사 심외지리호)

이에 제자 서애徐愛가 '(선생님의 말씀대로) 지극한 선을 오직 자기 마음에서 찾는다면, 아마 세상 모든 사물의 이치를 밝혀내는 것은 불가능할 것입니다'라고 반박하자, 왕양명은 '마음이 곧 이理다. 마음 바깥에 이理는 없다'라고 타일렀다.

'몇 번이나 말했잖아'라며, 왕양명이 다소 어이없어 하는 느낌이 전해지는 것도 『전습록』의 매력이다.

예를 들어, '지행합일' 설에 대해 서애가 '효와 제의 덕을 아는데 실행하지 못하는 것은 지와 행이 명백한 두 개이기 때문이지요?'라고 물었다. 그에 왕양명은 '알면서 실천하지 않는 자는 없다. 알면서도 실천하지 않는다는 것은 그저 알지 못한다는 것이다'*라고 대답했다.

궤변 같지만, 뭐라 반박할 만한 말도 나오지 않는다.

왕양명의 사상은 50세가 넘어 완성되므로, 그 완성형을 읽고 싶은 사람은 중권·하권부터 읽는 것을 추천한다. 그가 그 사상의 진수 '치양지'를 발견한 것도 바로 50세였을 때다. 그 기쁨을 '너무 통쾌하여 손과 발이 저절로 움직이며 춤을 추었다'라고 표현했다고 한다.

★   未有知而不行者 知而不行 只是未知 (미유지이불행자 지이불행 지시미지)

'양지'는 원래 『맹자』〈진심 상편〉에 나오는 말로, 생각하지 않아도 아는 것*이며, 여기에서 '아는 것'이란 〈고자 상편〉에 나오는 '옳고 그름을 가리는 마음은 지혜의 근본'**이라는 문장의 지혜라고 왕양명은 간주했다.

　'하늘은 곧 양지, 양지는 곧 하늘'(하권)이라고 말하며, 양지는 개인의 것이 아닌 천지 만물과 일체라고 설명한다.

　그리고 '양지는 그저 옳고 그름을 가릴 줄 아는 마음', '옳고 그름은 중요한 기준이다. 그를 잘 사용할 수 있느냐 없느냐는 사용하는 사람에 달렸다'(하권)라고 서술한다. 양지는 옳고 그름과 선악을 판단하는 기준이 되지만, 그에 따라 훌륭하게 행동할 수 있는지 없는지는 그 사람에 달려 있다고 말하는 것이다.

　이를 왕양명은 '성인의 양지는 푸른 하늘의 해와 같고, 현명한 자의 양지는 구름이 껴 흐린 날의 해와 같으며, 어리석은 자의 양지는 흙먼지로 뒤덮인 하늘의 해와 같다'라고 비유한다.

　태양은 양지, 구름과 흙먼지는 '욕심'이다. **어리석은 자의 양지는 욕심으로 뒤덮여 있기에 선과 악을 확실하게 판단할 수 없다.** 하지만 밤에도 명암을 살짝은 구별할 수 있듯 어리석은 자도 조

★　所不慮而知者 (소불려이지자)
★★　是非之心智之端也 (시비지심지지단야)

금은 선악을 구별할 수 있으므로, 이를 단서로 삼아 양지를 다해야 한다고 말한다.

이런 '양지'에 관해서는 중·하권에서 320회 정도 언급한다(상권에서는 4회). 그의 열정적인 양지론을 꼭 직접 확인해 보기를 바란다.

이 책의 포인트

❶ 『전습록』은 왕양명과 그의 제자들이 주고받은 질문과 답변을 기록한 책으로, 양명학 입문서라고 할 수 있다.

❷ 스승과 제자의 생생한 대화를 즐길 수 있다는 점에서는 『주자어류』와 비슷하다.

인생 내공 고전 수업

인생 내공
고전 수업

세 번째
인생 내공

인간관계에서
생긴 문제를
어떻게 풀 것인가?

| 인생의 무기가 되는 뜻밖의 발견 10가지 |

손자병법 (孫子兵法)

분량 ■□□
난이도 ■■□

세계에서 가장 오래되고 유명한 군사 사상서

전편을 관통하는 리얼리즘. 기회를 엿보아 병사를 진퇴시켜 적을 농락하고, 정보전을 지배해 우위에 서며, 싸우기 전 승리를 결정지어 '싸우지 않고 이긴' 전쟁, 행군, 전쟁터 등은 무엇인가 사색을 거듭하여 체계적인 군사 사상을 낳았다.

손무 (孫武, 생몰년 미상)
춘추 시대(기원전 770~기원전 403)의 인물. 오패(五覇) 중 한 사람으로, 오왕 합려(闔閭)를 섬겼다고 알려졌다. 전국 시대(403~221)의 손빈(孫臏)도 병법서 『손빈병법』을 남겼는데, 이는 1972년에 은작산에서 출토되었다.

싸우는 것 외에 취할 행동이 없으면 사력을 다한다

『손자병법』은 지금으로부터 2천여 년 전, 춘추 전국 시대에 탄생하였다.

전쟁이 끊이지 않는 날들 속에서 전쟁의 여러 원칙을 깊이 탐구하고, 군사 사상으로까지 끌어올린 것이 바로 『손자병법』이다.

서구에서 이런 군사 사상이 등장하려면 15세기 말 마키아벨리까지 기다려야 한다. 『손자병법』의 명성은 같은 군사 사상가인 오자못子와 함께 온 세상에 널리 알려졌다. 『한비자』에서 '모든 집이 손자나 오자의 병법서를 가지고 있다'라고 기록하고 있을 정도다.

그 후에는 세계를 석권하여, 일본 전국 시대의 무장 다케다 신겐이 『손자병법』의 한 구절인 '풍림화산風林火山'를 깃발에 적거나 나폴레옹이 늘 곁에 두고 보는 책으로 삼기도 했다.

춘추 시대, 전쟁의 주체는 자긍심이 높은 '선비'였다.

그런데 『손자병법』의 병사兵는 징용되어 마지못해 전쟁터에 끌려 나온 '많은 사람衆'이다. 전투 의욕이 없는 이들은 틈만 나면 군령을 어기며 전투를 포기하고 멋대로 전쟁터를 이탈했다. 그런 그들이 전투에 목숨을 걸 수 있도록 어떻게 이끌어갈 것인가.

『손자병법』이 중시하는 것은 과감한 처사다.

병사들을 사지로 보내려면 장군이 그들을 사랑스러운 아기처럼 귀여워해야 한다. 그러나 '총애하여 제대로 명령하지 못하고 어지러운데도 제대로 다스리지 못하면, 비유하건대 버릇없는 자식과 같아 전쟁에 활용할 수 없게 된다'*〈지형편〉라고 서술하고 있다.

부하를 아끼는 마음은 당연하지만, 그들이 버릇없이 기어오르고 말을 듣지 않는 사태는 피해야 한다는 것이다.

★   愛而不能令 亂而不能治 譬如驕子 不可用也
    (애이불능령 난이불능치 비여교자 불가용야)

손무가 오왕 앞에서 군대 지휘를 시연했다.

그는 먼저 궁중의 미녀 180명을 모아 좌우로 나누고, 오왕이 아끼는 궁녀 두 사람을 대장으로 임명해 '오른쪽 신호에 오른쪽으로, 왼쪽 신호에 왼쪽으로 향하라'라고 당부했다. 그런데 오른쪽 신호인 북을 쳐도 미녀들은 웃기만 할 뿐이었다.

손무는 당부를 다시 전한 뒤, 한 번 더 오른쪽 신호의 북을 두드렸다. 미녀들은 또 웃기만 했다. 손무는 '약속을 했는데도 명령이 미치지 않은 것은 대장의 책임'이라며, 오왕의 만류도 뿌리치고 아끼는 궁녀 두 사람을 베어 죽이고, 새로운 대장을 임명했다. 미녀들은 그제야 손무의 명령에 따라 정연하게 움직이며 말 한마디 하지 않았다. 『사기』〈손자·오기 열전〉

그 밖에도 '병사들을 도망갈 곳이 없는 곳에 투입하면, 죽을지언정 도망가지는 않는다'*, '병사들은 갈 곳이 없으면 강해진다'** 〈구지편〉라며, 의욕 없는 병사라고 할지라도 싸우는 것 외에 방법이 없는 상황에 두면 사력을 다하게 된다고 설파한다. 장군은 무심한 표정으로 병사를 사지에 몰아넣으면 된다. 병사는 살아남기 위해 알아서 일치단결하며, 심지어 열심히 싸울 것이다.

★   投之無所往 死且不北 (투지무소왕 사차불배)
★★   無所往則固 (무소왕즉고)

『손자병법』의 바탕에는 '리얼리즘'이 깔려 있다

『손자병법』은 의욕 없는 사람을 이런저런 방법으로 고무시켜도 (북을 치고 춤을 춰도) 소용없다고 달관하고 있다. 그래서 병사를 사지로 몰아넣는 것이다. '여기에서 죽을 것인가, 아니면 싸울 것인가'라는 두 가지 선택을 강요하면 어떤 사람이든 필사적으로 하게 된다.

만약 당신의 상사나 라이벌이 『손자병법』을 열심히 읽고 있다면, 이는 위험한 징조다. 느긋하고 여유롭게 행동했다가, 정신을 차리고 보면 당신은 사지에 몰리고 있을 것이다.

'싸우지 않고 이기는 것'도 철저한 리얼리즘에서 도출된 원칙이다.

『손자병법』은 '전쟁兵이란 국가의 큰일이다. 백성의 생사가 달린 자리이며, 나라가 보존되고 멸망하는 갈림길이니 깊이 살피지 않을 수 없다'* 〈시계편〉로 시작한다.

또한 '전쟁은 경전차 천 대, 중전차 천 대, 무장병 십만 명의 규모를 가지고 천리 밖으로 군량을 수송한다면 매일 천금을 지출하게 된다**' 〈작전편〉라고 하였다. 어쨌든 돈이 드는 것이다.

★ 兵者 國之大事 死生之地 存亡之道 不可不察也
   (병자 국지대사 사생지지 존망지도 불가불찰야)
★★ 馳車千駟 革車千乘 帶甲十萬 千里饋糧 日費千金
   (치거천사 혁거천승 대갑십만 천리궤량 일비천금)

그래서 '전쟁은 완벽하지 않더라도 빨리 끝내야 한다는 말은 들어봤어도, 교묘한 전략으로 지구전을 펼쳐야 한다는 말은 들어본 적이 없다'*라며 단기 결전을 주장하고, '싸우지 않고 적을 굴복시키는 것이 최고의 방법이다'**〈모공편〉라며, 직접적인 전투를 피하고, 모략이나 외교 전략을 구사해 적국을 굴복시키는 길을 설파한다.

『손자병법』은 이기는 전쟁밖에 하지 않는다.

이른바 전쟁을 잘하는 사람은 쉽게 이길 수 있는 상대와 싸워 당연하게 이긴다. 그렇기에 화려한 승리도 없고, 지혜로운 장군의 명성도 없으며 무용의 공적도 없다. 명장으로 이름난 장군은 박빙의 승리를 운 좋게 반복해 왔을 뿐이다.

> '승리하는 군대는 먼저 이겨놓고 나중에 싸우며, 패배하는 군대는 먼저 싸우고 나중에 승리를 구한다.'***〈형편〉

이기는 군대는 싸우기 전에 이미 승리해 있다. 해보지 않으면 모른다는 생각으로 싸우는 군대는 패배한다.

★　　兵聞拙速 未覩巧之久也 (병문졸속 미도교지구야)
★★　不戰而屈人之兵 善之善者也 (불전이굴인지병 선지선자야)
★★★ 勝兵先勝 而後求戰 敗兵先戰 而後求勝 (승병선승 이후구전 패병선전 이후구승)

그래서 전쟁을 시작하기에 앞서 '묘산廟算(조상의 혼령을 모시는 종묘에서 아군과 적군의 승산을 비교·계량)'하여 승패를 가늠한다. 승산이 없으면 싸워서는 안 된다.

'이길 수 있는 상대인지 아닌지를 아는 자는 승리한다'* 〈모공편〉라며, 전쟁의 기회를 정확하게 가늠할 수 있는 자가 승자가 된다. 이것이 그 유명한 '적을 알고 나를 알면, 백 번 싸워도 위태롭지 않다'** 〈모공편〉로 연결된다.

철저한 정보 수집과 적군과 아군의 전략 분석, 모략이나 외교 전략에 의한 꼼꼼한 사전 준비를 통해 승산을 늘려나가 이길 수 있을 때만 싸운다. 이것이 『손자병법』에서 주장하는 전쟁의 승리 공식이다.

이 책의 포인트

❶ 『손자병법』에서는 누구나 적에게 압승할 수 있는 기적의 필승법을 다루고 있지는 않다.
❷ 전쟁을 시작하기 전에 이겨두어야 하며, 더 나아가 싸우지 않고 승리해야 한다고 설파한다.
❸ 만약 당신의 상사가 『손자병법』을 열심히 읽고 있다면, 주의해야 한다. 사지에 놓이게 될 것이다.

★   不可以與戰者 勝 (불가이여전자 승)
★★   知彼知己 百戰不殆 (지피지기 백전불태)

오자병법 (吳子兵法)

분량 ■□□
난이도 ■■□

사람의 의욕을 끌어내는 비법이 담긴 군사 전략서

군대를 싸우느냐 죽느냐의 극한 상황으로 몰고 간 손자와 달리, 오자는 군대와 숙식을 같이 하고 함께 걸으며 종기가 생기면 그 종기를 빨아 빼주었다. 그러자 군사들은 목숨을 바쳐서 싸웠다고 한다.

오기 (吳起, ?~기원전 381)
전국 시대(기원전 403~기원전 221)의 인물. 위나라 문후를 섬겼으며, 장군으로서 진(秦)나라를 방위하는 데 활약했다. 초나라로 망명한 후, 재상으로서 개혁을 단행하고 중앙집권화와 부국강병을 추진하여, 군신 왕족에게 원망을 사 비명의 죽임을 당했다.

오자의 병법까지 알아야 진짜 승리다

『오자병법』의 내용은 알려지지 않았다. '공자와 맹자', '노자와 장자'와 같이 '손자와 오자'라고 나란히 칭해지는데 너무 안타깝다. 지명도는 비교적 높으나, 실제로 읽은 사람은 거의 없을 것이다.

11세기 송나라 때 『오자병법』은 『손자병법』, 『사마법司馬法』, 『울요자尉繚子』, 『육도六韜』, 『삼략三略』, 『이위공문대李衛公問對』와 함께 '무경칠서武經七書'로 꼽혔다. '무경'이란 무술 경전을 의미하며, '무경칠서'는 군사 사상서의 베스트 7이다.

그러나 『손자병법』이 영화나 만화는 물론 아동서까지 만들어진 데에 비해 『오자병법』은 관심을 많이 받지 못했다.

저자인 오기는 전국 시대 전기의 장군이다. 위나라 출신으로, 유가의 증자(공자의 제자)에게 가르침을 받다가 파문 당한 뒤, 이웃 나라인 노나라에서 병법을 배워 장군이 되었다.

노나라가 제나라의 침공을 받았을 때 오기를 대장으로 삼고자 했으나, 그의 아내가 제나라 출신이었기에 의심을 받았다. 그러자 오기는 아내를 죽여 검은 속내가 없음을 밝히고 대장이 되어 제나라를 격파했다. 하지만 거짓으로 헐뜯는 무리에 의해 참언을 당하고 위나라로 건너가 장군으로 활약했다.

그러다가 또다시 중상모략에 휩쓸려 초나라로 망명했다. 초왕의 신임을 얻은 오기는 정치 개혁을 단행하여 중요하지 않은 관직을 감축하고, 왕족의 먼 친척들의 봉록을 중지하였으며, 군사력을 증강하여 초나라 영토를 확대하였다. 하지만 수구파의 원한을 사는 바람에 죽임을 당하고 말았다.

생애 성적은 76전 64승, 나머지는 무승부.

다시 말해 패배는 없다.

『오자병법』에서 말하는 '사람을 움직이는 법'

오자도 '전쟁에 나아가 공을 세우면 큰 상을 주고, 뒤로 물러난 자에게는 무거운 형벌을 내려야 하며, 이를 시행하는 데 믿음을 주어야 한다'* 〈치병편〉라고 말하며, 신상필벌이 승리의 열쇠 중 하나라고 서술한다.

하지만 신상필벌은 '그리 믿을 만한 것이 아니다'라며 '군주가 호령을 발포할 때 백성들이 기꺼이 따르고, 군사를 동원할 때 백성이 기꺼이 싸우러 나서며, 접전이 벌어졌을 때 병사들이 기꺼이 죽을 각오로 싸우려고 하면 군주는 승리를 확신해도 된다' 〈여사편〉라고 주장한다.

그렇다면 어떻게 해야 할까?

오자는 '임금은 공이 있는 자들을 불러 그들에게 잔치를 베풀고, 공이 없는 자도 격려해야 한다'**라고 주장한다.

구체적으로는, 연회를 열고 공적이 있는 자를 앞줄에, 그리고 그 뒤를 잇는 자를 가운뎃줄에, 공적이 없는 자를 뒷줄에 앉힌다. 앞줄은 호화로운 요리를 놓고, 가운뎃줄은 접시 수를 적게 놓으

★　　進有重賞 退有重刑 行之以信 (진유중상 퇴유중형 행지이신)
★★　君擧有功而進饗之 無功而勵之 (군거유공이진향지 무공이려지)

며, 뒷줄은 아주 조금만 준다. 연회 후에는 그 부모나 아내, 자식들에게 선물을 건네는데, 이때도 공적에 따라 차등을 준다. 그리고 전쟁터에서 돌아오지 못한 사람은 참석할 수 없으니, 해마다 사신을 보내 그 부모를 위로하고 선물을 주며 공적을 잊지 않겠다고 알린다.

실제로 오기의 주군인 위나라 무후가 이를 3년간 실행했는데, 적국 진나라가 침공해오자 수만 명의 사람들이 명령이 떨어지기도 전에 자발적으로 무장하여 적에 맞서 싸우려고 했다.

오자의 말을 빌리자면, 전쟁을 승리로 이끄는 것은 병사의 '수'가 아니라 '의욕'이다.

| 솔선하여 움직이는 병사를 키우는 방법 |

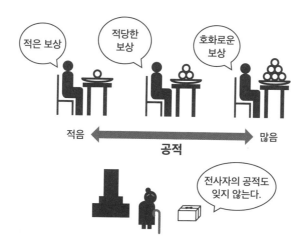

'한 명이 목숨을 내던질 각오를 하면, 천 명도 겁에 질리게 만들 수 있다.'[*]

여기에서 오자는 무후에게 '나에게 5만 명을 달라. 그것만 있으면 진나라의 50만 대군을 격파할 수 있다'라고 고했다. 재미있는 점은, 앞줄의 공적 있는 자가 아닌 뒷줄에 앉은 공적 없는 자 5만 명을 달라고 했다는 점이다.

매 경기 득점을 터뜨리는 음바페(프랑스 대표팀의 엄청난 축구선수)보다 오히려 결과를 내지 못한 벤치 선수를 기용하고 싶다고 했다는 것.

그 이유는, '사람이 부끄러움을 알게 되면, 크게는 적을 향해 공격하기에 충분하고, 적게는 적의 공격으로부터 나라를 지키기에 충분하다'[**](도국편)라며, 사람은 부끄러움을 느껴야 비로소 필사적으로 행동한다고 생각했기 때문이다.

오자는 군사를 소중하게 생각하고 확실하게 키운다. 공적을 세우면 충분히 보상을 내리고, 공을 세우지 못한 병사에게는 기회를 준다. 그래서 필자는 『손자병법』보다 『오자병법』을 더 좋아한다.

[*]   一人投命 足懼千夫 (일인투명 족구천부)
[**] 夫人有恥 在大 足以戰 在小 足以守矣 (부인유치 재대 족이전 재소 족이수의)

이 책의 포인트

❶ 오자는 '의욕'을 중요하게 생각했다. 병사들의 대우를 개선하고, 휴식을 듬뿍 주라고 말한다.

❷ 덕치를 통해 교화하고, 물러나 살아가는 것을 수치로 여기는 자부심 강한 병사를 키우려고도 했다.

❸ 상사가 『오자병법』을 읽고 있으면 기뻐하자. 그는 반드시 좋은 상사가 될 것이다.

묵자(墨子)

분량 ■■□
난이도 ■■■

평등애를 설파하는 겸애兼愛, 침략 전쟁을 부정하는 비공非攻 등 좋은 말이 가득한 책

소설, 만화, 영화로도 만들어진 묵자. 전국 시대에는 유가와 묵가, 둘로 세상을 나눌 정도로 막강한 세력을 자랑했다. 과연 그 실태는 어떠할까?

묵적 (墨翟, 기원전 470?~기원전 390?)

춘추 시대(기원전 770~기원전 430) 말기의 인물. 그의 정체에 대해서는 설이 너무 많다. 출신지는 노나라 아니면 송나라. 과거 죄인, 기술자, 하급 가문의 자손이라고도 한다. 전문적으로 성을 지키는 강력한 군사 집단을 만들었는데, 그 실력은 '묵수(墨守)'라는 성어로 남겨질 정도다.

중국 과학기술의 성인으로 칭송되는 '묵자'

묵자는 제자백가 중 한 사람이다.

제자백가諸子百家는 춘추 전국 시대에 활약한 사상가들을 총칭하는 말로, 묵자, 노자, 장자, 한비자 등의 ○○자子와 묵가, 명가, 법가, 도가, 음양가, 종횡가, 잡가 등의 ○○가家를 가리킨다. 그중에서도 한나라 시대에 특별한 취급을 받은 유가와 우열을 가릴 수 없는 학파가 묵가다.

맹자는 '양주와 묵적의 말이 천하에 가득 찼다'*라고 말하며 세상의 언설은 양주가 아니면 묵적에 속한다고 초조함을 감추지 않았다. 또한 '지금 세상에서 가장 저명하고 유행하는 학문은 유가와 묵가다'** 『한비자』, '세상에는 공자와 묵자의 제자들이 가득하다' 『여씨춘추』라고 말할 정도였다.

그러나 묵가는 진나라가 성립할 무렵 홀연히 사라졌다. 그리고 약 2천 년 동안 자취를 감췄다가 청나라 시대의 학자들이 『묵자』를 발견해 세상에 내놓으면서 겸애·비공과 같은 그리스도교와도 통하는 사상이 재평가되었다.

그리고 『묵자』 가운데 과학적 사고나 광학에 관한 기술이 있다는 점에서, 중국 과학의 원류가 기원전 3세기의 『묵자』에 있었다고 높이 평가한다. 이에 묵적은 '과성科聖', 즉 과학 기술의 성인으로 재평가되고 있다.

2016년 8월, 중국은 우주 규모의 양자 정보통신과 양자 얽힘, 양자 텔레포테이션(순간이동) 등을 실험하기 위해 세계 최초의 양자 과학실험 위성을 쏘아 올렸는데, 그 이름이 바로 '묵자호'다. 첨단 기술이 집대성한 위성에 그의 이름이 붙은 이유는 바로 이때문이다.

★ 楊朱墨翟之言 盈天下 (양주묵적지언 영천하)
★★ 世之顯學 儒墨也 (세지현학 유묵야)

사실 '묵적'이라는 사람에 대해서는 잘 알려진 바가 없다. 『사기』의 열전에도 묵적에 대해서는 겨우 스물네 글자뿐이다.

'묵적은 송나라의 대부로, 성을 지키고 막는 기술이 뛰어났고 절약을 주장했다. 혹자는 공자와 같은 시대라 하기도 했으며, 혹자는 공자의 후세대 사람이라고도 했다'[*]라고만 적혀 있다. 그가 과학자냐고 묻는다면 물론 물음표가 붙는다.

그가 구축한 묵가 집단은 어쨌든 가혹하고 격렬했다. 거자鉅子라고 불리는 우두머리에게 통솔되었으며 그 명령은 절대적이었다.

기원전 381년, 거자 맹승孟勝은 초나라 귀족 양성군陽城君에게 거처하는 성의 방어를 위탁받았다. 침략 전쟁을 부정하는 묵가 집단은 성을 지키는 전술을 연마하고, 의뢰를 받아 각 지역의 침략을 막고 있었던 것이다. 그런데 양성군이 초왕의 숙청 대상이 되어 망명하면서 그의 거성은 몰수 당한다. 성을 지키지 못한 맹승은 계약 불이행의 책임을 지고 집단 자결을 호소했고, 180명의 제자는 남김없이 그를 따랐다.

---

[*] 蓋墨翟 宋之大夫 善守禦 爲節用 或曰並孔子時 或曰在其後
(개묵적 송지대부 선수어 위절용 혹왈병공자시 혹왈재기후)

인생 내공 고전 수업

묵가 사상의 근간이 된 열 가지 주장, 십론

십론+論이란 상현·상동·겸애·비공·절용·절장·천지·명
귀·비악·비명이라는 열 가지 주장이다.

우선 겸애兼愛란 자신을 사랑하듯 타인도 사랑하는 것이다.
묵자는, 세상의 혼란이 '서로를 사랑하지 않을 때 일어난다'(겸
애 상편)라고 단언한다. 아버지가 자식을 사랑하지 않고, 자식도
아버지를 사랑하지 않는다. 임금이 신하를 사랑하지 않고, 신하
도 임금을 사랑하지 않는다. 그렇게 서로 사랑하지 않는 상태에
서는 부모나 자식, 임금과 신하가 각각 자신의 이利를 추구하고
타인을 소홀히 한다.

도난이나 귀족 간의 다툼, 침략 전쟁이라는 혼란은 모두 여기
에서 나온다. 자신의 이익을 위해서는 타인이 어떻게 되든 상관
없다고 생각하기 때문이다.

혼란의 원인이 서로 사랑하지 않음에 있는 이상 서로 사랑하
는, 즉 겸애 = 사람들이 자신을 사랑하듯 타인을 사랑하면 문제는
모두 해결된다. 타인을 사랑하면 그를 해치거나 죽이거나 재산을
빼앗지 않기 때문이다.

다음으로 **비공非攻이란 침략 전쟁을 부정하는 것이다.**

묵자의 논리는 단순하다. 남의 밭에 들어가 복숭아나 자두를 훔치면 사람들이 비난한다. 그것은 '남에게 손해를 끼쳐 자신을 이롭게 하는 행위이기 때문이다. 개나 돼지, 닭을 훔치면 그 죄는 복숭아나 자두를 훔친 것보다 무겁다. 다른 사람에게 가해지는 손해가 더 커지기 때문이다. 말과 소를 훔치면 죄가 더 무거워지고, 무고한 사람을 죽이고 몸에 입고 있는 것을 모두 벗겨 빼앗으면 그 죄는 더욱더 무거워진다.

다시 말해 다른 사람에게 가해지는 손해가 커질수록 그 죄는 무거워진다. 그렇다면 다른 사람에게 가장 큰 손해를 입히는 침략 전쟁이야말로 가장 죄가 무거운 행위이므로 이를 인정할 수 없는 것이다.

묵자는 이익을 극대화하는 것은 선, 이익을 빼앗는 것은 악이라는 공리주의적 발상을 하는 것처럼 보이기도 한다.

겸애는 일시동인一視同仁의 평등한 사랑이며 그리스도교적이라고는 하지만 실제로는 통치를 위한 수단에 불과하다. '죽이지 말라'라고 법으로 금지하는 대신 겸애하라, 즉 다른 사람에게 피해를 끼치지 말라고 호소하는 것이다.

비공 역시 평화 사상이며 그리스도교적이라고 하지만, 침략 전

인생 내공 고전 수업

쟁은 타인의 이익을 침해하기 때문에 악인 것이지 전쟁 자체가 악은 아니다. 그러므로 이익을 지키는 방위 전쟁은 긍정한다. 묵가는 성을 지키는 전술에 최선을 다하였으며 전투 집단을 조직하고 각지에서 방위에 협력했다.

겸애와 비공 이외에 나머지 십론을 간략하게 알아보자.

상현尚賢이란 '현인을 우러러보는' 것이다.

묵자는 나라를 풍요롭게 하려면 출신 계층에 연연하지 말고, 유능한 인재를 등용해 국정을 맡겨야 한다고 말하며, 그러기 위해서는 그들을 후대해야 한다고 주장했다.

우리에게는 당연하게 들리겠지만, 당시는 신분제 사회였고 재상이나 대신 등 유력 귀족이 요직을 세습하던 시대였기 때문에 이는 꽤 참신한 주장이었다.

상동尚同이란 '상위자의 지시에 따르는' 것이다.

상위자의 명령은 절대적이다. 맹승의 집단 자결을 떠올려 보자. 묵자의 논리는, 이 역시 단순하다.

옛날에는 사람마다 각각의 '의義'가 있어 두 명이 있으면 두 개의 의가, 열 명이 있으면 열 개의 의가 있었다. 그런데 자신의 의는 옳고 다른 사람의 의는 그르다고 하여 다툼이 일어나고 사람들은 서로 돕지 않았다.

그래서 천자(하늘의 명을 받아 천하를 다스리는 왕) → 제후 → 재상
→ 대신 → 이장 → 향장이라는, 천자를 꼭짓점으로 하는 피라미
드형 조직을 만들어 각각에 현인을 배치해 의(=선악)를 모두 현인
에게 정하게 했다. 인민은 멋대로 선악을 판단하지 말고 반드시
향장(상위자)의 지시에 따라야 한다. 이것이 '상동'이다.

그리고 향장은 이장에게, 이장은 대신에게, 대신은 또 재상에
게……, 이렇게 거슬러 올라가 마지막으로 제후는 천자의 지시를
따르기 때문에 천하 전체가 단일한 가치 기준에 따라 통치된다.
어떻게 보면 전체주의적이며 법가 사상과도 비슷하게 느껴진다.

| 십론의 전체상 |

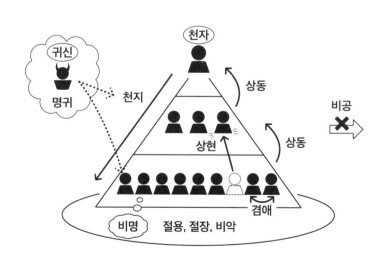

인생 내공 고전 수업

이렇게 겸애와 비공 등의 이념을 온 천하에 철저하게 알리는 것이다.

천하 만민은 천자의 지시를 따라야 한다. 왜냐하면 **천자의 지시야말로 하늘의 뜻이기 때문이다. 이것이 '천지**天志**'다.**

천자의 지시가 하늘의 뜻에 어긋나면, 인민이 천자에게 상동(=지시에 복종)하고 있어도 하늘은 돌풍이나 장마 등의 재해를 일으켜 사람들에게 징벌을 가한다.

사람들이 천지를 따르는지 아닌지는 '귀신鬼神'이라고 불리는 영적인 존재가 감시하고 있으며, 선을 보면 반드시 상을 주고 악을 보면 반드시 벌을 내린다.

이 귀신의 존재를 설명하는 것이 '명귀明鬼**'다.**

결국 길흉은 자기 행동에 달려 있으며, 운명 따위는 존재하지 않는다고 말하는 것이 '비명非命**'이다.**

이렇게 사람들이 천지(겸애·비공)를 따르고 귀신을 존중함으로써 세상의 이로움을 일으키고 세상의 해를 없애는, 즉 이익의 극대화라는 최종 목적을 달성할 수 있다.

그 일환으로 **절용**節用, **절장**節葬, **비악**非樂을 이야기한다. 이는 왕후 귀족의 장의(터무니없이 비싼 부장품으로 가득한 분묘 등)나 음악(풀 오케스트라 등)을 그만두고 절약함으로써 '세상의 이利'를 극대화하는 것이 목적이다.

❶ 묵자라는 사람에 관해서는 자세하게 알려진 바가 없다. 하지만, 묵가 집단은 굉장히 심할 정도로 과격했다.

❷ 묵자의 사상 가운데 타인도 사랑하라는 '겸애'와 평화 사상인 '비공'은 반드시 알아두자.

❸ 전체주의적인 통치를 설파하는 상동의 사상에 착안하면 묵자의 이미지는 달라진다.

고전 24 한비자 (韓非子)

분량 ■■■
난이도 ■■□

사악한 사상으로 비판 받았지만 여전히 읽히는 책

진의 시황제는 '『한비자』의 저자와 교우할 수 있다면 죽어도 여한이 없겠다'라고 말했다.

한비자의 법가 사상은 사악한 사상으로 심한 비판을 받았다. 하지만, 사람들을 매료시키면서 2천 년 이상 계속 읽히고 있다.

한비 (韓非, ?~기원전 234?)
전국 시대(기원전 403~기원전 221) 말기의 인물. 한나라의 왕족 출신. 이사(李斯)와 함께 유학자인 순자에게 가르침을 받았다. 진 왕정(훗날의 진시황)은 한비의 사상에 매료되었는데, 그를 질투한 이사가 참언하여 한비를 자살로 내몰았다.

법가 사상은 양날의 검이다

한비자의 사상은 악명이 높다.

그는 전국 시대에 태어났다. '전국 시대의 칠웅'이라고 불리는 7개국이 패권을 둘러싸고 싸웠으며, 진 왕정(훗날의 진시황)이 등장해 머지않아 천하가 통일되는 무렵이었다.

그의 사상은 인정사정 봐주지 않는 정치 사상이었다. 다른 나라를 압도해 패왕이 된다는 목적을 달성하기 위해서는 어떠한 수

단도 용서될 수 있다고 생각했다. '군주가 자신의 신민을 결속시켜 충성을 다하게 하려면, 잔혹하다는 오명을 신경 쓰지 않아야한다'라고 단호하게 말하는 마키아벨리의 『군주론』이 떠오른다.

한비자의 사상을 법가 사상이라고 부른다.

엄격하게 법을 운용하여 군주의 뜻대로 신민을 사역할 것을 주장한다. 일단 군주가 구령을 내리면 모든 신하와 백성이 말없이 그를 따르고, 일하라고 명령하면 열심히 일하며 싸우라고 명령하면 목숨을 걸고 싸운다. 실제로 법가 사상을 채택한 진秦나라는 강력한 군사 국가로 성장하여 다른 나라를 압도하고 천하를 통일했다. 즉, 한비자가 마음에 그린 대로 패왕이 된 것이다.

법가 사상은 극약이었다. 그 가혹한 정치와 엄격한 처벌에 신민은 괴로워한다. 예를 들어, 이런 일화가 있다.

진秦나라 이세황제의 치세. 진승陳勝과 오광吳廣은 9백 명의 빈민을 데리고 어양漁陽으로 향하고 있었다. 변방의 수비를 맡으라는 명령을 받았기 때문이다. 그런데 도중에 엄청난 폭우로 길이 침수되어 통행할 수 없게 되었다. 이대로는 기일까지 어양에 도착할 수 없다. 그리고 기일을 맞추지 못하면 사형이 확실했다.

진승과 오광은 전원을 모아 '이대로 어양으로 향해도 기일을 맞추지 못하고 죽는다. 그대로 도망쳐도 잡혀서 죽는다. 그리고 반기를 들어도 역시 패배하여 죽을 것이다. 어차피 죽임을 당할 바에는 나라를 세우고 죽지 않겠는가'라고 호소하며 군사를 일으켰다. 진승의 군사는 수만 명으로 불어났고, 그는 진陳에서 왕조를 세워 왕이 되었다.

이 일화로 상징되는 것처럼 법가 사상인 진秦나라는 그 엄격함 때문에 멸망했다고도 볼 수 있다.

통치의 핵심은 '형명'과 '법술'

한비자에 따르면 인간의 행동 원리는 이익에 있다.

비록 사랑하는 군주라도 그의 죽음이 이익이 된다면 신하는 군주를 죽이려 든다. 그래서 군주는 신하를 신뢰해서는 안 된다. 그들은 군주의 권력 앞에서 마지못해 따르고 있을 뿐 끊임없이 그 틈을 엿보는 잠재적인 적이다.

군주는 신하에게 담당 직무를 나누어 주고, 그 행동刑과 발언名이 일치하는지를 관찰하여 공이 있으면 상을 주고, 죄가 있으면 벌한다. 군주가 상벌의 권한을 쥐고 이익과 위엄(당근과 채찍)을 교묘하게 나누어 사용하며 신하를 길들여 자신을 두려워하게 하고 통제한다. 이것을 '형명刑名' 혹은 '술術'이라고 부른다.

한비자의 '법'이란 신민을 지배하기 위해 만든 실정법이며 자연법은 아니다. 명문화되어 공평하고 엄격하게 운용된다. 법(규칙)은 통일한다. 모순되는 법이 있어서는 안 된다.

신민은 법을 배우고, 무엇을 하면 상을 받고 무엇을 하면 벌을 받는지 이해하며, 양심이나 친애의 정이 아닌 법률을 기준으로 행동한다. 인의(유가)나 겸애(묵가)를 주장하는 무리가 전쟁터에서 싸울 수는 없다. 그렇기에 신민의 행동 원리를 철저히 '법'으로 일체화한다. 다른 행동 기준을 인정해서는 안 되는 것이다.

법이 있어도 술術이 없으면 신하를 통어할 수 없다. 술이 있어도 법이 없으면 나라의 혼란은 피할 수 없다. 한비자는 '법'과 '술'을 의依와 식食의 관계에 비유한다. 어느 하나만 부족해도 잘 통치할 수 없는 것이다.

한비자의 매력은 다채로운 비유

한비자의 사상은, 유가 사상이 주요 이데올로기가 된 후한 이후에 오늘날의 나치즘만큼이나 악의 통치 사상이라고 비판과 비난을 받았다.

그런데도 꾸준하게 읽힌 이유는 사상 그 자체의 매력과 더불어 모순, 수주守株, 화씨의 벽, 개미구멍, 늙은 말의 지혜 등 다채로운 비유를 든 이야기 때문이다.

예를 들면, '형명'과 '술'의 핵심에 대해서는 다음과 같은 이야기를 들어 설명한다.

어느 날 한나라 소후昭候가 술에 잔뜩 취해 그만 선잠이 들어 버렸다. 마침 소후의 관계冠係(머리에 쓰는 관을 관리하는 일)를 맡은 신하가 추울 것을 걱정해 옷을 가져다가 덮어 주었다. 얼마 후 눈을 뜬 소후가 기뻐하며 자기에게 옷을 덮어 준 사람이 누구인지를 묻자 '관계를 담당한 사람'이라는 대답이 돌아왔다.

그러자 소후는 의복계衣服係와 관계를 함께 처벌했다. 의복계는 직무태만을, 관계는 월권 행위를 이유로 삼았다. 추운 것은 싫지만, 추운 것보다 관리가 남의 직무를 침범하는 것이 더 문제라고 생각했기 때문이다.

기뻐하면서도 옷을 덮어준 관계 신하를 처형하는 단호함이 대단하다. 이런 너무나도 의외인 전개를 통해 군주가 철저하게 통제하기 위해서는 어떤 사정이 있더라도 절대 용서하지 않고 반드시 처벌해야 한다는 것을 훌륭하게 그려내고 있다.

그 밖에도 군주가 '법술'의 가치를 올바르게 간파하는 것의 어려움을 이야기할 때는 다음과 같이 이야기했다.

초나라 사람인 화씨가 가공하지 않은 옥의 원석을 발견해 초나라 여왕厲王에게 바쳤다. 왕이 옥 가공 장인에게 보여주자 돌이라고 대답했다. 왕은 화씨가 사기꾼이라며 왼쪽 다리를 자르라고 명했다.

여왕이 세상을 떠나고 무왕이 즉위하자, 화씨는 무왕에게 다시 옥의 원석을 바쳤다. 이번에도 왕이 장인에게 보여주었는데 역시 돌이라고 대답했다. 왕은 화씨가 사기꾼이라며 이번에는 오른쪽 다리를 자르라고 했다.

무왕이 세상을 떠나고 문왕이 즉위하자, 화씨는 초산 기슭에서 사흘 밤낮을 통곡하고 눈물도 다해 피가 되었다. 왕은 사람을 보내 '다리가 잘리는 형은 흔한 벌인데 왜 그렇게 슬퍼하는가'라고 묻자, 화씨는 '다리를 잘린 일로 슬퍼하지 않습니다. 보옥이 그저 돌이 되고, 정직한 사람이 거짓말쟁이 취급을 받는 것이 슬퍼서 웁니다'라고 대답했다. 이에 왕이 원석을 깨끗이 닦게 하니 훌륭한 보옥이었다.

이것을 이름하여 '화씨의 벽(화씨의 구슬로, 천하의 보물을 뜻함)'이라고 한다. 가치를 알아보는 능력과 진실을 밝히는 것이 중요하

인생 내공 고전 수업

다는 걸 깨닫게 한다.

화씨는 두 다리를 잘리고 피눈물을 흘리면서도 보옥을 헌상하려 했다. 이 보옥은 '법술'을, 화씨는 '법술을 아는 선비'를 비유한다.

법술을 아는 선비란 군주를 위해 엄격한 법치를 시행하는 정치가로, 오기나 상앙이 그에 해당한다. 그들이 '법술'을 사용한다면 대신이 권력을 농단할 수도, 측근이 군주의 위세를 빌려 행세할 수도 없고, 모든 인민은 농경과 전투에 내몰린다. 그래서 그들은 신민에게 원한을 사고 수많은 방해를 받으며, 결국에는 비명의 최후를 맞이한다.

한편, 군주는 '법술'의 가치를 이해해야만 한다.

그러나 가치가 뛰어나고 무해한 보옥을 군주가 발견하기까지 화씨는 두 다리를 잘렸다. 법술의 가치를 이해하기는 쉽지 않으며, 간신과 인민에게는 해롭고 눈에 거슬린다. 그래서 더더욱 군주는 스스로 법술의 가치를 이해하고 법술을 아는 선비를 받아들일 필요가 있다.

한비자를 회사 경영에 활용한다면 우선 자기 이외의 사람은 아무리 가족이라 해도 믿지 않는다. 다음으로 상벌의 기준을 통일하여 회사 전체를 철저히 해야 한다. 목표는 패권을 잡는 것이다.

패권 장악으로 이어지는 것은 상, 이어지지 않는 것은 벌이다.

기준은 단순하다. 부하의 발언(이번 기간의 목표 등)과 행동(업적 및 결과)을 하나하나 확인해 세세하게 상벌을 내린다. 부하의 제멋대로인 행동은 용서하지 않는다. 사람 목숨을 구하기 위한 지각이었다고 할지라도 지각은 지각으로 처벌한다. 의욕이 없는 사원이나 무능함을 감추려는 사원, 사악한 임원에게는 원망을 사겠지만, 법술을 아는 선비는 비명의 죽음을 맞이할 것을 각오한다.

원래 한 나라의 군주는 항상 고독한 법이다.

이 책의 포인트

❶ 『한비자』는 패왕이 되기 위해 수단과 방법을 가리지 않는다는 과격한 사상을 전개한다.

❷ 법가 사상의 본질은 신하를 통어하는 '술'과 단일한 행동 규범이다.

❸ 인간에게 절망하고, 꿈과 낭만을 절대 품지 않는 그 투철한 인간관도 매력적이다.

안자춘추 (晏子春秋)

분량 ■□□
난이도 ■■□

상대를 설득하는 능수능란한 기술을 담은 책

제나라 장공莊公·경공景公을 섬긴 재상 안영晏嬰의 언행록. 200장 이상의 고사를 수록하고 있다. 역사 기록이라기보다 전설의 현인 안영을 주인공으로 한 역사 소설과 같다. 현명하지 못하고 어리석은 상대를 다루기 위해서 꼭 읽어야 할 책이다.

안영 (晏嬰, ?~기원전 500)
춘추 시대(기원전 722~기원전 403)의 인물. 제나라의 영공·장공·경공 3대를 모시며 명재상으로 칭송받았다. 검소, 검약에 힘쓰며, 여우 가죽으로 만든 털옷 한 벌을 30년 동안 계속 입었다고 고사에 전해진다. 신장이 당시 기준 6척(약 140cm)으로, 체구가 작은 남자다.

춘추 시대를 대표하는 현인의 언행록

안자晏子는 안영을 말한다. 춘추 시대 말기 제나라에서 영공·장공·경공의 3대를 섬겼던 명재상이다.

공자와 동시대 인물로『논어』〈공야장편〉에 '안평중은 다른 사람과 사귀기를 잘한다'*라는 공자의 말도 있다. 이 무렵 정鄭나라의 자산子産, 오나라의 계찰季札, 위나라의 거백옥遽伯玉, 진晉나라의

★ 晏平仲善與人交 (안평중선여인교)

숙향叔向 등의 현인이 이곳저곳에서 이름을 남기고 있었는데, 그 가운데 안영의 명성은 단연 돋보였다.

『안자춘추』는 그의 단편 고사 200여 편을 채록하고 있다. 기본적인 줄거리는 어리석은 군주에게 현인 안자가 충고한다는 내용이다.

군주는 절대 권력자다. 마음에 들지 않는 신하가 있으면 처형·추방·감금은 마음에 내키는 대로 할 수 있다. 그런 군주에게 충고하는 것은 문자 그대로 목숨을 거는 일이다. 역린을 건드리면 그대로 종료. 예를 들면 이런 이야기다.

경공이 7일 밤낮으로 계속 술잔치를 열었다. 신하 현장弦章이 '폐하, 이제 술을 끊으십시오. 그렇지 않으면 차라리 저에게 죽음을 내려주십시오'라고 간청했다. 경공은 모습을 드러낸 안자에게 '현장이 나에게 부탁하였네. 신하가 시키는 대로 술을 끊을 수도 없고, 그렇다고 그를 죽이기도 아깝다'라고 했다. 안자는 '그는 폐하와 같은 임금을 만나 매우 다행입니다. 만약 걸주桀紂와 같은 상대였다면 진작 처형됐을 것입니다'라고 대답했다. 그 말에 경공은 바로 술을 끊었다.

걸주는 하나라 걸왕과 은나라 주왕을 말한다. 두 사람 모두 주

인생 내공 고전 수업

지육림(호사로운 술잔치)에 빠져(주왕도 7일 밤낮으로 연회를 베풀었다) 자신에게 간청하는 신하를 처형하고(걸왕은 관룡봉을 일도양단하였으며, 주왕은 비간의 심장을 도려냈다) 나라를 망친 폭군들이다.

안영의 능수능란함은 바로 이것이다.

우선 '그가 폐하와 같은 임금을 만나 매우 다행'이라고 경공을 칭찬한 뒤 '걸주와 같은 상대였다면 진작 처형됐을 것'이라고 말을 이어 나간다. 만약 여기에서 경공이 간청하는 신하 현장을 처형했다면 걸주와 똑같이 행동하는 것이다. 그러면 나라는 망하고 폐하도 죽임을 당했을 것이라며 신하의 간언을 받아들이라고 은연중에 내비쳤다. 이를 깨달은 경공은 현장의 간언을 받아들여 연회를 멈추었다.

목숨을 아끼지 않고, 폭군을 설득하다

자신의 목숨을 아끼지 않고 대의를 위해 군주에게 바른말을 할 수 있는 신하는 귀한 존재다. 군주는 생살여탈을 자행하는 절대 권력자이니 주위에는 몸을 지키기에 급급해 아첨하고 빌붙는 데 진심인 간신들밖에 남지 않게 된다.

반면에 감정을 억누르고 간언을 받아들여 자기 잘못을 고칠 수 있는 훌륭한 군주도 흔치 않은 존재다. 쾌락과 잔혹함에 빠진 폭군뿐만 아니라, 자신은 누구보다도 유능하다고 생각해 다른 사람에게 일절 의견을 묻지 않고 독단적으로 일을 처리하는 옹졸한 군주도 많다.

그래서 직언하는 충신과 이를 받아들이는 명군의 고사는 널리 읽힌다. 뒤에서 다룰『정관정요貞觀政要』가 전형적으로 그런 이야기다.

그런데『안자춘추』의 군주는 명군이 아니다. 오히려 사리에 어둡고 어리석은 암군이다.

경공은 자신의 애마가 급사하자, 사육 담당자를 처형하라고 명령했다. 이에 안영은 '폐하 대신 제가 그를 책망하겠습니다'라며 사육 담당자를 질책했다.

"너의 죄는 세 가지다. 첫째, 폐하의 말을 죽인 것. 둘째, 폐하가 가장 사랑하는 말이었다는 것. 셋째, 폐하는 너로 인해 말馬을 이유로 사람을 처형하는 처지가 되었다는 것. 이 이야기가 널리 퍼지면 백성들은 국왕 폐하를 원망하고, 이웃 나라는 국왕 폐하를 가벼이 여길 것이다. 모두 네 탓이다."

그러자 경공은 '이제 됐다. 그를 석방하라. 나의 너그러움을 해치지 말라'라고 탄식했다.

인생 내공 고전 수업

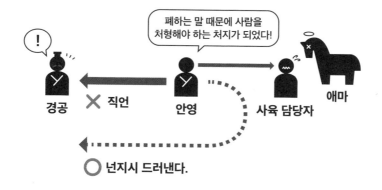

안영은 직언을 하지 않는다. 사육 담당자를 책망하는 척하면서, 그를 처형하면 경공의 평판이 얼마나 손해를 입는지 은근슬쩍 보여줄 뿐이다.

경공은 직언을 받아들일 너그러움이 없다. 그렇기에 **안영은 경공이 스스로 그 잘못을 깨닫도록 유도하는 것이다.**

당시 시장의 물가를 묻는 경공의 질문에 '춤은 비싸고, 술은 저렴합니다'라고 대답한 것도 마찬가지다. 술은 평범한 구두고, 춤은 죄를 저질러 발뒤꿈치를 잘린 월자(죄를 저질러 발뒤꿈치를 잘린 사람)의 구두를 뜻한다.

춤의 값이 오르는 이유는 경공이 어진 정치에 반하여 발뒤꿈치

를 자르는 형을 남발하고 있기 때문이었다. 경공은 이 한마디로
크게 뉘우치며 형을 가볍게 했다고 한다.

전국책(戰國策)

천하를 움직인 말솜씨는 과연 어떠한가

말의 매력이 가득한 책. 사족, 호가호위, 어부지리 등의 우화는 약육강식의 시대에 국가 존망과 자신의 목숨을 걸고, 왕후장상을 설득하기 위해 종횡가가 풀어낸 이야기다. 말 하나로 전국戰國을 누비는 그들의 언변에 취해보자.

유향 (劉向, 기원전 77~기원전 6)
전한(기원전 202~기원후 8)의 인물. 궁정 도서관의 관리인. 전국의 서적을 모아, 본문을 교정하고 해제 목록을 작성했다. 『전국책』 『열녀전』 『설원』 『신서』는 모두 고사를 채록한 것으로, 중국 고대 고사 문화의 정화(精華)라고 말할 수 있다.

전국 시대를 무대로 하는 종횡가의 고사 모음집

애초에 '전국 시대'(기원전 403~기원전 222)라는 말은 『전국책』에서 유래했다.

종횡가縱橫家란 제자백가 중 하나로 외교 전략 전문가다. 각국을 돌아다니며 말솜씨만으로 대국을 움직이고 동맹 관계를 맺게 하기도 하고 끊어 내기도 한다. 오늘날에도 국가나 기업이 맺어지거나 멀어지는 것을 '합종연횡合從連橫'이라고 하는데, 이 표현은 그들의 활동에서 유래한다.

종횡가들의 고사 486장을 모아 나라마다 33편으로 편집해 한 권으로 엮은 인물이 전한의 유향이다. 목록학의 시조로 『예기』, 『열녀전』을 다룰 때 이미 소개한 인물이다.

　　종횡가가 활약할 무렵 천하는 '전국 칠웅'이라 불리는 연·제·조·위·한·초·진의 7대국이 할거하고 있었다. 그중에서도 서쪽의 진秦나라가 다른 나라보다 우월하여 독보적인 상태였다.

　　진 이외 여섯 나라가 동맹하여 진에 대항하는 것이 '합종책'이며, 주창한 사람은 소진蘇秦이다.

　　반면에 여섯 나라가 각각 진과 동맹을 맺는 것을 '연횡책'이라고 하는데, 연횡책 주창자는 장의張儀다. 소진과 장의는 모두 귀곡자鬼谷子에게 배운 동문 제자였다.

　　장의가 초나라를 유세(자신의 의견을 주장하며 돌아다님)할 때 재상의 보옥을 훔친 혐의를 받고 심한 고문을 받아 만신창이로 귀가한 적이 있다.

　　그를 본 아내가 '당신이 유세 같은 것을 하지 않았더라면 이런 꼴을 당하지 않았을 텐데'라고 한탄했다. 그러자, 장의는 '내 혀는 아직 잘 있느냐'라고 당돌하게 물어 아내를 웃게 했다. 아내가 있다고 대답하자 장의가 말했다. '그거면 충분하다.'

　　장의의 말에는 '변설辯舌만 할 수 있으면 충분하다. 말솜씨만으

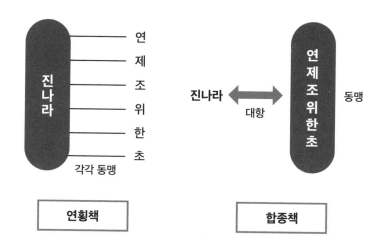

로 천하를 움직여 보겠다'라는 자신감이 넘친다.

전국 시대를 다채롭게 하는
변설가의 궤변에 취해보자

『전국책』의 매력은 이런 말솜씨(변설)다.

진진陳軫은 장의와 함께 진나라 혜문왕을 섬기고, 초나라와의 외교를 담당하여 초나라를 자주 방문했다.

장의는 출세의 걸림돌이 되는 진진을 제거하기 위해, 진진이 왕을 배신하고 초나라를 자주 오간다는 소문을 퍼뜨렸다. 그리고, 왕에게 '만약 그가 초나라로 가고 싶어 하면 죽여버려야 한다'고 말했다.

이에 왕이 진진에게 '너를 추방한다. 어디에 가고 싶은가'라고 묻자, 진진은 초나라라고 대답했다. 왕은 '역시 장의가 예상한 대로다. 배신의 증거다'라고 생각했다. 그러자 진진은 '그렇기에 더욱 초나라에 가고 싶습니다. 만약 제가 초나라에서 중용된다면 제가 폐하를 배신하지 않았다는 증거가 되기 때문입니다'라고 대답하며 다음과 같은 이야기를 했다.

초나라 아무개에게는 두 명의 아내가 있었다. 호색꾼이 그녀들을 꼬드기자 연상의 아내는 욕하며 거절했고, 연하의 아내는 그에 응했다.

아무개가 죽자, 누군가 호색꾼에게 '두 여인 중 누구를 더 거두어들이고 싶은가'라고 물었다. 호색꾼은 바로 연상의 아내라고 대답했다. '유혹에 응한 연하의 아내가 아닌 너를 거부한 연상의 아내를 무슨 마음으로 선택하였는가'라고 다시 물었다. '그야 남의 아내라면 나의 유혹에 넘어오기를 바라지만, 나의 아내라면 나를 위해 정조를 지키고 유혹해 오는 남자에게 욕하는 여자이기를 바라기 때문이다'라고 말했다.

인생 내공 고전 수업

유혹에 응한 바람둥이는 또 바람을 피운다. 만약 결혼을 해야 한다면 유혹을 거부하고 정조를 지키는 여자가 좋다. 마찬가지로 만약 진진이 바람피운 여자처럼 진나라를 배신했다면, 초나라는 어지간한 바보가 아닌 이상 진진을 중용하지 않을 것이다. 하지만 만약 중용한다면, 그것은 진진이 진나라를 배신하지 않았다는 증거가 된다.

그래서 진진은 '진나라에서 추방당한다면, 충신임을 증명하기 위해서라도 초나라에 갈 수밖에 없습니다'라고 대답했다. 이에 수긍한 왕은 진진을 불러들여 후대했다.

이처럼 『전국책』은 우화를 구사한 설득술이 넘쳐난다.
다음과 같은 이야기도 있다.

제나라의 추기鄒忌는 용모가 수려한 재상이다.

추기는, 자신처럼 출중한 외모로 소문난 서공徐公과 자신 가운데 누가 더 뛰어난지 너무나도 궁금했다. 그래서 주변 사람들에게 물었더니 모두 추기라고 대답했다. 하지만 실제로 추기가 서공의 미모를 직접 보니, 자신은 그에 훨씬 미치지 못하다는 걸 알게 되었다. 모두 아부하고 거짓말하고 있었던 셈이다.

추기는 위왕에게 이 이야기를 들려주며 '폐하의 주변에도 마찬가지입니다. 아부와 거짓말이 득실득실하여, 마치 눈이 가려진 것과 같습니다'라고 말했다. 이에 수긍한 위왕은 자신의 잘못을 비난한 자에게 상을 주겠다고 정령을 내렸다.

처음에는 왕을 비난하는 자들로 문전성시를 이루었지만, 하나씩 바로잡아 가자 1년 후에는 비난하고 싶어도 비난할 수 없게 되었다고 한다.

이 책의 포인트

❶ 『전국책』은 변설가의 활약을 모은 책. 그 다채로운 궤변을 즐기고 배워보자.

❷ 오늘날 한나라 시대의 무덤에서 『전국책』과 같은 내용의 『전국종횡가서(戰國縱橫家書)』도 출토되었다.

여씨춘추 (呂氏春秋)

고전
27

분량 ■■□
난이도 ■■□

천하통일에 대비해 온갖 학술을 종합한 경이로운 책

유가, 도가, 묵가, 법가, 음양가……. 전국 시대를 수놓은 제자백가들. '그 모든 것을 여기에 담았다'라고 자부하는 것이 잡가인 『여씨춘추』다.

여불위 (呂不韋, ?~기원전 235)
전국 시대(기원전 403~기원전 221)의 상인. 조나라에서 인질로 붙잡혀 있던 진(秦)나라 귀족의 자제를 만나 '기이한 물건이니 사둘 만하다'라고 생각해 투자를 결단했고, 온갖 수단을 동원해 진나라 왕으로 옹립했다. 그 인물이 바로 장양왕(莊襄王)인데, 장양왕의 아들이 진시황이다. 여불위는 재상으로서 권위를 누렸다.

『여씨춘추』는 지식 백과사전

제목에서 '여씨'란 이 책을 편찬한 인물 여불위를 가리킨다.

여불위는 전국 시대 말기의 거상이다. 그는 조나라에 추방되어 있던 진나라 소양왕의 손자 자초子楚를 만났는데, 당시엔 차기 진나라의 왕이 될 가망이 거의 없는 인물이었다. 하지만, '기이한 물건이니 사둘 만하다'*라며 모든 수단과 방법을 다해 왕으로 옹립시켰다.

★ 此奇貨可居 (차기화가거)

그 인물이 바로 장양왕이며, 그의 아들이 훗날 진시황이 된다. 결국 여불위는 상인 출신이지만 재상으로 올라섰다. 봉건적 신분제도가 무너진 전국 시대라고는 하지만, 서인의 몸으로 재상이 되는 것은 매우 드문 사례다.

여불위는 온 세상의 인재를 진나라로 불러 모아 자신의 손님으로 우대하고 먹여 살렸는데, 그 수가 매우 많아 '식객 3천 명'이라고 일컬어졌다. 이는 마찬가지로 '식객 3천 명'이라고 불린 '전국시대의 사군자' 제나라 맹상군, 위나라 신릉군, 조나라 평원군, 초나라 춘신군에 대항한 것이었다.

당시 진나라는 전국 시대 최강의 국가였다. 하지만 서쪽 변방에 위치하였기에 인재가 중원(중국의 중심. 허난성 부근)에 집중되어 있는 상황을 뒤집고 싶었다.

여불위는 식객들의 총력을 집결해 '20여만 자'에 달하는 논문을 쓰게 하고, 이들을 한 권으로 편집하여 『여씨춘추』라고 이름을 붙였다. 천지 만물의 고금을 갖추었다고 자부하는 책이 완벽하게 완성되었다. 그러자 여불위는 수도 함양의 시장 문에 내걸고 '오류를 찾아내거나 한 글자라도 덧붙일 수 있는 자에게 천금을 주겠다'라고 공표했다. 물론 그에 응할 수 있는 사람은 아무도 없었다.

인생 내공 고전 수업

『여씨춘추』는 계절에 맞춰 인간의 행위를 결정

『여씨춘추』는 12권의 기紀, 8권의 람覽, 6권의 론論으로 구성되어 있다.

12권의 기는 일 년을 12개의 계절로 나누고, 구절마다 그 특성과 행해야 할 정무·의무를 기록한 것이다.

계절 운행의 리듬과 인간의 행위를 일치시킴으로써 우주의 질서와 조화를 가져올 수 있다는 사상을 '시령時令 사상'이라고 부른다. 원래 농업을 염두에 두고 계절에 맞추어 인간의 행위를 결정하는 데에서 비롯되었다. 농번기에는 농민을 전쟁으로 내몰 수 없으므로 자연히 전쟁은 수확 후 농한기에 해야 한다는 이야기가 된다.

여기에 음양오행설(우주 만물의 이치를 '음과 양'이라는 두 기운과 '목·화·토·금·수'라는 오행의 운행으로 설명하는 학설)과 천인상관설이 결합해 만들어진 것이 시령 사상이다.

『여씨춘추』의 12기는 시령 사상에 관한 책이다. 봄·여름·가을·겨울이라는 '사계절'을 각각 맹孟(처음), 중仲(중간), 계季(끝), 셋으로 나누어 4×3=12권의 기가 되었다.

예를 들어, 맹춘기의 첫머리는 이렇다.

이번 달에는 입춘立春이 들어 있다. 입춘이 되기 3일 전 태사太史가 천자를 알현하고 아뢰기를 '모 일은 입춘이니 성대한 덕은 나무에 있습니다'라고 했다. 천자는 이에 재계하고 입춘을 기다린다. 입춘이 되면 천자가 친히 3공公과 9경卿, 제후諸侯, 대부大夫를 거느리고 동쪽 들에 나가 봄을 맞이하는 의식을 치른다. 그리고 돌아와 조정에서 공·경·제후·대부의 수고에 상을 베푼다.★

이것이 '월령'으로 그달에 해야 하는 정무와 의식이다.

맹춘기뿐만 아니라 12기의 각 첫머리는 모두 그달의 '월령'이다. 재미있는 것은 하늘의 뜻을 받아 천하를 통치하는 존재인 '천자'의 월령이라는 점이다.

『여씨춘추』가 편찬되었을 때는 아직 천하가 전란에 휩싸여 천자가 존재하지 않았다. 여불위는 진나라가 천하를 통일할 때를 대비해 천자, 즉 황제가 따라야 할 월령을 정리하고 그 월령을 중심으로 천하 통일에 도움이 되는 모든 사상을 집대성한 것이다.

고사·우화를 섞어 통치 실천을 말한 8권의 람, 그에 보충하여 설명하는 6권의 론을 더해 지혜의 우주가 완성되었다.

★ 是月也 以立春 先立春三日 大史謁之天子曰 某日立春 盛德在木 天子乃齋
(시월야 이립춘 선입춘삼일 대사알지천자왈 모일입춘 성덕재목 천자내재)
立春之日 天子親帥三公九卿諸侯大夫 以迎春於東郊
(입춘지일 천자친수삼공구경제후대부 이영춘어동교)
還反 賞公卿諸侯大夫於朝 (환반 상공경제후대부어조)

| 『여씨춘추』의 구성 |

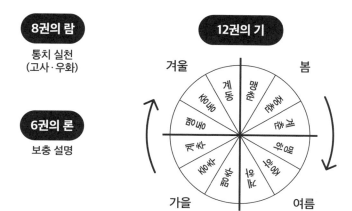

8권의 람

통치 실천
(고사·우화)

6권의 론

보충 설명

12권의 기

겨울   봄

맹춘
중춘
계춘
맹하
중하
계하
맹추
중추
계추
맹동
중동
계동

가을   여름

이 책의 포인트

❶ 『여씨춘추』는 '천하 만물 고금의 일들'을 전체적으로 볼 수 있는 지식 백과사전이다.

❷ 통일 후를 대비해 천자의 월령을 기준으로 모든 사상을 집대성한 '잡가'의 책이다.

회남자 (淮南子)

분량 ■■□
난이도 ■■□

만물의 원리와 다양한 지식을 다룬 지식 백과사전

아버지가 역모를 꾀했다고 의심을 받고 스스로 목숨을 끊은 뒤, 어린 나이에 회남왕으로 즉위한 유안劉安. 반란의 기회를 호시탐탐 노리며 학예를 애호한 유안은 수천 명의 학사와 함께 노장 사상을 바탕으로 하는 사상의 통합을 시도하며 유가와 법가를 존중하는 무제에게 도전했다.

회남왕 유안(淮南王 劉安, ?~기원전 122)
전한(기원전 202~기원후 8)의 인물. 황족이다. 제후왕(諸侯王) 중 한 사람으로 독서와 거문고를 좋아하였으며, 부(賦, 시의 작법)의 명수다. 그의 주변에 학자가 수천 명이나 모였다. 반란의 기회를 노려 오초칠국의 난에도 가담하려 했다. 무제에 대한 역모가 발각되어 스스로 목숨을 끊었다.

잡가에 의한 지식 백과사전『회남자』

『여씨춘추』에 이어 잡가의 책『회남자』를 소개한다.

잡가雜家는 글자만 보면 '잡학'하고 '잡다'한 느낌이 들어 이미지가 좋지 않지만, 듣기 좋게 '지식 백과사전'이라고 표현할 수 있다.

『회남자』는 총 21편. 만물의 원리를 비롯해 천문, 지리, 시령을 이야기하고, 인생, 세태, 정치, 군사 전략, 습속, 신화, 전설, 약재·약초 등 다양한 지식을 다루고 있다.

206

인생 내공 고전 수업

편찬한 사람은 회남왕 유안이다. 한나라 초대 황제인 유방劉邦의 손자로 회남(오늘날의 안후이성·장쑤성 부근)의 왕이다. 회남왕은 학식이 뛰어난 사람으로 알려져 있으며 귀빈이나 방술사 수천 명과 토론을 거쳐 이 책을 편찬하였다.

여불위와 유안은 닮은꼴이다

전국 시대 말기, 여불위는 변방의 진나라에서 학자 3천 명을 모아 온갖 지식을 망라한『여씨춘추』를 만들고 모든 지식을 그 한 권에 담았다고 자부했다.

그로부터 약 1세기 후. 유안 역시 변방의 회남에서 학자 수천 명을 모아 많은 지식을 총람할 수 있는『회남자』를 완성하여 당시

| 『여씨춘추』와 『회남자』의 관계 |

노장 사상 『회남자』 유안 ⟺ 공통점 시령 사상 『여씨춘추』 여불위

· 목적은 사상 통일
· 황제에게 헌상
· 죽음에 내몰린 편저자

황제였던 무제에게 바쳤다. 무제는 유안을 존숭하고 『회남자』를 소중히 간직했다고 한다.

그러나 유안은 그런 무제에 대해 역모를 꾀하다가 계획이 발각되어 스스로 목숨을 끊는다. 여불위도 진시황의 어머니와 밀통하고 노애의 난에도 연루되면서 재상에서 파면되어 스스로 죽었으니, 두 사람은 그런 부분에서 비슷하다고 할 수 있다.

노장 사상을 중심으로 사상을 통합하다

『여씨춘추』의 바탕은 시령 사상이었지만, 『회남자』의 바탕은 노장 사상이다.

그 이유 중 하나는, 회남이 양쯔강 중류 지역, 후베이·후난성 일대인 형초荊楚 문화권에 있었기 때문이다. 형초는 노자와 장자의 출신지로 노장 사상의 본고장이다.

또 다른 이유로 본래 한나라 초기에 황로 사상이 유행했었다는 점을 들 수 있다. 한 무제가 동중서의 계획을 받아들여 유교를 국교화하기 전까지는 노장 사상과 법가 사상이 지배적인 이데올로기였다.

『회남자』의 첫 두 편은 '원도훈原道訓'과 '숙진훈俶眞訓'인데, 이는

인생 내공 고전 수업

노자의 도道와 장자의 진眞에서 비롯되었다.

예를 들어, 원도훈의 첫머리는 다음과 같다. 의미가 불명확한 글을 보면 '아, 노장 사상이 이렇구나'라고 실감할 수 있을 것이다.

> 도道라는 것은 하늘과 땅을 포함하고 있는 것이어서 사방팔방 무한대로 펼쳐져 그 높이를 가늠할 수 없고, 그 길이를 잴 수도 없다. 천지를 그 안에 포용하고 무형(의 만물)에 형태形를 부여한다.[*] 〈원도훈〉

『회남자』는 유가나 묵가, 법가의 사상도 나오지만 노장 사상을 중심으로 통합되어 있다. 여불위가 시령 사상을 축으로 삼아 모든 사상을 정리한 것처럼, 유안 역시 노장 사상을 축으로 모든 사상을 통합하여 무제에게 헌상했다. 하지만 무제는 유안의 노장 사상이 아닌 동중서의 유학을 택한 셈이다.

그 밖에도 『회남자』는 신화를 많이 채록하고 있는 것으로도 유명하다. 다음에 나올 글은 중국의 하천이 모두 동쪽으로 흐르는 이유를 설명한 신화다.

다음 글을 소개하며 『회남자』를 마무리하겠다.

---

[*] 夫道者 覆天載地 廓四方 柝八極 高不可際 深不可測 包裹天地 稟授無形
(부도자 복천재지 확사방 탁팔극 고불가제 심불가측 포과천지 품수무형)

그 옛날 공공은 전욱과 제위를 놓고 다투다가 격노한 나머지 부주산을 들이받게 되었다. 그 때문에 하늘의 기둥이 부러지고 땅의 벼리는 끊어져 버렸다. 그리하여 하늘이 서북쪽으로 기울어져 해·달·별들도 그 방향으로 옮겨졌다. 또한, 땅은 동남쪽으로 패여서 그 탓에 빗물과 먼지는 그 방향으로 모이게 되었다.*〈천문훈〉

이 책의 포인트

❶ 『회남자』는 유안이 노장 사상을 축으로 천지만상을 논한 지식 백과사전이다.
❷ 유안의 목표는 아마도 노장을 통한 사상 통일이었겠지만, 무제의 선택은 유학이었다.

★ 昔者共工與顓頊爭爲帝 怒而觸不周之山 天柱折 地維絶 天傾西北 故日月星辰移焉 地不滿東南 故水潦塵埃歸焉
(석자공공여전욱쟁위제 노이촉부주지산 천주절 지유절 천경서북 고일월성신이언 지불만동남 고수료진애귀언)

인생 내공 고전 수업

정관정요 (貞觀政要)

분량 ■■□
난이도 ■□□

비즈니스 리더들의 필독서로서 여전히 사랑받는 책

한 나라의 군주가 갖추어야 할 학문을 말하는 제왕학 도서. 중국 역사상 굴지의 명군인 당 태종과 45명의 명신이 지은 258장의 고사에서 이상적인 리더의 모습을 배워보자.

오긍 (吳兢, 670~749)
당나라(618~907)의 인물. 당을 대표하는 역사가. 이 책의 주인공인 당 태종(재위 626~649)은 중국 역사상 굴지의 명군으로, 그가 다스리는 세상을 그의 연호에서 따와 '정관의 치세'라고 불리며 이상적인 시대로 후세에까지 전해졌다.

명군이었던 당 태종의 활약을 그린『정관정요』

『정관정요』에는 이상적인 군신 관계가 그려져 있다.

비슷하게 군신 관계를 그리는『안자춘추』는 지혜로운 신하 안영의 활약에 초점을 맞추고 있으며, 부하로서 어리석은 상사를 어떻게 마주할 것인가를 배울 수 있는 책이었다.

반면『정관정요』는 명군인 당 태종太宗의 활약에 주안점을 두고, 상사로서 어떻게 행동해야 하는지 배울 수 있는 책이다. 비즈니스 리더로서 많은 사람을 다스리는 사람이 배워야 할 첫 번째

| 『정관정요』와 『안자춘추』 |

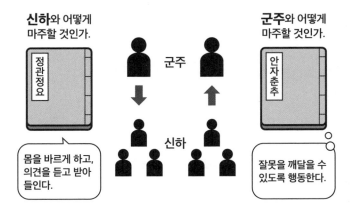

동양고전은 바로 이 『정관정요』라고 할 수 있다.

당 태종과 그의 훌륭한 신하들

태종 이세민李世民은 당나라 제2대 황제다. 초대 황제 고조 이연李淵의 둘째 아들로, 형과 동생을 죽이고 아버지를 연금하며 황제로 즉위하였다. 이렇게 들으면 폭군의 느낌이 매우 강하지만, 당건국의 일등 공신이자 세운 지 얼마 되지 않은 당 제국에 안정을 가져다주고 그 초석을 닦은 명군이다.

『정관정요』는 당 태종과 위징, 방현령, 두여회 등 신하 45명이 주고받은 문답을 중심으로, 태종의 조칙과 신하들의 상소문 등으

212   인생 내공 고전 수업

로 구성되어 있다.

책 제목의 '정관'은 태종의 연호로, 그가 통치하던 시대는 역사상 가장 이상적인 시대라고 하여 '정관의 치세'라고 불린다. '○○의 치세'라고 불리는 사례는 손에 꼽을 정도로 적다.

그렇다면 실제 『정관정요』의 내용을 살펴보자.

먼저 『정관정요』의 첫머리 부분이다.

> 군주의 도리는 마땅히 백성을 먼저 살피는 데 있다. 만일 백성에게 손해를 입혀 가면서 자신을 받들도록 한다면, 이는 넓적다리의 살을 베어 배를 채우는 것과 같으니 배는 부를지언정 몸은 죽어갈 것이다.[*] 〈군도편〉

그렇기에 군주는 몸을 바르게 해야 한다며 무려 당 태종이 직접 말한다. 군주가 기쁨과 즐거움을 탐한다면, 그만큼 백성의 부담은 커진다. 그것은 스스로 제 살을 먹고 배를 채우는 것과 같으므로 자멸하는 길이다. 그러니 군주가 먼저 절제해야만 한다고 말한다.

『안자춘추』라면 기쁨과 즐거움을 탐하려는 경공에게 안영이 능수능란한 말솜씨로 조언하는 내용이 전개되었겠지만, 『정관정

---

[*] 爲君之道 必須先存百姓 若損百姓以奉其身 猶割股以啖腹 腹飽而身斃
(위군지도 필수선존백성 약손백성이봉기신 유할고이담복 복포이신폐)

요』는 태종이 스스로 말한다.

그리고 그것을 읽는 우리는 리더가 욕망이 따르는 대로 사치해서는 안 되고, 회사의 경비를 사용한다면 더욱 그러하다. 하룻밤에 유흥주점에서 먹고 마시며 유흥비로 많은 돈을 날리는 것은 당치도 않으며 공원의 수돗물과 직접 만든 주먹밥에 만족해야만 한다고 스스로 경계하게 된다.

> 태종이 위징에게 물었다.
> '무엇을 일러 현명한 군주와 어리석은 군주라고 하는가.'
> 위징이 대답하였다.
> '군주가 현명하신 이유는 널리 남의 의견을 듣기 때문이며, 군주가 어리석은 이유는 한쪽만을 믿기 때문입니다.'* 〈군도편〉

훌륭한 군주의 조건은 '널리 의견을 듣는 것'.

위징은 서민의 목소리에도 귀를 기울이라고 충고한다. 한편 어리석은 군주의 조건은 '마음에 드는 말만 믿는 것.' 그래서 신하는 군주에게 직언해야 하며 군주는 넓은 아량으로 그를 받아들여야 한다고 『정관정요』에서는 말하고 있다.

★　太宗問魏徵曰 何謂爲明君暗君 徵曰 君之所以明者 兼聽也 其所以暗者 偏信也
　　(태종문위징왈 하위위명군암군 징왈 군지소이명자 겸청야 기소이암자 편신야)

이처럼 『정관정요』는 리더가 어떻게 행동해야 하는지, 부하들과 어떤 관계를 맺어야 하는지에 대한 지혜를 가득 담고 있다. 짧은 고사가 연속해서 나오니 궁금한 편부터 부담 없이 읽으면 된다.

이 책의 포인트

❶ 『정관정요』는 이상적인 군신 관계를 그리는 제왕학의 교과서다. 리더라면 반드시 읽어야 할 필독서다.

❷ 독립된 단편 고사의 모음집으로, 목차를 보고 읽고 싶은 부분부터 읽으면 된다.

고전 30

송명신언행록
(宋名臣言行錄)

분량 ■■□
난이도 ■□□

사람으로서 어떻게 행동해야 할지 배울 수 있는 책

일본 보험사 라이프넷생명의 창업자 데구치 하루아키도 '비즈니스의 모든
핵심을 담고 있다'라고 추천하는 책.
북송은 중국 역사상 뛰어난 문인을 가장 많이 배출한 시대로 『송명신언행록』
을 통해 그들의 언행을 배울 수 있다.

주희 (朱熹, 1130~1200)
남송(1127~1279)의 인물이자, 주자학을 크게 이룬 인물이다. 논쟁의 적수인 진량
(陳亮)이 역사 속 인물을 '발자취(공적·결과)'로 평가해야 한다고 주장한 것에 비해,
주희는 '마음(내면·동기)'으로 평가해야 한다고 주장했다.

북송 명신들의 언행록

『송명신언행록』이란 정확히 말해 『오조명신언행록五朝名臣言行
錄』, 『삼조명신언행록三朝名臣言行錄』이라고 한다. 이 둘을 묶어 흔히
『송명신언행록』이라고 부른다. 주희가 편찬한 책으로 어떤 하나
의 사상만을 드러내고 있지는 않다.

오조五朝는 북송의 태조·태종·진종·인종·영종의 다섯 황제
를, 삼조三朝는 신종·철종·휘종의 세 황제를 말한다.

216

북송은 많은 명신을 배출한 시대로, 특히 인종의 치세에는 범중엄范仲淹, 한기韓琦, 구양수歐陽脩 등 '경력慶曆 어벤져스'가 한자리에 모여 훗날 '경력의 치세'라고 불리며 이상적인 시대로 회고되었다('경력'은 인종의 연호).

'정관의 치세'가 명군의 시대라면, '경력의 치세'는 명신의 시대다.

명신 범중엄은 젊었을 때부터 확립한 자기를 지니고 있어 부귀나 빈천, 그리고 세상의 평판 등에 전혀 개의치 않았다. 대신 천하와 나라에 대해 깊은 마음을 품고 언제나 '사대부란 천하의 근심은 앞서 걱정하고, 천하의 즐거움은 늦게 즐거워해야 한다'라고 스스로 되뇌었다. 천자를 섬기는 사람을 대할 때도 스스로 믿는 것에만 의거할 뿐 이해관계에 따라 좌우되지 않았다.

가장 먼저 '경력 어벤져스'의 아이언맨 범중엄의 말을 살펴보자.

자신의 손익 따위는 생각하지 않는다.
다른 사람이 뭐라고 말하든 신경 쓰지 않는다.
오직 천하 만민을 생각하고 마음가짐을 가다듬는다.

그가 말한 '천하의 근심은 앞서 걱정하고, 천하의 즐거움은 늦게 즐거워해야 한다'라는 문장은 정치가의 마음을 설파하는 명언으로, 도쿄와 오카야마에 '고라쿠엔後樂園'이라는 이름의 정원이 생겨났을 정도다.

이런 너무나도 훌륭한 언행을 97명분, 총 1,980조를 담고 있다.

주희가 편찬한 것은 3분의 1이지만 그 부분이 인기

사실 『송명신언행록』은, 주희가 대략적으로 편찬한 오조·삼조의 명신언행록에(주희 스스로도 편지에서 '급히 출판한 것은 잘못된 선택이었다'라고 술회하고 있다), 남송 말기에 이유무李幼武가 수고를 더해 전집前集·후집後集·속집續集·별집別集·외집外集, 다섯 분류로 총 75권이 완성되었다. 중국에서 『송명신언행록』이라고 하면 이를 말한다.

이 가운데 전집·후집의 총 24권이 주희의 손으로 만들어진 부분이다. 권수로 따지면 전체의 3분의 1에 불과하다. 그런데 일본에서는 이 전집·후집만을 담은 『송명신언행록』이 많이 출간되었고 사람들에게 많이 읽혔다고 한다. 아마도 주희의 이름 덕분일 것이다.

인생 내공 고전 수업

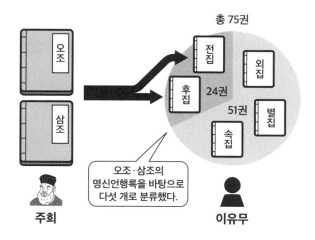

총 75권

오조 · 삼조의
명신언행록을 바탕으로
다섯 개로 분류했다.

주희   이유무

배울 점이 넘쳐나는 명신들의 일화

다음으로 '경력 어벤져스'의 캡틴 아메리카 구양수의 말을 살펴
보자.

수도 개봉開封의 장관으로 취임한 구양수는 간단한 정치를 위
해 노력하고 명성도 추구하지 않았으며 그저 느긋하게 지내고 있
었다.

전임인 포증包拯은 엄격하게 부하를 통제하였는데, 그 명성이
온 도시에 널리 퍼져 있었다. 그래서 포증을 본받아 제대로 통치

하라고 구양수를 질타한 자가 있었다.

이에 구양수는 이렇게 말했다.

무릇 사람의 재주와 성품은 똑같지 않다.
그 장점을 각각 잘 활용해야만 일이 진행되는 것이며,
그 단점을 억지로 끌어내려 한다면 일은 반드시 잘못될 것이다.
나는 내 장점을 사용하고 있을 뿐이다.

포증은 중국 역사상 가장 유명한 명탐정으로, 그야말로 전설이다. 그 후임은 아무래도 그와 비교될 수밖에 없다. 그런 상황에서 위대한 전임자처럼 무리하게 똑같이 일을 하려고 하면 아무리 노력해도 같은 결과를 얻기는 힘들다. 그래서 구양수는 자기가 잘하는 일을 할 뿐이라고 말한다. 위대한 선배의 뒤를 잇는 젊은이들에게 가르쳐주고 싶은 말이다.

무릇 사람의 재능과 성품은 하나가 아니기에 당신은 당신이 잘하는 것을 하라고 말이다.

평판이 좋아질 때까지는
신중에 신중을 더하라

이번에는 '경력 어벤져스'의 헐크 한기의 말을 살펴보자.

덕이 완성된 단계에 이르면 오명을 받아도 더럽혀지지 않게 된다. 훌륭한 인물이라는 확고한 평판이 일단 만들어지면 다소 엉뚱한 행동을 해도 그 평판은 쉽게 뒤집히지 않는다. 그러니 평판이 좋아질 때까지는 신중에 신중을 더해 행실을 바르게 하는 데 힘써야 한다는 말이다.

북송 조정에 정위丁謂와 구준寇準이 있었다.

두 사람 모두 정부의 핵심 인물이다. 그런데 한기는 '무슨 좋은 일이 있으면, 그것은 반드시 구준이 한 행동이라고 할 수 없는데도 모두 구준 덕분이라고 한다. 그러나 무슨 잘못이 있으면, 그것은 반드시 정위의 탓이라고 할 수 없는데도 모든 죄를 그에게 돌린다'라며, 그렇기에 '몸을 가꾸고 성의를 함양하는 마음가짐을 게을리해서는 안 된다'라고 끝을 맺는다.

다시 말해 나쁜 평판이 생겨 버리면 그것이 제멋대로 작용하고 말아 그 생각을 뒤집기란 쉽지 않다. 그러니 나쁜 평판이 생기지 않도록 신중하게 처신해야 한다. 앞의 말과 통하는 점이 있다.

경솔한 발언으로 본인의 평판을 스스로 떨어뜨리는 정치인들이 꼭 읽었으면 좋겠다.

이들 외에도 이 책에 나오는 이들은 모두 명신이며 배울 점이 있다.

필자의 추천은 조보趙普, 여몽정呂蒙正, 왕단王旦, 구준, 포증, 부필富弼, 왕안석王安石, 사마광, 증공曾鞏, 소식蘇軾, 소철蘇轍이다. 이들은 범중엄, 구양수, 한기 외에도 북송을 대표하는 명신이다.

개국공신인 조보는 더 많이 알려졌으면 좋겠고, 120년의 평화를 이룬 구준은 일본 고등학교 세계사 교과서에서도 다루는 인물이다. 필자는 항상 여몽정과 왕단의 큰 그릇을 본받고 싶다.

여몽정은 젊은 나이에 부재상副宰相이라는 높은 자리에 발탁되었다.

조정에 나아가 임금을 아뢰는 조현 때 장막 뒤에서 들릴 정도로 '저런 애송이가 부재상이라니'라고 욕하는 신하가 있었다. 여몽정은 못 들은 척했지만 화가 난 동료가 '지금 폭언을 내뱉은 놈이 누구냐!'라며 이름을 물었다.

그를 저지한 여몽정은 조현이 끝나고 '저는 한 번 이름을 알면 평생 잊지 않습니다. 그러니 모르는 편이 낫겠지요. 게다가 그의 이름을 듣지 않는다고 어떠한 손해를 입는 것도 아닙니다'라며 화를 내던 동료를 달랬다. 모두 그의 도량에 감복했다고 한다.

왕단은 구준을 천거하여 재상으로 삼았지만, 구준은 진종 황제 앞에서 여러 차례 왕단을 비방했다. 한편 왕단은 구준을 칭찬하기만 했다.

어느 날 진종이 '그대는 구준을 칭찬하나 구준은 그대를 욕하기만 한다'라고 알려주니, 왕단은 '이치로서 당연합니다. 제가 재상으로 취임한 지 오래되었기에 분명 실패하는 정치도 많을 것입니다. 구준은 (제가 은인이라고 하여 숨기지 않고) 폐하께 거짓 없이 솔직하게 말하고 있는 것입니다. 이것이 제가 그를 중용하는 이유입니다'라고 대답했다.

진종은 더욱더 왕단을 현인이라고 평가했다고 한다.

구준은 강직한 성격으로 직언을 좋아하여 그가 궁궐에 오르면 모든 신하가 벌벌 떨었다고 한다.

거란이 대군을 이끌고 송나라로 남하하여 전연에 이르렀을 때 하룻밤 사이에 다섯 통이나 되는 급보가 왔는데, 구준은 열어보지도 않고 평소처럼 술을 마시고 담소를 나누고 있었다. 다음날 동료가 진종에게 보고했다. 놀란 진종이 급보를 열게 하니 모두 긴박함을 알리는 내용뿐이었다.

구준은 '폐하는 이 사태를 끝내고 싶으십니까'라고 물었다. 진종이 '이와 같은 국가의 위기를 오래 끌고 싶을 리가 없지 않은가'라고 대답하자, 구준은 '폐하께서 끝내려고 하신다면 닷새도 걸리지 않습니다. 폐하께서는 전방지대에 행차하십시오'라고 알렸다.

진종은 할 말을 잃었다. 동료들은 무서워서 도망치려는 상황이었다. 구준은 그런 동료들에게 '멈춰라! 그대들도 폐하와 함께 전쟁터로 간다'라고 일갈했다.

그리하여 진종은 직접 전쟁에 나가 정벌하였고 '전연의 맹약'이라는 역사적인 화평을 맺는 데 성공했다.

『송명신언행록』에는 이런 말들과 일화가 계속해서 나온다. **사람으로서 어떻게 처신해야 하는지 배울 점이 많다.** 특히 역사를 좋아하는 사람은 더욱 큰 재미를 느낄 수 있을 것이다.

이 책의 포인트

❶ 『송명신언행록』은 송나라의 훌륭한 명신들의 언행록이다.
❷ 사람으로서 어떻게 행동해야 하는지에 관한 지혜를 가득 담은, 비즈니스 리더의 필독서인 고전이다.

인생 내공
고전 수업

네 번째
인생 내공

돌이킬 수 없는 과거를 어떻게 바라볼 것인가?

| 미래를 준비하는 이들을 위한 교양 역사서 10 |

서경(書經)

분량 ■■□
난이도 ■■■

통치 이념을 배울 수 있는 비즈니스 리더의 필독서

한유韓愈가 읽기 어렵다고 평가하고, 주희도 무리하게 알려고 하지 않아도 된다고 말한 책이다. 요·순·우·탕왕·문왕·무왕·주 공단과 같은 고대 황제들의 말을 기록하였다. 공자가 편하고, 매색이 위작했다.

공자 (孔子, 기원전 552?~기원전 479)
공자는 오경에 어떠한 형태로든 관계하고 있는데, 이는 마치 전설과도 같다. 『위고문상서(僞古文尙書)』의 매색(枚賾)은 동진(317~420)의 인물로, 예장 내사였다는 관명 이외에는 불분명하다. 최근 전국 시대『서경』인『청화전국간(淸華戰國簡)』이 발견되었다.

고대 황제들은 어떤 말을 했을까?

『서경』은 '오경' 중 하나다. 오경은 유가가 존숭하는(그 말은 동양의 모든 지식인이 존숭한다는 의미) 다섯 개의 경전이다. 오경 중『주역』,『시경』,『예기』에 관해서는 '두 번째 인생 내공'에서 다루었다. 이번에서는 나머지 두 개인『서경』과『춘추』에 관해 다루려고 한다. 먼저『서경』부터 살펴보자.

『서경』은 놀랍게도 처음엔 간단하게『서書』라고 불렸다. 그리고 머지않아 『상서尚書』라고 불리게 되었고, 한참 뒤인 16세기 무렵 명나라에 이르러서야 『서경』이라는 이름으로 정착했다. 책에 따라 모든 이름이 사용되는데 『상서』와 『서경』은 같은 책이다.

『서경』은 과거의 황제이자 성인인 요·순·우를 비롯해 하·은·주 3대 왕들의 말을 기록하고 있다. 『한서』에 의하면 제왕의 행동 기록을 『춘추』라고 부르고, 제왕의 말 기록을 『상서』라고 불렀다고 한다. 예를 들어, 이런 식이다.

> 임금이 그 임금 노릇을 매우 어렵게 여기고 신하가 그 신하 노릇을 매우 어렵게 여긴다면, 나라의 정사가 잘 다스려질 것이며 백성들은 덕에 힘쓸 것이다.* 〈대우모〉

이는 신하인 우禹가 주군인 순舜임금에게 한 말이다. 훗날 순임금은 제왕의 지위를 자기 아들이 아닌 우에게 물려준다(이를 선양이라고 한다). 그만큼 순임금은 우를 높이 평가했다.

우는 여기에서 주군 순임금에게 임금은 임금의, 신하는 신하의 어려움을 알아야 정치가 잘 흘러간다고 말했다. 이에 순임금은 맞는 말이라며 동의한다.

우리는 일에 익숙해지면 쉽게 생각하는 경향이 생긴다. 대충

★ 后克艱厥后 臣克艱厥臣 政乃乂 黎民敏德 (후극간궐후 신극간궐신 정내예 여민민덕)

대충 넘어가는 것까지는 아니어도, 지금까지 하던 대로만 하면 된다며 타성에 젖어 일하게 된다. 『서경』은 그러면 안 된다고 알려준다. 자신에게 주어진 일을 어렵다고 느끼지 않으면 일을 잘할 수 없다는 것이다.

이런 명언이 넘쳐나는 책이 바로 『서경』이다.

그런데 『서경』의 탄생은 좀 수상하다

『서경』에도 공자의 노력이 더해졌다.

상고 시대의 사관이 남긴 3천여 편의 기록 가운데 공자가 100편을 골라 편찬했다고 한다. 공자가 선택한 이상, 거기에는 공자가 선택할 만한 무언가가 있을 것이다. 유가는 그것을 읽어내고 해석함으로써 천하 통치의 보편적인 법칙을 이해할 수 있다고 생각했다.

그런데 이것은 나중에 덧붙여진 전설에 불과하다.

하지만 『논어』〈술이편〉에는 '선생님(공자)께서 평소 늘 하신 말씀은 『시경』과 『서경』이다'라고 되어 있으며, 『묵자』, 『맹자』, 『순자』 등도 『서경』을 인용한 것을 보면 춘추 전국 시대에는 『서경』이 널리 읽혔던 것 같다.

오늘날에는 『서경』 100편 중 58편이 전해지고 있다.

그런데 문제는 위작이 많이 섞여 있다는 것이다.

진시황은 의학·농학·점술 등 실용서를 제외한 서적을 모두 불태우고 유학자들을 구덩이에 생매장했다. 이것이 바로 악명 높은 '분서갱유'이다.

이때 『서경』도 소각 처분의 대상이 되었다. 하지만 노나라의 복생伏生이라는 유생이 벽을 발라 『서경』을 숨겨서 위기를 넘겼다. 덕분에 전체의 약 3분의 1에 해당하는 29편이 살아남았다. 이것을 『금문상서今文尙書』라고 부른다. 당시의 문자인 금문今文으로 쓰였기 때문이다.

그 후 전한 무제 때 노나라 공왕이 궁궐을 확장하기 위해 공자의 고택을 파괴했는데(아니, 이게 무슨 일인가!) 그때 벽 안에서 『서경』이 나왔다. 이것을 『고문상서古文尙書』라고 부른다. 진나라 이전의 문자인 고문古文으로 쓰였기 때문이다. 『금문상서』보다 16편이 많다고 한다. 이렇게 45편, 전체의 절반 가까이 발견되었다.

그런데 서진 말기 영가의 난(4세기 초)으로 『서경』은 흩어져 일부가 없어지고 말았다(이런!). 하지만 안심해도 좋다. 영가의 난 이후 출신이 불분명한 매색이라는 인물이 어디선가 뜬금없이 『고문상서』 58편을 찾아내어 황제에게 바쳤다. 그중 33편은 『금문상서』와 같은 내용이었고(일부 편을 둘로 나누어 29편이 33편이 되었다), 나머지 25편은 그동안 알려지지 않은 것이었다.

지금 우리가 말하는 『서경』은 매색이 찾은 58편을 가리킨다. 이렇게 하나의 사건이 해결되었어야 했지만, 시간이 흘러 주자를 비롯한 모두가 '어딘가 이상하다'라고 말하기 시작했다. 그리고, 결국 염약거閻若璩라는 대학자가 '25편은 위작'이라고 증명해 버렸다. 이 25편은 불명예스럽게도 『위고문상서僞古文尚書』라고 불린다.
진위가 궁금하다면 『진고문상서眞古文尚書』라고 부르는 『금문상서』 33편을 읽으면 된다.

| 『서경』의 내력 |

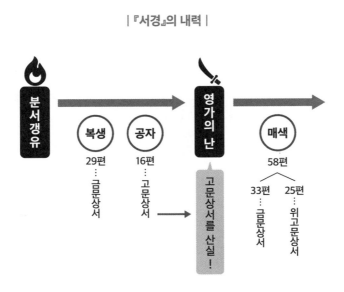

인생 내공 고전 수업

그런데 사실 『위고문상서』도 동진 이후 1500년 이상이나 꾸준히 읽혀 왔으니 충분히 고전의 자격이 있다고 할 수 있다.

예를 들어, 앞서 다룬 〈대우모〉의 구절은 『위고문상서』에 나오는 내용이다. 주자가 중요하게 생각한 '인심은 위태롭기만 하고 도심은 미약하기만 하니 정성을 다하여 하나로 하여야 진실로 그 중심을 잡을 수 있다'*나 일본 연호 '헤이세이平成'의 준거가 된 '지평천성地平天成'도 마찬가지로 〈대우모〉에 나오는 구절이다. 위서라고 해서 가치가 사라지는 것은 아니다.

참고로 일본 연호 '쇼와昭和'의 준거도 『서경』〈요전〉의 '백성이 밝고 똑똑해져 만방을 화평하게 하다'**에서 따왔다.

『서경』의 전체 구성을 확인해보자

『서경』은 모두 네 부문으로 나누어져 있다. 요·순 시대의 기록인 『우서虞書』, 우 및 하 왕조의 기록인 『하서夏書』, 은 왕조의 기록인 『상서商書』, 주 왕조의 기록인 『주서周書』다. 요·순으로 시작해 하나라의 우왕, 은나라의 탕왕, 주나라의 문왕·무왕·주 공단과 같은 성인들의 말을 가득 담고 있다.

★　　人心惟危 道心惟微 惟精惟一 允執厥中 (인심유위 도심유미 유정유일 윤집궐중)
★★　百姓昭明 協和萬邦 (백성소명 협화만방)

이들 바탕에는 공통적으로 군주에게 높은 식견과 도덕성을 요구하는 태도가 깔려 있다. **겸손, 검소, 관용, 배려, 근면, 예의 바름 등 모든 덕을 군주에게 요구한다.** 그리고 폭군의 대명사가 된 하나라의 걸왕이나 은나라의 주왕처럼 군주가 덕을 잃으면 하늘은 덕이 없는 군주를 외면하고, 덕이 있는 다른 군주에게 '천명'을 내린다.

성인의 계보로 이어지는 요·순·우·탕·문·무·단은 모두 하늘의 뜻을 따르는 완전무결한, 덕이 있는 사람들(유덕자, 有德者)이다. 그렇기에 그들은 '천명은 나에게 있다'라는 자신감을 가지고 행동한다.

그런 성인의 말씀을 담은 『서경』은 리더의 필독서라고 할 수 있다. 예를 들어, 우왕은 '형벌을 만드는 까닭은 악한 자를 징계하여 그가 다시 죄를 짓고 형벌을 받는 일이 없도록 하기 위함이다'*(대우모)라고 했으며, '나는 거짓말을 하지 않는다'**(탕서), '나라 백성이 죄를 지었다면 그 잘못은 나에게 있다'***(탕서) 등을 말했다.

『주서』〈태서상〉에서는 '하늘은 백성들이 하고자 하는 바를 반

★   刑期于無刑 (형기우무형)
★★   朕不食言 (짐불식언)
★★★ 萬方有罪 罪在朕躬 (만방유죄 죄재짐궁)

인생 내공 고전 수업

드시 성취하여 준다'*라며, 하늘의 뜻은 곧 백성의 뜻이고 하늘의 뜻에 따르는 것은 곧 백성의 뜻을 따르는 것이라고 말했다. 민주주의를 떠올릴 법한 대목이다.

이 책의 포인트

❶ 『서경』은 성인의 말을 기록한 책. 요·순 등의 말을 즐길 수 있다.
❷ 『서경』의 탄생에는 의심스러운 부분이 많은데, 2006년에 전국 시대의 『서경』이 발견되었다.

★ 民之所欲天必從之 (민지소욕천필종지)

춘추좌씨전
(春秋左氏傳)

분량 ■■■
난이도 ■□□

역사기록 『춘추』에 재미있는 이야기를 붙인 책

『춘추』는 '오경' 중 하나다. 경문은 단순한 역사 기록이지만, 그 배후에 있는 드라마틱한 세부 내용을 명문장으로 밝힌 것이 『춘추좌씨전』이다. 천하를 빼앗으려는 속셈이나 남의 실력을 의심하는 행위를 비유하는 '문정경중問鼎輕重' 등 고금의 독서인을 사로잡아 온 일화가 넘쳐난다.

좌구명(左丘明, 생몰년 미상)
춘추 시대(기원전 722~기원전 403) 노나라의 사관. 성이 '좌'인지 '좌구'인지도 불분명하다. 『논어』에 언급은 있으나, 그 '좌구명'과 동일 인물인지도 명확하지 않다. 『춘추좌씨전』, 『국어』의 저자라고 여겨지지만, 다른 설도 많다.

공자의 손길이 깃든 노나라 연대기 『춘추』에 주석을 달아 생생하게 살리다

『춘추좌씨전』은 '사서오경' 중 하나인 『춘추』의 주석서다.

『춘추좌씨전』은 『좌전』이라고도 부른다. 삼국지의 영웅 관우가 즐겨 읽는 책이었으며, 일본 메이지·다이쇼 시대의 소설가 모리 오가이는 문장력을 키울 수 있는 방법에 관한 질문에 『좌전』을 읽어라'고 한마디로 대답했다.

『좌전』은 '사서오경' 가운데 가장 오락성이 높다. 역사 소설을 좋아하는 사람이라면 분명 마음에 들어 할 것이다. 『춘추』는 '노'라는 나라의 연대기로 사건을 연대순으로 늘어놓고 있다.

원년, 봄, 왕의 정월.
3월에 은공이 주邾나라 의보儀父와 멸蔑에서 맹약하였다.
여름 5월에 정鄭나라 백伯이 언鄢에서 단段을 이겼다.*

이런 느낌이다. 이것이 '경經'인데 아무런 맛도 멋도 없이 무미건조하다. 그런데 이 간결한 기술에는 공자의 손길이 더해져 있다고 한다. 『맹자』에 따르면, 공자는 역신이나 불효자에게 글로 꾸짖기 위해 『춘추』를 만들었다. 노나라 연대기를 바탕으로 '쓸 만한 것은 쓰고 삭제할 만한 것은 삭제'하여(『사기』) 올바른 길을 제시했다고 한다.

문제는 아무리 경문을 읽어도 사실의 나열로밖에 보이지 않는다는 점이다. 하지만 이 간결한 글 속에 공자의 가르침이 있는 이상 그 '미언대의微言大義'를 찾아내야만 한다. 그래서 여러 다양한 주석서가 탄생했다.

★　元年春王正月 三月 公及邾儀父盟于蔑 夏五月 鄭伯克段于鄢
　　(원년춘왕정월 삼월 공급주의보맹우멸 하오월 정백극단우언)

그것이 『공양전公羊傳』, 『곡량전穀梁傳』, 『좌씨전左氏傳』, 이른바 '춘추 3전'이다. 주석의 방식과 내용은 '춘추 3전'이 모두 다르다.

예를 들어, 『공양전』은 은공 원년의 경문에 대해 다음과 같이 질문과 답변 방식으로 주석을 단다.

원년元年이란 무엇인가. 군주의 첫 번째 해라는 의미다.

춘春이란 무엇인가. 해의 시작이라는 의미다.

왕은 누구인가. 주의 문왕이다.

왜 왕을 먼저 말한 뒤 정월을 말하는가. 주왕의 (달력상에서의) 정월이니까 그렇다.

왜 왕의 정월이라고 하는가. 완전히 통일했기 때문이다.

『곡량전』도 마찬가지 형태다.

반면, 『좌씨전』은 짤막짤막한 경문에 대해 그 상세 내용을 기술한다. '선공 2년. 가을 9월 을축일, 진晉나라 조돈趙盾이 그의 군주 이고夷皐를 시해했다'에는 다음과 같은 주석이 붙는다.

진나라 영공(이름은 이고)은 전망대에서 눈 아래의 백성들에게 공을 쏘아 던지기도 하고, 곰 발톱이 덜 익었다고 화를 내며 요리사를 죽이는 폭군이었다. 재상 조돈은 영공의 즉위에 힘쓴 인물

인생 내공 고전 수업

이었지만, 영공은 말이 많다며 그를 죽이려 했다.

영공이 파견한 자객 서예鉏麑는 새벽에 조돈의 침실로 숨어 들어갔으나, 이미 외출 준비를 모두 마친 뒤 궁정에 들어가기 전까지 잠을 자는 조돈의 모습을 보고, '이런 훌륭한 인물을 죽일 수는 없다. 그렇다고 군주의 명을 어길 수도 없다'라고 말하며 회화나무에 머리를 박고 자살하였다.

이후 위기를 벗어난 조돈은 망명을 시도하였으나, 그 사이 조씨 일족의 한 사람이 군사를 일으켜 도원桃園에서 영공을 살해했다. 국경 근처에서 소식을 들은 조돈은 급히 귀환했다.

그러자 진나라 사관 동호董狐는 '조돈이 그의 군주를 시해했다'라고 기록하며 조정에 내세웠다. 조돈은 항의하였으나, 동호는 '재상인 당신은 도망을 치면서도 국경을 넘지 않았고 도성으로 돌아와도 반역자를 주살하지 않습니다. 주군의 죽음에 관한 책임자는 당신이 아니면 누구입니까?'라고 응수했다.

조돈은 '그대로 국경을 넘어설 것을, 그래도 나랏일이 걱정되어 돌아왔더니 결국에는 이런 죄명을 쓰게 되었구나'라며 한탄했다.

이처럼 사건의 자세한 내용이 실려 있다.

'진나라 조돈이 그의 군주 이고를 시해했다'라는 짤막한 기록 뒤에는 영공의 폭거를 비롯해 군주의 명령에 대한 딜레마로 자해

한 자객 서예, 역사 기록의 내용을 통해 재상을 꾸짖은 사관 동호, 그리고 탄식하면서도 이를 받아들인 재상 조돈 등 드라마틱한 일화가 있었던 것이다.

『공양전』, 『곡량전』과 『좌씨전』 가운데 무엇이 더 재미있느냐고 묻는다면 두말할 것 없이 『좌씨전』을 꼽을 것이다.

동호직필董狐直筆의 일화뿐만 아니라 송양지인宋襄之仁, 문정경중, 퇴피삼사退避三舍, 병입고황病入膏肓, 탄위관지嘆爲觀之 등 매력적인 이야기가 넘쳐난다.

세 명의 남편, 두 명의 군주, 한 명의 아들을 죽음으로 내몰아 일국 이경을 멸망에 이르게 한 희대의 요부 하희夏姬의 이야기는 유가 경전에 실어도 되는지 걱정될 정도다.

진陳나라 영공과 그의 신하인 공녕孔寧·의행보儀行父, 세 사람은 모두 하희와 관계를 맺었으며, 그녀의 속옷을 입고 조정에 들어가 서로 장난치고 있었다. 노신인 설야洩冶가 '조정에서는 그런 것을 착용해서는 안 됩니다'라고 영공에게 충고하자, 공녕과 의행보는 그를 죽여 버렸다.

하희에게는 아들이 있었다. 이름은 하징서夏徵舒로 젊은 나이에 대부의 자리에 올랐다. 어느 날 영공과 공녕, 의행보가 하징서의 집에서 술을 먹고 있었다. 술에 취한 영공이 의행보에게 '징서는 너를 닮았구나'라고 말하자, 의행보는 '아닙니다. 주군을 닮았습니다'라고 대답했다. 이를 불쾌하게 여긴 하징서는 돌아가는 길에 마구간에서 영공을 사살했다. 겁에 질린 공녕과 의행보는 초나라로 망명하였다.

너무나 천박한 이야기다. 이후 '3년 동안 울지도 않고, 날지도 않는다'[*]와 '갓끈을 자르는 연회 모임'[**]으로 유명한 뛰어난 군주 초 장왕이 진나라로 쳐들어와 주군을 살해한 하징서를 붙잡아 팔다리를 각각 다른 수레에 매고 수레를 끌어 죄인을 찢어 죽이는 형벌을 내렸다. 그리고 장왕은 하희를 초나라로 데려왔는데, 초나라에서도 역시 그녀에게 사로잡힌 남자들이 끊임없이 인생의 내리막길을 걸었다.

초 장왕과 관련된 일화로는 '문정경중'이 있다.

국내를 다스리며 강국 진나라를 물리치고, 정나라를 복종시키며 날아다니는 새를 떨어뜨릴 기세였던 장왕은 육혼 지방의 융戎을 공격하고, 그대로 군사를 주나라 국경으로 끌고 가 노골적으로 위압을 가했다.

주나라는 천명을 받아 천하를 통치하는 '왕'으로 진晉이나 정鄭,

---

[*]   三年不飛不鳴 (삼년불비불명)
[**] 絶纓之會 (절영지회)

진陳나라와 같은 '제후'와는 격이 다르다. 하지만 장왕에게는 주왕을 공경할 마음이 없었다.

주나라 정왕定王은 초나라 장왕에게 대부 왕손만王孫滿을 사자로 파견하였다. 장왕은 그에게 주나라의 보배 구정九鼎의 무게를 물었다. 주나라를 멸망시키고 구정을 반출하여 그 후계자가 되겠다고 암시한 것이다. 그러자, 왕손만은 딱 잘라 대답했다.

> "정의 무게는 덕에 달려 있습니다. 옛날 하 왕조의 덕이 번창할 무렵, 하왕은 전국 9개 주의 구리를 모아 구정을 주조하였습니다. 덕이 있는 동안 구정은 하나라에 있었지만, 걸왕이 덕을 잃은 뒤 구정은 은나라로 옮겨졌고, 6백 년이 지나 은나라 주왕이 포학을 저지르자 이번에는 주나라로 옮겨졌습니다. 덕이 빛나면 정은 작아도 무겁고(움직일 수는 없지만), 간사함에 빠져들면 크기는 커도 가볍습니다(옮길 수 있습니다). 주나라의 덕이 쇠퇴했다고는 하나 아직 천명은 바뀌지 않은 이상 정의 무게를 물을 수는 없습니다."

압도적인 힘을 과시하며 주나라를 위협하는 초 장왕과, 당당하게 뛰어난 말솜씨로 장왕을 꼼짝 못 하게 하는 왕손만. 왕손만은 주왕을 노골적으로 위협해 오는 무도無道한 장왕에게는 구정이 너무 무거워 움직일 수 없다고 말하고 있다. 이후 장왕은 춘추 5대

인생 내공 고전 수업

전쟁 중 하나인 '필鄴의 전투'에 임한다.

경문은 약 20자에 불과하지만 『좌전』에서는 여러 장(원문 18장)에 걸쳐 전쟁터의 이모저모를 그려내고 있다.

특히 다음과 같은 장면이 『좌전』에서 가장 유명한 구절이다.

초군의 급습을 받은 진晉나라 군대의 총대장 순림보荀林父가 도저히 방법이 없어 퇴각의 북을 울리며 '먼저 강을 건너는 자에게 상을 내리겠다'라고 고하니, 병사들이 배로 쇄도하여 '배 안에 떨어진 손가락을 두 손으로 뜰 수 있을 정도'였다고 한다.

이 짧은 구절에서 먼저 앞서 배에 올라탄 사람이 뒤따라 올라타려고 한 자의 뱃전을 붙잡은 손가락을 차례차례 잘라내는 모습을 떠올릴 수 있다.

이 책의 포인트

❶ 『춘추』의 경문에는 공자의 가르침이 담겨 있다.

❷ 『춘추좌씨전』은 유가의 경전이라고는 믿기 어려울 정도로 심장을 뛰게 하는 짜릿한 이야기들로 넘쳐난다.

❸ 뛰어난 문장들이 많아 명성이 높고, 그중에서도 '배 안에 떨어진 손가락을 두 손으로 뜰 수 있을 정도'는 명구 중의 명구로 여겨진다.

국어 (國語)

『춘추좌씨전』의 자매편으로 나라별로 엮은 역사서

교양 필독서인 역사서 '좌국사한左國史漢' 중에서 하나를 차지하는 『국어』. 주나라 목왕부터 기원전 453년까지의 서주·춘추 시대의 역사서다. 『비국어』의 저자 유종원柳宗元이 '그 문장은 깊이가 있고 탁월하니, 세상 사람들이 열중해 마지않는다'라고 말할 만한 걸작이다.

좌구명 (左丘明, 생몰년 미상)
춘추 시대(기원전 722~기원전 403) 노나라의 사관. 성이 '좌'인지 '좌구'인지도 불분명하다. 『논어』에 언급은 있으나, 그 '좌구명'과 동일 인물인지도 명확하지 않다. 『춘추좌씨전』, 『국어』의 저자라고 여겨지나 다른 설도 많다.

『춘추좌씨전』의 자매편

『국어』의 저자는 좌구명이라고 한다.

좌구명은 『춘추좌씨전』의 저자로도 알려진 인물로 공자가 지은 『춘추』에 구체적인 사실을 보태 『좌전』을 만들었다.

이때 모은 사료 가운데 어느 시대의 이야기인지 알 수 없었던 사료를 나라마다 정리한 것이 『국어』라고 한다. 혹은 『춘추』의 주석으로 『좌전』을 만들었지만, 역사를 다 쓰지 못했기에 『춘추』의

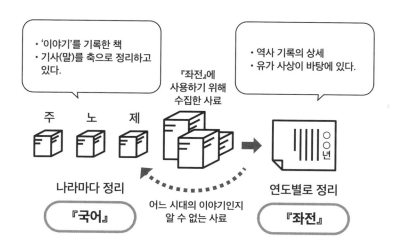

경문에 구애받지 않고 '춘추의 외전' 격으로『국어』를 만들었다는
설도 있다. 요컨대 사실은 알 수 없다.

『국어』란 나라國마다의 이야기語

춘추 시대에는 많은 나라가 있었지만『국어』에서 다루고 있는
나라는 주·노·제·진晉·정·초·오·월의 8개국이다. 주나라부터
정나라가 '중화中華', 초·오·월나라가 '이적夷狄'이 된다. 각각 주어
周語·제어齊語·진어晉語 등으로 부른다.

천명을 받은 천자의 나라인 주,『춘추』에서도 거론된 노, '춘추

오패春秋五覇'라고 불리는 다섯 명의 패자인 제 환공, 진 문공, 초 장왕, 오왕 부차, 월왕 구천을 배출한 제·진·초·오·월, 그리고 정나라.

〈정어鄭語〉는 서주의 멸망과 진秦·진晉·제·초의 엄청난 번영을 예언한다. 〈주어〉 열 장章 분량과 이 〈정어〉가 서주의 쇠퇴와 멸망까지를 이야기하는 부분으로, 나머지는 모두 춘추 시대에 관한 기술이다.

『춘추좌씨전』과는 다른 맛

『좌전』과 『국어』는 자매편이다. 하지만 **『좌전』은 사건의 구체적인 내용을 전하고, 『국어』는 이야기, 누군가가 이야기하는 말(대사)을 중심으로 한다.**

〈진어〉에는 '헌공이 여융 정벌의 길흉을 두고 점을 치니 ······ 여희를 빼앗아 돌아와 총애를 쏟더니 부인으로 삼았다'라는 기술도 있지만, 그 뒤로 바로 사소史蘇의 말이 이어서 나온다.

사史는 사관이자 점술가와 같은 존재로 '여희가 화근이 된다'라고 예언한다. 인물의 대사를 중심으로 전개된다는 점에서는 『서경』과 비슷하다고 할 수 있다.

또한, 편년체인『좌전』에서는 기사가 띄엄띄엄 분산되어 있지만,『국어』는 정리되어 있다. 게다가 제어·진어晉語·오어·월어는 각각 역사 소설에서도 친숙하게 볼 수 있는 '춘추오패'의 제 환공, 진 문공, 오왕 부차, 월왕 구천의 이야기가 정리되어 있어『좌전』보다 쉽게 즐길 수 있을지도 모른다.

『좌전』은 유가의 경전이며 그 기사는 유가 사상에 근거하여 선정되었다. 그러나 자매편인『국어』는 유가답지 않다. 유종원은『비국어』에서 '내용이 황당무계하다'라며『국어』를 비판한다. 확실히 신화나 점술 이야기도 많고, 말하고 있는 사상도 유가와는 거리가 멀다.

예를 들어, 〈월어 하편〉에서는 오나라를 정벌하려고 계획한 월왕 구천에게 범려는 이렇게 말한다.

나라를 다스리는 일은, 나라의 기운이 왕성할 때 이를 잘 지켜야 하고, 나라의 기운이 기울어질 때 이를 되돌려 안정시켜야 하며, 평소의 정사를 처리하는 데에는 절도가 있어야 합니다.*

번영을 유지하려면 하늘을 의지하고, 위기를 안정시키려면 사람을 의지하며, 절제를 유지하려면 땅을 의지해야 하는 법입니다.

천도는 가득 차지도 넘치지도 않으며, 번성해도 자만하지 않

★ 夫國家之事 有持盈 有定傾 有節事 (부국가지사 유지영 유정경 유절사)

고, 힘들어도 그 수고를 자랑하지 않습니다.

또한, '(성인은) 하늘의 때가 오지 않으면 적을 공격하지 않습니다. 그리고 적중의 반란 등 인사가 일어나지 않으면 공격을 시작하지 않습니다'라고 말한 다음, 월왕에게 '가득 차 있지 않은데 넘치고, 성하지 않은데도 교만하며, 고생하지 않는데도 수고를 자랑하고, 하늘의 때도 오지 않고 인사도 일어나지 않았는데 적을 공격하려 하고 있다'라고 지적했다.

이는 '하늘의 뜻을 거스르고 사람의 화합을 잃는 것'이므로 지금 전투를 시작하면 반드시 호되게 당한다고 말하고 있는 것이다.

여기에서 그는 '무릇 용기라는 것은 거슬린 덕이요, 무기라는 것은 흉한 도구다'*라는 말을 사용한다. 『노자도덕경』의 '무기란 상서롭지 못한 기구다'**라는 말을 떠올리게 하지만, 〈월어 하편〉에 유·묵·명·법이라는 여러 사상적 요소는 담겨 있지 않다. 중국 철학 연구자 아사노 유이치는 오히려 『국어』가 『노자도덕경』보다 앞선다고도 말한다(『황노도黃老道의 성립과 전개黃老道の成立と展開』국내 미출간). 더 오래된 사상이라는 의미다.

★　　夫勇者 逆德也 兵者 凶器也 (부용자 역덕야 병자 흉기야)
★★　兵者不祥之器 (병자불상지기)

❶ 『국어』는 『춘추좌씨전』의 자매편. 나라마다 정리되어 있다.

❷ 사람들의 이야기를 주로 편집하고 있으며, 제자백가의 원초적인 사상을 전하고 있는 듯하다.

고전 34 사기 (史記)

분량 ■■■
난이도 ■□□

역사서라기보다 문학으로 높은 평가를 받는 책

'하늘의 도는 옳은 것인가, 그른 것인가?'★ 홍문지회鴻門之會, 사면초가 등의
문장으로 유명한 역사서. 역사서라기보다 문학으로 높은 평가를 받고 있다.
일단 재미있으며 여러 소설가에게 영감을 주었다.

사마천 (司馬遷, 기원전 145?~기원전 86?)
전한(기원전 202~기원후 8)의 인물. 사관이었던 아버지 사마담(司馬談)이 시작한
역사서 편찬을, 아버지의 유언에 따라 사마천이 이어서 완성했다. 자객 열전 등 일부
는 사마담의 작품이라고 한다. 또한 『사기』는 『태사공서(太史公書)』라고도 불렸다.

『사기』는 왜 문학으로 평가될까?

『서경』은 고대 황제들의 말에 대한 기록으로 희곡처럼 '임금이
말하길……. 덧붙여 ……라고 말한다. 우가 말하길 ……'라는 지
시문이 달려 있다.

『춘추』의 경문은 노나라 '편년체'의 역사서로 '원년 봄…….
3월……. 여름 5월……'이라고 시계열 순으로 사건이 전개하고
있으며, 하나하나의 기술은 간소하다.

★ 天道是耶非耶 (천도시야비야)

인생 내공 고전 수업

반면에 『사기』는 '기전체'로 편찬되었다. 편자 사마천은 인물에 초점을 맞추었다. 소설가 나카지마 아쓰시의 명작 『이릉李陵』 속 표현을 빌리자면 그들을 '생기발랄'하게 그렸다. 역사 속 인물이 현실의 인물처럼 살아 움직이는 듯하고, 일본 작가 시오노 나나미의 『로마인 이야기』와 같이 '역사 소설'에 가깝다고 말할 수 있다.

예를 들어, 소설 『이릉』에서 인용한 부분은 〈항우본기項羽本紀〉의 다음 구절이다.

항왕項王(항우)은 한밤중에 일어나 장막에서 술을 마셨다. 항왕은 '우虞'라는 이름의 미인을 항상 곁에 데리고 다녔으며, 추騅라는 이름의 준마를 늘 타고 다녔다. 항왕은 자기도 모르게 감정이 격해져 구슬피 노래를 부르며 스스로 시를 지어 노래하였다.

'힘은 산을 뽑을 만하고 기개는 세상을 덮을 만한데, 시운이 불리하니 천리마 추도 달리지 않는구나. 추마저 달리지 않으니 이를 어찌할 것인가. 우여, 우여, 그대를 어찌하란 말인가.'

항왕이 여러 차례 노래를 부르자 우미인이 이에 화답하였다. 항왕이 몇 줄기 눈물을 흘렸다. 양옆의 시종들 모두 함께 눈물을 흘리며 차마 아무도 그를 올려다볼 수 없었다.

항우의 마지막을 그야말로 '생기발랄'하게 그리는 부분으로, 일본 고등학교의 한문 교과서에서도 볼 수 있는 장면이다.

여기에서 나카지마는 '이렇게 써도 괜찮은 것일까. 이런 열정에 휩쓸린 듯한 서술 방식으로도 괜찮은 것인가'라며 사마천이 스스로 질문을 던지게 한다. 마치 직접 눈으로 보고 온 듯한 묘사는 사마천의 상상 속 산물이다.

이것을 역사라고 말할 수 있냐고 물으면『사기』는 오히려 문학으로 평가된다고 답할 수 있다. 우리는 역사 서술에 엄밀한 객관성을 요구하기 때문에 우리의 감각으로 보면『사기』는 역사가 아닌 것이다.

애초에 사마천은 공자가 옳고 그름을 정하고 천하의 규범으로 삼기 위해『춘추』를 편찬하고 천자나 제후를 모두 가차 없이 비판하며 세상을 바로잡았듯, 자신도 그 자취를 따라 영명한 군주나 훌륭한 제후, 뛰어난 신하의 공적을 후세에 바르게 전하기 위해『사기』를 편찬했다고 서술하고 있다.

왕조 공인 역사서 '정사'의 시작

편자 사마천은 기원전 2세기 중반의 인물이다. 주 왕조의 사관 가문에서 태어난 사마천은 동중서의 가르침을 받으며『춘추공양학』을 공부하고 전한 무제를 섬겼다.

그 후 사마천은 흉노족의 포로가 된 명장군 이릉李陵을 변호하다가 무제의 미움을 받게 되어 궁형(음부를 절제하고 인간을 가축처럼 거세하는 형벌)을 받았다. 이 참기 힘든 치욕이 『사기』의 집필을 뒷받침했다고 한다.

『사기』는 신화 시대의 제왕 황제黃帝부터 사마천과 동시대를 살았던 무제까지의 역사를 다룬다.

『사기』는 〈본기〉, 〈표〉, 〈서〉, 〈세가〉, 〈열전〉의 5개 부문으로 구성되어 있다.

〈본기本紀〉 황제의 업적을 편년체로 서술한 전기(12권)

〈표表〉　　족보 및 연표(10권)

〈서書〉　　의례, 제도, 음악, 천문, 역법, 제사 등 주제를 다룬 역사(8권)

〈세가世家〉 대대로 이어진 명가·제후·왕의 업적을 편년체로 서술한 전기(30권)

〈열전列傳〉 제왕 이외에 특별히 담아야 하는 인물의 전기(70권)

『사기』의 서술 형식은 본기와 열전에서 글자 한 자씩을 따서 '기전체'라고 부른다. 요약하자면 전기의 집적으로 위인전기가 줄지어 있는 느낌이다. 이 방식이 정사正史의 기본이 되었다.

| 정사의 기본 스타일 '기전체' |

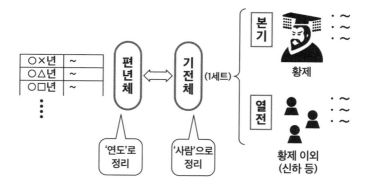

정사란 왕조가 공인한 올바른 역사서로 왕조별로 정리된 왕조의 역사다. 정사는 『사기』를 제외하고 일반적으로 왕조 멸망 이후에 편찬되었다. 당송 이후에는 정부가 편찬 부서를 따로 만들어 국가 프로젝트로 이전 왕조의 역사를 편찬했다.

이때 이전 왕조에 평가를 더하는데 『춘추』, 『사기』의 전통에 따라 선善을 선이라고 하고 악惡을 악이라고 하며, 마치 채점하는 것과 같았다. 사실을 있는 그대로 남기겠다는 생각은 없었다.

하늘의 도는 옳은가, 그른가?

　중국의『사기』,『한서』,『후한서』,『삼국지』를 통틀어 전사사前四史라고 부른다. 중국 역대 왕조의 정사로 여겨지는 '24사' 중에서도 특별한 책들로, 팬도 많고 번역본도 있다. 한 명의 역사가가 자신의 인생을 걸고 자신의 도덕관과 역사관을 바탕으로 일관성 있게 역사 서술에 임했다.

　사마천의 사상은 교과서에 자주 등장하는 〈백이 열전伯夷列傳〉에서도 잘 드러난다.

　백이와 숙제는 고죽군의 두 아들이다. 고죽군은 숙제(셋째 아들)를 다음 군주로 세우려 하다가 세상을 떠났는데, 숙제는 백이(첫째 아들)에게 왕위를 양보했다. 하지만 백이는 아버지의 명령이라며 나라를 떠났으며, 숙제도 (형을 제쳐두고) 왕위에 오를 수 없다며 나라를 떠났다.

　두 사람은 서백창(훗날 주나라의 문왕)의 집에서 기거하려고 했으나, 서백창이 죽자 그의 아들(훗날 주나라의 무왕)은 곧바로 은나라 주왕을 토벌하는 군사를 꾸렸다.

　백이와 숙제는 '아버지가 돌아가시고 바로 전쟁을 일으키는 것을 효라고 할 수 있습니까? 신하된 자가 자신의 주군을 살해하려는 것을 인이라고 할 수 있습니까?'라며 무왕에게 충고했다.

그러나 이를 듣지 않은 무왕은 은나라를 멸망시켰고, 세상은 주나라 천하가 되었다. 두 사람은 더러운 주나라의 조(곡물) 등을 먹을 수 없다며 수양산에 들어가 고사리로 허기를 달래다가 굶어 죽었다.

공자는 『논어』〈술이편〉에서 '백이와 숙제는 인仁을 구하다가 인仁을 얻었으니 무엇을 후회하리오'*라고 서술하고 있다.

그런데 사마천은 이에 '정말로 원망하지 않을 수 있을까?' 하고 의심을 품는다. 『노자도덕경』은 '하늘의 도에 편애는 없고 항상 선한 사람의 편이다'라고 말한다.

그렇다면 백이와 숙제가 아사한 이유는 무엇인가. 그들은 선한 사람이 아니었는가. 제멋대로 구는데도 재산이 풍족하고 자손도 번영하는 인간이 있는가 하면, 신중하게 행동하고 항상 대도(大道)를 걷는데도 재앙이 닥치는 사례는 셀 수가 없다.

필자는 너무나도 당황스럽다.

하늘의 도는 과연 옳은 것인가 그른 것인가.

이는 분명 사마천 자신의 처지를 빗댄 이야기일 것이다. 이릉

★ 求仁而得仁 又何怨 (구인이득인 우하원)

을 변호한 자신은 옳았다. 그런데도 무제는 자신에게 궁형을 내려 남자 구실을 할 수 없게 만들었다. 왜 이런 일을 당해야 하는가.

사마천은 불합리한 하늘의 도를 누구보다 뼈저리게 맛보았다. 그리고 그런 불우한 사람들을 후세에 전하기 위해 역사서를 편찬하였다. 백이·숙제뿐만 아니라 오자서伍子胥, 오기, 상앙, 예양豫讓, 섭정聶政, 형가荊軻, 이릉, 그리고 사마천 본인까지……. 불우한 최후를 맞은 인물이 많이 거론되는 이유는 그 때문이다.

이 책의 포인트

❶ 정사의 시작이라고 할 수 있는 『사기』는 기전체라는 서술 형식을 탄생시켰다.
❷ 불합리한 하늘의 도에 농락당한 사람들을 '생기발랄한' 문체로 서술한 역사책이다.

한서 (漢書)

分量 ■■■
난이도 ■□□

『사기』와 어깨를 나란히 하는 역사서로 정사의 대표

간결하고 명쾌한 문장은 후세의 모범으로 여겨졌을 정도다. 『좌전』, 『국어』와 함께 '좌국사한'이라고도 부른다. 일본에서도 헤이안 시대 이후 한학漢學의 교과서로 오랜 기간 읽혔다.

반고 (班固, 32~92)
후한(25~220)의 인물. 아버지 반표(班彪)가 시작한 『사기』 속편의 편찬을, 아버지가 돌아가시자 반고가 그 뜻을 이어 나갔지만 완성 직전에 옥사했다. 저서에는 『한서』 외에도, 오경 해석의 같고 다름을 논의한 백호관 회의의 결과를 기록한 『백호통의』 등이 있다.

『사기』에 이어 나온 역사서

정사는 왕조의 역사다. 예를 들어 『수서隋書』는 수 왕조(518~618) 일대의 역사, 『당서唐書』는 당 왕조(618~907) 일대의 역사를 담고 있다.

황제의 전기인 〈본기〉는 왕조 창시자로 시작해 망국의 군주로 끝난다. 사서의 편찬은 이전 왕조의 선악을 밝히는 것이 목적이다. 따라서 창시자는 당연히 굉장히 스펙이 높고 의식이 깨어 있는 유형의 리더이고, 마지막 군주는 나라를 망하게 할 만한 포악

인생 내공 고전 수업

한 군주나 제위에서 쫓겨나는 것이 어울리는 어리석은 군주다.

그런데 정사의 첫머리에 나오는 『사기』는 신화 속 제왕 황제黃帝로 시작해 사마천과 같은 시대인 전한 무제로 끝난다. 당시 사마천은 모든 시대의 역사를 편찬하려고 했으니 당연하다면 당연하다.

왕망의 손에 전한이 멸망하고 광무제光武帝에 의해 후한이 열리자 그의 문신 반표는 『사기』를 잇는 역사서가 없다며 『후전後傳』 65편을 만들었다.

이때 그는 사마천에 관해 ①도가를 중요시하여 유가를 가볍게 여겼고, ②화식貨殖(재물을 늘림)을 중요시하고 인의를 가볍게 여겼으며, ③임협(불량배)을 중요시하고 절개와 지조를 가볍게 여겼다고 비판하며, '이것이야말로 『사기』의 큰 폐해이며 도리를 해치고 있다'(『후한서』 반표전)라고 서술하고 있다.

다만 그가 비판한 것은 사마천의 사상과 가치관이며 그의 진실하고 강건한 문장은 높이 평가하고 있다.

그런 반표의 아들이 반고다. 반고의 동생은 '호랑이 굴에 들어가지 않고서는 호랑이 새끼를 잡을 수 없다'라는 문장으로 유명한 서역도호(한나라 시기의 으뜸 벼슬)의 반초班超이며, 여동생은 훌륭한 유학자 마융馬融의 제자로 알려진 반소班昭다.

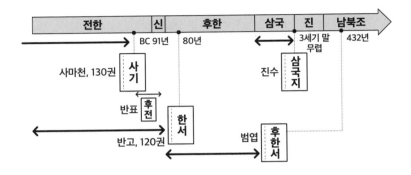

| 전사사가 완성된 해와 편찬 범위 |

반고는 아버지가 세상을 떠날 때 남긴 뜻을 이어받아『한서』총 120권을 편찬했다. 그도『한서』〈사마천전〉에서『사기』를 비판하는데, 그 내용은 아버지와 거의 비슷하다. 전한 무제가 유학을 관학으로 삼은 이래로 조금씩 유학이 침투하여 후한에 들어서면서 유가 국가가 완성되어 가고 있었다.

그들은『사기』가 유가 사상과는 아주 상반되는 부분을 다룬다고 비판했다. 이렇게 반고는『사기』를 계속 수정해 나가며 전한의 역사를 편찬하였는데, 완성에 거의 가까워졌을 무렵 옥에서 사망하고 말았다. 결국 여동생 반소와 반고의 제자 마속馬續(마용의 형)이『한서』를 마무리하였다.

전한을 찬양하는 『한서』

『사기』와 『한서』는 '오경'에 버금가는 자리를 꿰차며 정치의 득실과 선악을 공부하는 책으로서 널리 읽혔다.

그렇다면 둘의 차이점은 무엇일까?

중국사학자 와타나베 요시히로渡邊義浩는 **『사기』는 『춘추』를 계승하는 것이며, 『한서』는 『서경』을 계승하는 것**이라고 말했다(『중국 정사의 형성과 유교中国における正史の形成と儒教』와세다대학출판부, 국내 미출간).

『춘추』는 공자가 노나라의 역사를 통해 선악의 기준을 밝히고 혼란스러운 세상을 바로잡기 위해 쓴 책이다. 『사기』 역시 사마천이 『춘추』에 이어 역사를 통해 선악의 기준을 밝히고 당세를 비판하기 위한 책이었다.

문제는 그 당시가 전한의 치세였다는 점이다.

반고가 섬기는 후한은 전한을 계승하는 왕조다. 그러니 전한은 이상적인 세상이어야만 한다. 그렇지 않으면 후한의 정통성은 어디에서 찾는단 말인가. 그러니 전한의 세상을 비판하는 『사기』의 역사관이 인정될 수는 없는 것이다.

『서경』은 요·순 등 고대의 황제를 찬양하고 현세의 본보기로 삼기 위해 만들어졌다. 『한서』도 비슷하게 유교 국가로서의 전한을 이상적인 세상으로 찬양하기 위해 쓰였다. 전한 무제가 동중서의 계획을 받아들여 유교를 국교화했다고 서술하는 것도 유교 국가인 후한의 뿌리가 전한에 있다는 그림으로 만들고 싶었기 때문이다(이는 반고의 날조이며 사실이 아닌 것으로 여겨진다).

전한을 유교의 이상이 실현되었던 시대로 그린 『한서』는 중국에서 『사기』보다 더 많이 읽혔다고 한다.

『한서』는 『사기』와 달리 〈세가世家〉가 모두 빠지고 〈서書〉라는 이름이 〈지志〉로 바뀌어 〈본기〉, 〈표〉, 〈지〉, 〈열전〉 네 부분으로 구성되어 있다. 또한 전한의 창시자 유방부터 전한을 멸망시킨 왕망까지를 다루며 왕조의 역사라는 콘셉트를 정사로 들여왔다. 그런 점에서 정사의 형식을 결정지은 책이라고 할 수 있다.

이 책의 포인트

❶ 『한서』는 유교적 가치관을 바탕으로 전한을 찬양하기 위해 쓴 역사책이다.

❷ 무제 시기까지는 『사기』와 내용이 유사하니, 『한서』와 비교해보는 것도 하나의 재미다.

❸ 『사기』에는 없는 병길(丙吉), 주운(朱雲), 주매신(朱買臣), 황패(黃霸) 등의 열전을 읽는 것도 하나의 재미다.

후한서 (後漢書)

분량 ■■■
난이도 ■□□

매력적인 인물들의 이야기를 담은 역사서

중화 제일의 명군 광무제로 시작하는 『후한서』 서역과 교류한 반초, 로마를 목표로 유라시아를 횡단한 감영甘英, 훈고학의 마융·정현鄭玄·허신許愼, 합리 사상의 장형·왕충王充·환담桓譚 등 『후한서』에는 매력적인 인물들이 넘쳐난다. 그들의 기록을 한 번에 읽을 수 있다.

범엽(范曄, 398~445)
남조 송(420~479)의 인물. 비파 연주에 능했다. 좌천을 당하여 여유가 있었기에 『후한서』를 편찬했다. 먼저 나온 각종 '후한서'를 수집하고, 그에 논찬을 붙이며 무료함을 달랬다. 그것이 훗날 당 황태자의 눈에 들어 정사가 되었다.

『후한서』가 만들어진 것은 『삼국지』이후

정사 '24사' 가운데 『사기』, 『한서』, 『후한서』, 『삼국지』 등 이른바 전사사前四史는 특별한 지위를 차지하고 있다.

사실 편찬된 순서는 『사기』(전한) → 『한서』(후한) → 『삼국지』(진) → 『후한서』로, 범엽이 『후한서』를 편찬한 것은 남북조 시대 (420~589)의 송(420~479, 창시자인 유유劉裕의 이름을 따서 유송劉宋이라고 부른다)이 된 이후다.

후한이 멸망하고 약 2백 년의 시간이 흘렀을 때다. 사실 당시에는 이미 『동관한기東觀漢記』라는 후한의 역사서가 있었기에 새로운 역사서를 편찬할 필요가 없었다.

그런데 『사기』, 『한서』, 『삼국지』는 각각 사마천·반고·진수의 역사관을 바탕으로 일관성 있게 역사를 서술하고 있다. 반면에 『동관한기』는 반고·유진劉珍·채옹蔡邕 등 여러 사람이 남긴 동시대 사료의 모음집이며, 서술에 일관성이나 사상성도 없고 시대의 추세를 고려한 어중간한 내용이었다(당시 권력자의 눈치를 보며 솔직하고 가식 없이 말하지 않았다는 의미다).

그래서 후한의 멸망을 계기로 많은 역사가가 사마천과 반고를 따라 일관된 역사관을 바탕으로 후한의 역사서 편찬에 힘썼다. 그 종류는 13가지나 된다.

그중에는 진나라의 왕족 사마표司馬彪의 『속한서續漢書』나 『세설신어』를 편찬했다고도 알려진 유송의 왕족 유의경劉義慶의 『후한서』도 있다. 범엽의 『후한서』도 그중 하나다.

범엽은 『동관한기』나 앞서 나온 '후한서'를 바탕으로 〈본기〉와 〈열전〉을 편찬하였다. 〈지〉도 계획에 있었지만 완성을 기다리지 못하고 옥사했다. 현재 전해지고 있는 『후한서』의 〈지〉는 사마표의 『속한서』의 〈지〉를 보충하고 더한 것이다.

사마천과 반고는 본기·열전 뒤에 자신의 논찬(편자가 본기·열전을 총괄하여 논평·찬양하는 말)을 덧붙였다. 범엽 역시 두 사람을 본떠 '논 가로되……', '찬 가로되……'라고 논찬을 보탰다.

공자는 자신의 이름이 후세에 빛나는 이유는 『춘추』 때문일 것이라고 말했는데, 범엽도 마찬가지로 논찬을 덧붙임으로써 후세에 이름을 남겼다.

당나라(618~907) 시대에 들어와 고종과 측천무후則天武后의 아들이자 황태자인 이현(李賢)이 범엽의 『후한서』를 마음에 들어 하여 주석을 달았다. 그 결과 다른 후한서를 제쳐두고 정사 중 하나가 되었다.

광무제와 천하평정을 도운 매혹적인 명장들

『후한서』에는 삼국지 영웅들의 열전도 있다. 하지만 지금 여기에서는 『후한서』에서만 다루고 있는 고사를 살펴보려고 한다.

'죽을 고비에서 살길을 찾는다'*라고 말한 공손술公孫述, '호랑이 굴에 들어가지 않고서는 호랑이 새끼를 잡을 수 없다'**라고 말

★　死中求活 (사중구활)
★★　不入虎穴 不得虎子 (불입호혈 부득호자)

한 반초, '대들보 위의 군자'*라는 진식陳寔, '어려울 때 고락을 함께한 아내는 집에서 내쫓아선 안 된다'**라고 말한 송홍宋弘, '하늘이 알고 땅이 알며, 내가 알고 그대가 안다'***라는 양진楊震, '항아리 속 하늘'****을 말한 비장방費長房 등이 있다.

무엇보다 광무제 유수劉秀에 주목할 만하다. 후한 왕조의 창시자인 광무제는 영적인 측면(참위설. 점술과 유사한 부류)에 약간 치우쳤다는 점이 살짝 옥에 티지만, 중국 역사상 최고라고 칭해지는 명군이다.

그의 무용과 기량, 유능함, 근면함, 겸허함은 견줄 사람이 없다. 또한 그의 부하도 등우鄧禹, 오한吳漢을 비롯해 '운대 28장'이라고 칭송받는 명장들이 매우 많다.

천하를 통일한 후 공신을 제후로 봉했던 광무제는 그들에게 훈시했다.

사람의 마음은 충족하면 제멋대로 되고 순간의 욕망을 즐기려 하며, 벌을 절제하는 도리를 잊는다. 생각건대 여러 장수의 공적은 위대하다. 이

★　　　梁上君子 (양상군자)
★★　　糟糠之妻不下堂 (조강지처불하당)
★★★　天知地知 我知汝知 (천지지지 아지여지)
★★★★ 壺中之天 (호중지천)

를 제대로 자자손손에게 전하기 위해서는 심연을 들여다볼 때나 살얼음판을 걸을 때처럼 전전긍긍하며 하루하루 몸을 조심하며 살아야 한다.〈광무제기〉

다른 사람의 위에 있어도 교만하지 않으면 (지위가) 높아도 위태롭지 않다. 절제하고 법도를 지킨다면 재물이 가득 차도 넘치지 않는다. 몸가짐을 삼가고 교만을 경계하라.〈광무제기〉

위대한 공적을 이루었으니 조금은 들떠 있어도 좋으련만『서경』,『시경』,『효경』을 끌어들여 곧바로 공신을 긴장시킨 광무제는 역시 대단한 인물이다.

그는 '사람은 하고자 하는 뜻만 있으면 무슨 일이든 이룰 수 있다'[*], '바람이 세게 불어야, 강한 풀을 알 수 있다'[**], '하나를 이루면 만족하지 못하고 더 욕심이 난다'[***] 등의 명언 제조기다.

또한, 후세에 조조, 제갈량, 이세민, 악비, 강희제, 마오쩌둥 등 유명한 황제나 영웅이 모두 찬양하고 동경할 정도로 '영웅이 동경하는 영웅'이다.

필자 개인적으로는 '너무 유능하여 (위기를 사전에 피해 버리니) 아

[*]　　有志者事竟成 (유지자사경성)
[**]　　疾風勁草 (질풍경초)
[***]　　得隴望蜀 (득롱망촉)

무엇도 하지 않는 것처럼 보인다'라는 제갈량의 평을 좋아한다.

필자는 광무제의 명장 가운데 마원馬援을 좋아한다. 그는 '늙어서 더욱 왕성하다'라는 명언을 남기고 실제로 환갑의 나이에도 출정을 바라며, 광무제에게 '확삭하도다, 이 노인은'*이라는 말을 들었다.

운대 28장에 들어가지는 못했지만. 아무튼 이렇게 건국기를 장식하는 명장들은 한 명 한 명이 모두 매력적이어서 삼국지의 영웅·명장에 뒤지지 않는다. 그들의 활약을 즐길 수 있는 것이 바로 『후한서』의 매력이다.

이 책의 포인트

❶ 『후한서』는 『삼국지』보다 늦게 만들어졌다.
❷ 수많은 '후한서' 가운데 가장 높은 평가를 받으며 살아남은 것이 범엽의 『후한서』다.
❸ 삼국지의 영웅도 좋지만, 광무제와 그 명장들의 활약을 즐겨보는 것도 추천한다.

★ 矍鑠哉是翁也 (확삭재시옹야)

고전 37

삼국지 (三國志)

분량	■■■
난이도	■□□

삼국 시대의 흥미진진한 영웅담이 가득한 책

중국사 가운데 가장 사랑받는 시대가 바로 삼국 시대다. 위·촉·오라는 삼국이 정립되고, 세 명의 황제가 양립하여 천하통일은 이루어지지 않았다. 단 45년에 지나지 않지만, 소설의 소재가 되어 널리 사랑받게 되었다.

진수(陳壽, 233~297)
삼국 시대(220~280)의 인물. 촉나라 출신. 초주(譙周)를 스승으로 섬겼다. 그의 촉학(蜀學)은 참위(讖緯)의 유학이며, 유비(劉備)·유선(劉禪)의 이름에 대해 '비는 구(具, 완결), 선은 수(授, 수양)다. 유 씨는 완결하여 제위를 사양할 것이다'라며 촉의 멸망을 예언했다.

『삼국지연의』와는 다른 책

많은 사람이 '삼국지'를 좋아한다.

제갈량을 필두로 그의 주군 유비, 신이 된 의로운 장수 관우, 용맹스러운 장수 장비, 충성스럽고 용맹 무쌍한 조운.

반反영웅 조조에 제갈량의 호적수 주유와 사마의.

역사를 다채롭게 물들이는 용맹스러운 장수와 지혜로운 장수, 그리고 그들을 거느리는 리더들.

매력적인 인물들과 마음을 울리는 수많은 에피소드.

삼국지를 바탕으로 하는 창작물도 매우 많다. 영화, 드라마, 애니메이션, 소설, 그리고 만화까지. 만화『파티피플 공명』이나『공명의 아내』등도 명작이다. 하지만 그것은『삼국지연의』의 이야기다.

『삼국지』는 위·촉·오의 삼국이 정립한 '삼국 시대'의 정사다. 반면『삼국지연의』는 이 삼국 시대를 모티브로 한 역사 소설이다.

촉나라 유비를 주인공으로 관우·장비·조운·제갈량 등 슈퍼히어로의 활약을 그리고 있다. 위나라의 조조는 슈퍼마리오의 쿠퍼, 만화『북두의 권』의 라오,『죠죠의 기묘한 모험』의 디오 브란도와 같은 존재다.

같은 에피소드라도『삼국지』와『삼국지연의』가 그를 그리는 방법이 다르다. 삼국지에서 가장 유명한 적벽대전 장면을 예로 들어보자.

208년, 유비·손권 연합군이 형주荊州로 남하한 조조의 대군과 적벽에서 맞서 싸우며, 적은 병력임에도 불구하고 겹겹이 둘러싼 지혜로운 계략 끝에 불로 적을 저격해 격퇴하는 통쾌한 일화다.

『삼국지연의』에서는 제갈량이 손권에게 출병을 결단하게 하는 제43회부터 관우가 조조를 놓치고 숙명의 적(끝판왕)을 물리칠 절호의 기회를 날리는 제50회까지, 8회를 할애하여 극적으로 그리고 있다.

반면 『삼국지』에서는 이렇게 표현한다.

공(조조)은 적벽에 이르러 유비와 싸웠으나 패하였다. 그때 역병이 크게 유행하여 관리와 사병 다수가 죽었다. 그래서 군대를 이끌고 귀환했다. 〈위서·무제기〉

선주(유비)는 제갈량을 파견해, 손권과 손을 잡았다. 손권은 주유·정보 등 수만 명의 수군을 보내고, 선주와 힘을 합쳐 조공과 적벽에서 싸워 적을 크게 무찌르고 그 군선을 불태웠다. …… 유행병이 번져 북군(조조 군)에 다수의 사망자가 나왔기에 조공은 군대를 돌려 되돌아갔다. 〈촉 서·선주전〉

정말 담백하게 서술하고 있다. 역사서니까 당연하다.

'정통'한 황제는 누구인가?

후한이 쇠퇴하면서 많은 영웅이 여기저기에서 등장하고, 머지 않아 위(화북)에 조조, 오(강남)에 손권, 촉(사천)에 유비가 자립하며 세상은 셋으로 나누어진 형세가 갖추어졌다.

그 가운데 후한으로부터 정식으로 선양禪讓을 물려받아 왕조를 연 것은 위나라다. 그런데 촉나라의 유비도, 오나라의 손권도 이를 인정하지 않고 각각 황제로 즉위하여 '자신이야말로 한나라를 잇는 진정한 왕조'라고 주장하였다.

그리하여 천하에 세 명이나 되는 황제가 세워진 이상한 사태가 발생했다. '하늘에는 두 개의 태양이 있을 수 없다.' 천명을 받은 황제는 단 한 사람이어야 한다. 세 명 가운데 한 사람은 정통한 황제지만 두 사람은 가짜 황제다.

그렇다면 『삼국지』의 저자 진수는 위·촉·오 가운데 어디를 정통한 황제로 보았을까?

정답은 위나라다. 진수는 촉나라 출신으로 처음에는 촉나라를 섬겼으나 『삼국지』를 편찬하는 시점에는 진晉나라의 신하가 되어

| 『삼국지』의 주인공 |

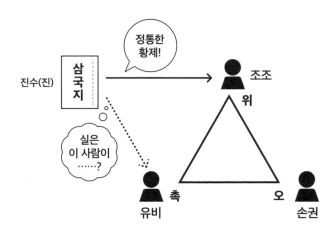

있었다.

진나라는 위나라로부터 정식으로 선양을 받아 열린 왕조다. 만일 위나라가 정통이 아니라면 그를 잇는 진나라도 정통이 아니게 된다. 그래서 그는 입장상 위나라를 정통으로 삼아야만 했다. 그래서 정사 『삼국지』에서는 조조가 빌런이기는커녕 무려 주인공이다.

진수는 위나라의 조조와 조비에게 황제의 기록 〈본기〉를 세워 무제기, 문제기로 하는 한편, 유비와 손권에게는 신하의 기록인 〈열전〉을 세워 선주전, 오주전이라고 했다.

또한, 그들의 죽음을 표현할 때도 조조에게는 붕崩, 유비에게는 조殂, 손권에게는 훙薨이라는 글자를 사용했다. '붕'은 황제의 죽음에, '훙'은 제후의 죽음에 사용하는 글자다. 진수는 이렇게 글자를 다르게 사용함으로써 일관성 있게 위나라를 정통한 황제로 취급했다.

그런데 진수의 생각은 두 가지 예언이 옳다는 것을 증명하는데에 있었다고 한다(『삼국지가 좋아!三国志が好き!』와타나베 요시히로, 이와나미쇼텐, 국내 미출간).

하나는 '익주에 천자가 있다'라는 유비가 황제가 된다는 예언이며, 또 하나는 '한나라를 대신할 자는 당도고當塗高다'라는 위나라가 한나라를 멸망시킨다는 예언이다.

진수는 형식상으로는 위나라를 정통으로 삼으면서도 촉나라의 유비가 후한을 이어 한나라의 황제가 되며, 그 한나라를 위나라가 멸망시켰다는 역사를 은밀하게 그렸다. 유비의 죽음에 '조'라는 글자를 쓴 것도 실은 이 글자가 성인聖人의 죽음에 사용되는 글자이기 때문이다. 유비는 요堯를 잇는 자, 즉 정통한 황제임을 은연중에 밝히고 있다는 것이다.

수많은 일화를 보탠 배송지의 주석

『삼국지』는 위서, 촉서, 오서로 구성된다. 정통한 위서만 〈본기〉와 〈열전〉을 모두 갖추고 있으며, 촉서나 오서는 〈열전〉뿐이고 〈지〉와 〈표〉는 없다.

『삼국지』의 기술은 간소하다.

관우가 왼팔의 절개 수술을 받고서도(물론 마취 없이) 연회에 참석해 다른 손으로 술을 마시고 고기를 먹었다는 남성스러움을 과시하는 일화도 포함되어 있다. 〈촉서·관장마황조전〉

그래도 꽤 많이 생략하고 있긴 하다. 진수는 삼국 시대에 태어난 사람이고 『삼국지』는 그에게 거의 동시대의 역사였기에 눈치

인생 내공 고전 수업

를 볼 수밖에 없어 남기지 못하는 기록도 허다했던 것이다.

그래서 남조 송(420~479)의 문제가 배송지裴松之에게 명하여『삼국지』에 주석을 달게 하였다.

배송지는 210종의 자료를 섭렵하여, 다양한 일화를 보충했다. 통상적으로 주석은 양梁이라는 글자에 '지금의 변주汴州다'(『사기정의』)라고 달거나, 태조太祖에 '옛 사례에서 조祖는 건국의 위업을 이룬 자를 말하며, 종宗은 은덕을 베푼 자를 말한다'(『후한서』 이현의 주석)라고 달았다.

그런데 배송지는 다른 자료에서 많은 일화나 신기한 이야기를 인용했다.

예를 들어, 관우가 유비에게 처음부터 끝까지 붙어 있는 일화에 대해 말한다. 배송지는『촉기』를 인용해 조조가 유비와 함께 여포를 포위했을 때 관우가 '(승리하면 여포의 부하인) 진의록의 아내를 달라'고 조조에게 청했고, 조조는 일단 그것을 허락했으나 결국에는 자신이 그 여자를 가로채 관우가 매우 불쾌해했다는 일화를 덧붙였다. 유부녀를 빼앗으려는 관우도 관우지만 그 유부녀를 가로채는 상사 조조도 참 이상하다.

아무튼 진수가 채록하지 않은 구체적인 내용부터 진위가 의심스러운 내용까지, 배송지는 수많은 일화를 보충하여 후세에 남겨주었다. 이는 정사 『삼국지』를 더욱더 매력적으로 만들고 있다.

삼국 시대에는 통일된 왕조 없이 후한 말의 혼란스러운 시기부터 줄곧 싸움이 계속되었다. 일본의 전국 시대와 비슷한 시기이며 수많은 훌륭한 장수와 지혜로운 장수의 활약이 역사 이야기의 형태로 후세에 전해져 머지않아 『삼국지연의』라는 결실로 이어졌다.

그러는 동안 진수의 속임수가 효력을 발휘했다. 모두들 정통한 황제는 오히려 유비가 아니냐고 말하기 시작하였으며, 조조는 완전히 빌런이 되어버린 것이다.

이 책의 포인트

❶ 정사 『삼국지』와 소설 『삼국지연의』는 다른 책이다.

❷ 중국 사학에 정통이라는 개념을 도입하였다. 여러 왕조가 병립할 때마다 정통에 대한 문제가 제기되었다.

❸ 배송지의 주석에는 『삼국지연의』에도 없는 구체적인 일화가 담겨 있다. 삼국지 팬이라면 꼭 읽어보는 것이 좋다.

자치통감 (資治通鑑)

고전
38

분량 ■■■
난이도 ■□□

정사를 요약한 획기적인 역사서로 군신이 읽어야 할 책

책 제목은 '다스림治에 도움資이 되고 역대를 통해通 거울鑑이 되는 책'을 의미한다. 정사는 정치의 득과 실을 밝히는 것이지만, 『자치통감』은 정치의 교과서로서 군신이 읽어야 할 통사로 편찬되었다. 뜻이 잘 전해지는 문체와 기술의 정확성이 높이 평가받는 명작이다.

사마광 (司馬光, 1019~1086)
북송(960~1127)의 인물. 늦은 나이에 꽃을 피운 관료. 40세가 넘어 두각을 드러냈으나, 왕안석(王安石)의 '신법'에 반대하여 실각했다. 낙양(洛陽)에 은둔하며 『자치통감』을 편찬했다. 66세에 재상으로 복귀했지만, 그해에 사망했다.

편년사의 흐름을 만든 획기적인 역사서

북송 시대(960~1127)에 들어와 역사의 명작이 탄생했다.

그중 하나가 정사에 이름을 올린 구양수歐陽脩의 『신오대사新五代史』다. 정사의 이름이 ○서書에서 『송사宋史』, 『원사元史』, 『명사明史』가 될 정도로 영향을 끼쳤다.

당나라 이후 정사는 황제의 칙명을 받아 편찬 부서를 설치하여 여러 사람이 힘을 합쳐 편찬했는데, 구양수는 개인 작품으로 『신오대사』를 썼다. 『사기』, 『한서』의 전통으로 회귀했다고도 말할 수 있으며 자신의 역사관을 바탕으로 일관성 있게 역사를 서술했다.

이 단계에는 19종의 정사가 존재했다. 『구당서』, 『신당서』와 『구오대사』, 『신오대사』를 각각 하나의 서적으로 간주해 17사라고 총칭한다.

그리고 또 하나의 역사 명작이 바로 사마광의 『자치통감』이다.

역사는 지식인에게 피할 수 없는 교양이다. 하지만 1,600권이 넘는 17사를 모두 읽는 것은 불가능하다. 널리 사본이 만들어진 『사기』, 『한서』는 둘째치고 존재 자체가 희귀한 그 외의 다른 정사를 읽기란 쉽지 않다.

게다가 기전체는, 『삼국지』에 나오는 왼팔 절개 수술을 받으면서 다른 손으로 술을 마셨다는 관우의 일화처럼 불필요한 이야기를 담고 있는 경우가 많다. 이런 이야기가 과연 필요할까 싶다.

그보다 애초에 정통한 역사 서술은 『춘추』의 편년체였다. 기전체에다가 짧게 구분한 한 왕조만의 역사를 '정사'로 여겼는데, 이는 『춘추』를 무시하는 것이다. 짤막짤막하게 구분해서는 역사를 제대로 배울 수 없다.

그런 이유에서 사마광은 『춘추좌씨전』을 이을 전국 시대·진秦나라의 편년체 역사서를 편찬하여 영종에게 바쳤다. 영종은 기뻐

인생 내공 고전 수업

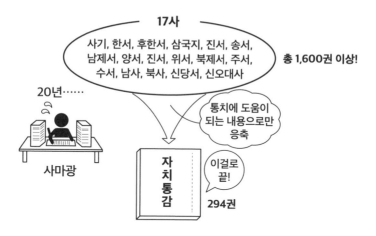

| 1,600권 이상의 책을 5분의 1 이하로 응축! |

17사

사기, 한서, 후한서, 삼국지, 진서, 송서, 남제서, 양서, 진서, 위서, 북제서, 주서, 수서, 남사, 북사, 신당서, 신오대사

총 1,600권 이상!

20년……

사마광

통치에 도움이 되는 내용으로만 응축

자치통감

이걸로 끝!

294권

하며 속편 편찬을 명령하였고, 영종의 뒤를 이은 신종은 아직 완성되기도 전에 직접 쓴 서문과 '자치통감'이라는 제목을 선물했다.

이렇게 사마광은 그로부터 20년에 걸쳐 총 294권·16왕조·1362년간의 통사를 완성했다. 사마광에 의해 엄선된 16왕조의 통사를 단 300권 미만의 책으로 읽을 수 있으니 엄청난 이득이다.

단순한 요약본이 아니다

사마광에게는 이런 일화가 있다.

어렸을 적에 같이 놀던 친구가 큰 물동이에 올라가서 놀다가

발을 헛디뎌 안으로 떨어졌다. 다른 친구는 그를 버리고 도망갔지만 소년 사마광은 냉정하게 돌을 주워 항아리를 깨뜨렸다. 이것을 '항아리를 깨뜨려 친구를 구한다'라는 의미의 '파옹구우破甕救友'라고 한다. 〈송사〉

스스로를 세상일을 잘 모르는 늙은이라는 뜻의 '우수迂叟'라고 칭한 사마광은 마흔이 넘어서야 겨우 절친 왕안석과 함께 두각을 나타내며 개혁파의 기수로 주목받게 되었다.

그러나 신종이 즉위하며 왕안석을 발탁해 정치 개혁 '신법'을 단행하자 사마광은 사사건건 반대하며 보수파인 구법당舊法黨의 리더가 되었다.

결국 왕안석과의 정치 투쟁에서 패배한 사마광은 수도 개봉을 떠나 낙양에서 은둔 생활을 하며 『자치통감』의 편찬에 몰두하였고, 1084년 마침내 완성했다. 이듬해 신종이 승하하면서 사마광은 중앙으로 돌아와 재상이 되어 신법을 차례차례 폐지하였다. 그러나 9개월 후에 사망하였다.

『자치통감』은 단순히 정사의 요약본이 아니다.

우선 정사 외에 222종의 자료를 모으고 사건·사항의 표제(약간의 설명 포함)를 만들어 연도·월 순으로 나열했다. 여기까지의 작업은 유반劉攽·유서劉恕·범조우范祖禹 등의 도움을 받았으며, 마지막에 사마광이 자료를 취사선택하거나 첨삭·축약하여 완성하였다.

이때 제목 그대로 통치에 도움이 되는가를 기준으로 삼았으며 200개가 넘는 비평을 덧붙였다. 자료에 다른 부분이 있는 경우 하나하나 고증하여 그것을 『자치통감고이資治通鑑考異』30권으로 남겼다.

이렇게 탄생한 필생의 대작이 『자치통감』이다. 이는 큰 영향을 미쳐 이도李燾의 『속자치통감장편續資治通鑑長編』과 필원畢沅의 『속자치통감續資治通鑑』 등 속편도 편찬되었다.

이 책의 포인트

❶ 『자치통감』은 전국 시대부터 오대 말(五代末)까지 1362년간의 편년체 역사서.
❷ 방대한 자료 가운데 통치에 도움이 되는 것을 골라 엄밀한 고증을 더한 후 나열하였다.
❸ 정사에 없는 사료를 볼 수 있다는 점에서도 꼭 읽어봐야 할 역사서.

몽구 (蒙求)

고사를 암기하기 위한 언어유희 모음집

『몽구』는 600여 개의 중국 고사를 암기하기 위해 만들어진 장편시로, 교과서
에서 볼 수 있는 것은 그 주석이다. 돌로 양치질한다는 뜻의 '수석漱石'이나 고
생하며 공부한다는 의미인 '형설지공'의 출처가 된 책으로도 유명하다.

이한(李瀚, 생몰년 미상)

당나라(618~907)의 인물. 정사에 전(傳)이 없어 정확한 정보를 알 수 없다. 현종(재
위 712~756) 시기의 신주사창참군(信州司倉參軍))이었다고도 한다. 『몽구』는 어린
이를 위한 교과서의 시작으로, 『○○몽구』를 제목으로 하는 많은 종류의 책이 만들
어졌다. 이한이 운문하고, 서자광이 보주하였다.

어린이용 고사 암기 언어유희 모음집

세시에 일사천리로 잉어 구이를 먹고 있는데, 갑자기 유모가 다가와 사
모한다고 말했다.

굉장히 뜬금없지만, 이것은 원주율 'π=3.1415926535…'의 숫자
를 기억하기 위한 언어유희다. 유희가 참신하여 쉽게 암기할 수
있다. (문제는 원주율에서 갑자기 이런 스토리를 연상할 수 없다는 점과 잉어
에서 '15', 유모에서 '65'를 한 번에 떠올리기 어렵다는 점 정도다.)

『몽구』는 서너 살 된 자녀들의 고사 암기를 돕기 위해 아버지인 이한이 지은 운문이다. 네 글자·네 글자의 대구가 총 596구(2,384자)로 구성되어 있다.

왕융간요 배해청통王戎簡要 裵楷淸通

공명와룡 여망비웅孔明臥龍 呂望非熊

양진관서 정관역동楊震關西 丁寬易東

사안고결 왕도공충謝安高潔 王導公忠

이런 느낌이다. 이것이 596구, 200자 원고지 12장 분량이 이어진다.

모두 '인명+○○'의 형태다. 짝수 구의 끝을 '통', '웅', '동', '충'으로 운율을 맞추고 있으며, '공명와룡 여망비웅'과 같이 '공명과 여망(제갈량과 태공망 여상. 함께 제왕을 보좌한 군사)'과 '용과 곰(모두 강한 이미지)'으로 짝을 이루고 있어 외우기가 무척 쉽다.

아이들은 이러한 네 글자 문구만 오로지 낭송하고 암기한다.

그리고 공명와룡, 여망비웅, 네 글자를 단서로 고사를 떠올리기만 하면 된다. 즉 『몽구』란 고사성어를 암기하기 위한 언어유희 모음집이라고 할 수 있다.

예를 들어 '공명와룡'과 관련된 고사는 무엇인지 혹시 예상할 수 있는가?

그렇다. 훗날 재상이 되는 제갈량이 아직 세상에서 활약하기 전, 그의 친구 서서徐庶가 유비에게 '공명은 와룡(초야에 묻혀 있는 큰 인물_옮긴이)입니다. 그를 등용하고 싶다면 장군이 직접 만나러 가는 것이 좋을 것입니다'라고 권하여 실제로 유비가 공명의 오두막 집을 세 번이나 찾았다는 '삼고초려'의 고사다.

『몽구』의 본체는 장편시에 지나지 않는다. 총 596개의 고사를 담고 있는데 그 하나하나의 정보량은 단 네 글자뿐이다. 솔직히 '무슨 말인지 전혀……'라고 생각하게 되는 것이 90%를 넘는다.

그래서 각 구에 자세한 주석을 붙였다. 고사의 배경을 『사기』나 『세설신어』에서 문자와 어구를 줄여 간결하게 인용한 것이다. 이한이 직접 붙인 주석도 있다. 어지간히 완성도가 높지 않았는지, 통행본 『몽구』의 주석은 송나라의 서자광徐子光이 달았다.

일본 교과서에서도 볼 수 있는 공명와룡, 숙오음덕叔敖陰德, 계찰괘검季札掛劍, 기창관슬紀昌貫蝨, 진외사지震畏四知 등의 고사는 『몽구』를 원작으로 하고 있다. 하지만, 모두 본체의 시가 아닌 서자광의 주석이다. 오히려 시 본체의 계찰괘검, 기창관슬은 본 적이 없을 것이다.

인생 내공 고전 수업

『몽구』도『십팔사략』과 마찬가지로 중국 고사의 입문서다.

독자의 흥미는 이한의 시문이 아니라 서자광의 주석에 있다. 사람들이『몽구』를 사랑한 이유도 중국 고사를 쉽게 배울 수 있기 때문이다.

『사기』,『삼국지』,『진서』,『세설신어』등 수많은 중국 고전을 하나하나 통독하기는 쉽지 않다. 하지만『몽구』한 권만 읽으면 여러 고전에 흩어져 있는 고사를 한 번에 배울 수 있다. 심지어 간단하게! 효율적으로 교양을 높이려는 욕구는 예나 지금이나 다르지 않다.

『몽구』를 읽어 나가다 보면 '삼고초려' 외에도 침류수석枕流漱石, 반딧불과 창문 밖 내리는 눈의 빛으로 글을 읽어가며 고생 속에

| 고사를 네 글자로 표현 |

서 공부함을 일컫는 말인 '형설지공螢雪之功', 거문고 소리를 이해해
주는 친구를 잃고 거문고 줄을 끊었다는 '단금지교斷金之交', '돈이
통장을 스쳐 지나간다'의 어원이 된 『전신론錢神論』, 오왕 부차를
현혹한 서시西施의 '서시빈목西施嚬目', '조강지처'를 배신하지 않은
송홍宋弘, 재치로 부하를 지킨 장왕의 '절영지회' 등 친숙한 고사가
속속 등장한다.

이 책의 포인트

❶ 『몽구』의 본체는 네 글자·네 글자의 대구가 569개나 이어지는 장편시다.
❷ 원래는 어린이를 위한 언어유희 모음집. 시간이 흘러 중국 고사의 입문
  서로 사랑받았다.
❸ 『몽구』는 '수석'이나 '형설지공'의 출처가 되는 책이다.

인생 내공 고전 수업

십팔사략 (十八史略)

분량 ■□□
난이도 ■□□

태고 시대부터 남송 멸망까지의 역사를 간략하게 나열

4,517명의 삶을 그리고 있으며 인생과 처사에 관한 지혜가 넘쳐난다. 닛산 창업자인 아유카와 요시스케는 『십팔사략』을 읽어라. 그러면 인간을 공부할 수 있다'라고 말한 바 있다.

증선지 (曾先之, 생몰년 미상)
송말 원초(13세기 후반)의 인물. 정사에 전(傳)이 없어 정확한 정보를 알 수 없다. 『십팔사략』이라는 오랜 기간 사랑받은 역사서를 썼지만, 열전을 남길 정도의 인물이라고는 인정받지 못한 듯하다. 최근 그의 인생을 알 수 있는 자료가 발견되었다.

역사서를 취합한 요약본으로 핵심만 쏙쏙

이름 그대로다. 열여덟(18) 역사의 개략. 그것이 『십팔사략』이다.

『십팔사략』이 정리된 것은 지금으로부터 800년 전. 남송이 멸망하고 몽골계인 원왕조가 중국 전역을 지배하던 무렵이다. 이때까지 17개의 정사가 성립되어 있었다. 정사란 역대 왕조의 공인을 받은 정통 역사서다.

사기, 한서, 후한서, 삼국지, 진서, 송서, 남제서, 양서, 진서, 위서, 북제서, 주서, 수서, 남사, 북사, 구당서, 신당서, 구오대사, 신오대사로, 당서와 오대사는 신·구를 합쳐 하나로 간주하여 총 17 종이다.

이때 송나라의 정사는 완성되지 않았다. 그래서 편자인 증선지는『속자치통감장편』등의 야사(왕조 비공인 역사서)로 송의 역사를 보충하고 이를 18번째 역사서로 삼았다.

정사는 황제의 연대기(본기)와 개인의 역사(열전)로 구성된 '기전체'의 단대사(하나의 왕조로 한정한 역사)다. 역사를 공부하기 위해서는 대부분의 17사를 하나하나 모두 읽어야 한다. 그래서 송대 이후 그때까지의 역사를 연대순으로 편찬한 '편년체'의 통사를 편

| 일본에서 인기 많은 『십팔사략』 |

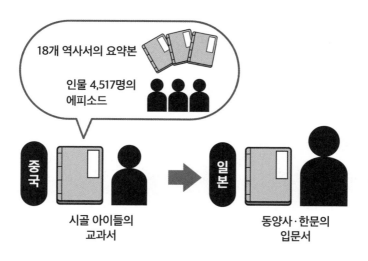

18개 역사서의 요약본

인물 4,517명의
에피소드

중국

시골 아이들의
교과서

일본

동양사·한문의
입문서

인생 내공 고전 수업

찬하게 되었다.

대표적인 편년체 고전이 사마광의 『자치통감』이다. 하지만 『자치통감』은 일단 길고 내용도 딱딱하다. 더 간편하게 모든 역사를 휘리릭 훑어볼 수는 없을까? 그 요구에 응한 것이 증선지의 『십팔사략』이다.

『십팔사략』의 매력은 4,517명의 등장인물

『십팔사략』은 태고의 신화 전설의 시대부터 남송 멸망까지의 역사를 시간의 흐름에 따라 간략하게 나열한 역사서다. 원·명 시대에는 많이 읽혔지만, 현재 중국에서는 거의 알려지지 않았다.

번역가 다케우치 히로유키의 말에 따르면 '이 책이 시골 학교의 교과서로서 오로지 어린이용으로만 활용되었기 때문'이며 『사기』나 『한서』 등 유명한 역사책의 요소를 잘라 이은 것뿐인 요즘 식으로 말하면 풀과 가위로 만든 책이었기 때문'이라고 말한다.

일본에서 『십팔사략』은 매우 유명한 중국 고전이다. 메이지 시대에는 동양사 교과서로 또 한문 교과서로 폭발적으로 읽혔다. 즉, 아이들과 학생이 동양사 입문서 혹은 한문 입문서로 『십팔사략』을 즐겨 읽었던 것이다.

솔직히 『십팔사략』의 매력은 『사기』나 『한서』의 매력 그대로라고 해도 좋다. 다시 말해 중국 고사의 매력이다.

고복격양鼓腹擊壤이라는 고사를 살펴보자.

전설의 성천자 요堯의 치세에 노인이 배를 두드리고 발을 구르며 '밭 갈아 먹고 우물 파서 마시니 임금의 힘이 나한테 무슨 소용인가'*라며 노래를 불렀다고 한다. 요 임금의 인덕이 널리 미치는 덕분에 안락한 생활을 보내고 있지만, 요 임금은 그것을 노인에게 티 내지 않는다는 의미다.

와신상담臥薪嘗膽이라는 고사도 있다.

아버지를 살해당한 오왕 부차가 사람들이 나가고 들어올 때마다 그들에게 '부차여, 월인越人이 그대의 아버지를 죽인 것을 잊었는가?'라고 말하게 하면서 복수심을 불태우고, 머지않아 아버지의 원수인 월왕 구천을 후이지산에서 격파한다.

그러자 이번에는 구천이 섶 위에서 자고 일어날 때마다 쓸개를 맛보며 사람들에게 '후이지의 부끄러움을 잊었는가?'라고 말하게 하여 복수심을 불태웠다. 이윽고 부차를 격파하여 자살로 몰고 갔다. 구천은 모든 것을 내던지고 복수에 임했다.

★ 耕田而食 鑿井而飲 帝力何有于我哉 (경전이식 착정이음 제력하유우아재)

인생 내공 고전 수업

개인적으로는 그런 구천을 지지한 범려范蠡를 좋아한다. 『국어』 〈월어〉에 나온 그 범려가 맞다. 그는 월나라가 오나라를 멸망시키자, 최고 공신임에도 갑자기 월나라를 떠났다. 월나라를 떠나지 않은 그의 동료 문종文種은 결국 중상모략으로 죽임을 당했다. 물러서는 시점이 좋았다.

제나라로 망명한 범려는 스스로를 '치이자피鴟夷子皮'라고 부르며 과거의 경력을 숨기고 살기 시작했다. 그러다가 수천만의 부를 쌓아 재상으로 추대되고 말았다. 그는 '수천만의 부, 재상의 지위. 이것은 포의(일반인)에게는 부귀의 극치다. 이런 상황이 오래 지속되는 것은 불길하다'라고 탄식하며 재산을 고스란히 사람들에게 나누어 주었다.

재상을 그만두고 망명한 그는 이름을 또 한 번 도주공陶朱公으로 바꾸고 다시 밑바닥부터 생활을 시작했다. 물러서는 시점이 매우 훌륭하다.

이런 매력적인 인물들의 고사를 통해 독자들은 인생과 처세를 배운다.

그 밖에 접할 기회가 적은 동진이나 남북조 시대의 고사를 접할 수 있다는 점도 매력이다.

예를 들어, 동진의 사안謝安이 있다. 명문 귀족 출신으로 왕의 지王羲之와도 친분이 있던 그는 동진의 위기를 두 번이나 구했다. 처음에는 실력자 환온桓溫이 제위 찬탈을 계획하자 그의 요구를 어물쩍어물쩍 피하며 위기를 막았다.

다음으로 전진의 왕 부견苻堅이 백만 대륙을 이끌고 남하했을 때 사안은 그에 대비해 조카인 사현謝玄을 장군으로 두고 강력한 북부 군사 집단을 조직하였으며, 수도에 다다른 부견의 대군을 불과 8만 군대로 요격했다.

동진이 결전에서 승리하자 진秦나라 병사는 '초목을 보고 모두 동진의 군사인 줄 알았다'라고 겁을 먹었으며, 처참하게 패배하고 도망가면서 '바람 소리와 학의 울음소리를 듣고 동진의 병사가 쫓아온다고 생각했다.' 이를 사자성어로 '초목개병草木皆兵', '풍성학려風聲鶴唳'라고 한다.

마지막은 남송의 멸망을 다룬 부분이다.

남송의 장군 문천상文天祥은 원나라 군대에 붙잡혀도 뜻을 굽히지 않고, '예로부터 사람은 누구나 죽는 법이다. (어차피 죽는다면) 변치 않는 나의 충성심, 후세까지 비치게 하리*'라는 시구를 남기고 처형당했다.

★ 人生自古誰無死 留取丹心照汗青 (인생자고수무사 유취단심조한청)

마찬가지로 남송의 장수 장세걸張世傑은 애산 해전에서 패한 후 안남(베트남)으로 도망가 송나라를 다시 세우려고 계획하였으나 도중에 태풍의 습격을 받았다.

그가 '하늘이여, 만약 제가 송을 다시 부흥하는 것을 원치 않으신다면 큰바람으로 저의 배를 전복시키서도 좋습니다'라고 외치는 부분에 '배가 뒤집히며 결국 장세걸이 빠졌다. 그렇게 송은 멸망했다'라고 되어 있다. 이것이 마지막 구절이다.

이 책의 포인트

❶ 『십팔사략』은 역사서의 장점만 골라 엮은 요약본이다.

❷ 『사기』, 『한서』, 『삼국지』를 읽기가 살짝 귀찮다는 사람에게 어울린다.

❸ 가장 큰 매력은 인물 4,517명의 고사. 인생·처세를 배울 수 있다.

다섯 번째
인생 내공

고전 속에 표현된
과거의 모습은
어떠했는가?

| 문화의 바탕을 엿볼 수 있는 동양고전 10 |

문선 (文選)

현존하는 가장 오래된 시문 사화집

일본 고대 후기의 수필『마쿠라노소시枕草子』에서는 '글은 문집文集·문선文選',
『쓰레즈레구사徒然草』에서는 '글은 문선의 애달픈 곳곳'이라고 언급했다. 백
거이白居易의『백씨문집』과 함께 많은 사람에게 사랑받는 작품으로『고사기』,
『만엽집』,『회풍조』등 다양한 작품에 큰 영향을 주었다.

소통 (蕭統, 501~531)
소명태자라고도 하며 남조 양나라(502~557)의 인물. 학문과 문학을 사랑하였으며,
동궁에 3만여 권의 장서들을 소장하고 있었다. 유효작(劉孝綽), 은운(殷芸), 육수(陸
倕), 왕균(王筠) 등 평판이 자자한 문인들이 드나들어, 조조 부자의 문학 교류회에
필적할 정도로 성황을 이루었다고 한다.

장식적인 아름다운 시문들을 모은 책

수많은 시詩·부賦·문文 가운데 '그 내용은 깊은 사색에서 나오
고, 그 의미는 아름다운 수사로 귀속된다'[*](『문선』 서장)라며 당시
최고의 시문만을 담고 있다.

중국이나 일본에서 널리 시문의 본보기로 여겨졌다.

두보가 〈종무생일宗武生日〉이라는 시에서 '문선의 문리文理를 깨

★ 事出於沈思 義歸乎翰藻 (사출어침사 의귀호한조)

우치는 데 힘쓰고, 비단옷의 가벼움에 얽매이지 말라'*라고 자식에게 이야기할 정도다.

춘추 전국부터 양나라까지 무려 천 년 동안 131명의 작가와 무명인의 작품 총 763편을, 37개의 문체로 나누어 시대순으로 나열하였다.

궁정의 문학 교류회가 『문선』을 탄생시켰다

『문선』을 편찬한 사람은 남조 양나라의 소명태자(소통)이다. 그는 양나라의 초대 황제인 소연(무제)의 아들인데, 즉위하지 못하고 서른 살에 세상을 떠났으므로 그 시호를 따서 소명태자라고 불린다.

아버지 소연은, 남제(479~502)의 경릉왕 소자량竟陵王 蕭子良의 문학 교류회에 출석하며 심약沈約, 사조謝朓 등 7명과 함께 '경릉팔우竟陵八友'로 꼽히는 시인이기도 하다. 이들의 시는 대구·전고·운율을 구사한 형식미를 추구하였으며 '영명문학永明文學'이라고 불렸다.

소연은 즉위 후 학문을 장려하고 문화를 진흥했다. 그 궁정에는 정사 『송서』를 편찬한 심약이나 정사 『남제서』를 편찬한 소자

★ 熟精文選理 休覓彩衣輕 (숙정문선리 휴멱채의경)

현蕭子顯이 있었다.

또한, 소명태자의 문학 교류회에는 문학 이론서『문심조룡文心雕龍』의 저자 유협劉勰이나 사륙변려체(형식미를 추구한 4자·6자의 대구로 구성된 글)의 대가 서릉徐陵과 유신庾信이 있었는데, 이들이『문선』의 편찬에 협력했다.

두 사람은 여성을 주제로 한 아름답고 고운 궁체시를 만들었으며, 서릉은 소연의 동생이자 제2대 황제인 소강蕭綱(간문제)의 궁정에서 궁체시 시집『옥대신영玉臺新詠』을 편찬했다.『문선』은 이러한 환경에서 탄생한 작품이다.

『문선』은 763편의 작품을 37개의 문체로 나눈다.

그중 시 444편, 부 57편, 연주連珠가 50편이며, 나머지는 대체로 한 자릿수다. 시·부·연주로만 70%를 넘는다.

부는『초사』의 흐름을 이어받는 산문시다. 장형의 〈귀전부歸田賦〉의 한 구절을 살펴보자.

仲春令月 時和氣淸 原隰郁茂 百草滋榮 王雎鼓翼 鶬鶊哀鳴

중춘영월 시화기청 원습욱무 백초자영 왕저고익 창경애명

(음력 2월의 길한 달, 시기는 부드럽고 공기는 깨끗하며, 습지는 울창하게 우거져 온갖 풀이 무성하게 잘 자란다네. 큰 물수리는 날갯짓하고 꾀꼬리는 슬피 지저귀네.)

인생 내공 고전 수업

네 글자 구절의 대구가 반복하고 있다는 점에 주목하기를 바란다.

일본 연호 '레이와令和'의 출처는 『만엽집』의 '초춘영월 기숙풍화初春令月 氣淑風和'인데, 이 구절은 〈귀전부〉의 '중춘영월 시화기청仲春令月 時和氣淸'을 바탕에 두었다. 일본인도 『문선』을 본보기로 삼았으니 충분히 일어날 수 있는 일이다.

사마상여司馬相如 〈상림부上林賦〉의 극히 일부분을 살펴보자.

사마상여는 전한(기원전 202~기원후 8)의 문인으로, 인간성이 좋지는 않지만 뛰어난 문필로 전한 무제를 사로잡았다. 〈상림부〉는 그의 대표작이다. 진시황이 창건하고 무제가 확장한, 수렵을 즐기기 위해 만든 대정원 '상림원上林苑'을 과도한 미사여구를 붙여 노래하고 있다.

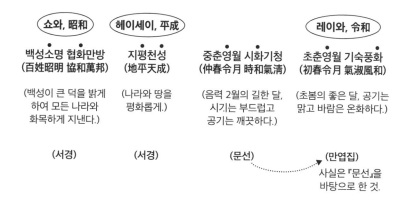

| 일본의 연호와 중국 고전 |

쇼와, 昭和	헤이세이, 平成		레이와, 令和
백성소명 협화만방 (百姓昭明 協和萬邦)	지평천성 (地平天成)	중춘영월 시화기청 (仲春令月 時和氣淸)	초춘영월 기숙풍화 (初春令月 氣淑風和)
(백성이 큰 덕을 밝게 하여 모든 나라와 화목하게 지낸다.)	(나라와 땅을 평화롭게.)	(음력 2월의 길한 달, 시기는 부드럽고 공기는 깨끗하다.)	(초봄의 좋은 달, 공기는 맑고 바람은 온화하다.)
(서경)	(서경)	(문선)	(만엽집) 사실은 『문선』을 바탕으로 한 것.

於是乎 蛟龍赤螭 鯜鰽漸離 어시호 교룡·적리 금몽점리

鯣鰫鰫鮐 禺禺鮎鰡 옹용·건탁 우우거탑

捷鰭掉尾 振鱗奮翼 潛處乎深巖 건기도미 진린분익 잠처호심암

魚鱉譁聲 萬物衆夥 어별훤성 만물중과

(이곳에는 교룡, 적리, 긍몽, 점리, 오용, 건탁, 우우, 허납 등 수중동물들이 지느러미를 흔들고 꼬리를 움직이며 비늘과 날개를 힘껏 떨쳐 깊은 바위 속으로 잠깁니다. 물고기와 자라의 소리가 은은하게 들리는 듯 수중동물이 무리를 이루고 있습니다.)

상림원을 흐르는 강의 풍경을 노래한 구절이다.

네 글자 문구의 대구가 반복되고 본 적도 없는 글자가 연속되며, 그리고 성난 파도와 같은 물고기의 돌진(rush)이 그려진다.

산을 노래하는 구절에서는 '여기에 산은 높이 솟아 있는데, 그 산세가 험준하고 웅장합니다. 깊고 깊은 숲속에 수목은 울창하여 짙게 물들고 높고 낮아서 가지런하지 않습니다. 구종산은 높고 험하며, 종남산은 반듯하게 깎은 듯 가파릅니다. 위아래는 크고 가운데는 작은 시루 솥처럼 생긴 모양과 세 발 달린 솥 모양을 닮은 암벽은 높고 가파르며 험준합니다'*라고 거센 파도와 같은 산

★ 於是乎崇山龍嵸 崔巍嵯峨 深林鉅木 嶄巖嵾嵯 九嵕巀嶭 南山峨峨 巖陀甗錡 摧崣崛崎(어시호숭산롱종 최외차아 심림거목 참암참차 구종찰알 남산아아 암타언기 최위굴기)

의 기세를 보여준다.

한자를 읽을 수는 없어도 그 비주얼만으로 왠지 알 것만 같은 느낌이다.

이번에는 시를 살펴보자.

작자 미상의 〈고시십구수古詩十九首〉다.

生年不滿百 常懷千歲憂 생년불만백 상회천세우

(살아봐야 백 년도 채 되지 않는데, 항상 천년의 근심을 품고 있네.)

晝短苦夜長 何不秉燭遊 주단고야장 하불병촉유

(낮은 짧고 밤이 길어 괴로우면, 어찌 촛불을 밝히지 않는가.)

爲樂當及時 何能待來茲 위락당급시 하능대래자

(인생을 즐김에도 마땅히 때가 있으니, 어찌 오는 해를 기다리나.)

愚者愛惜費 但爲後世嗤 우자애석비 단위후세치

(어리석은 자는 돈 쓰는 것을 아끼지만, 그 또한 후세에 웃음거리가 될 뿐이다.)

仙人王子喬 難可與等期 선인왕자교 난가여등기

(왕자교는 신선이 됐다지만, 그처럼 따라하기는 어렵지 않겠는가.)

'인생이란 언제 끝날지 모른다. 때를 놓치지 말고 지금 놀아라. 돈을 아끼지 말고 지금 즐겨라'고 말하는 시다. 너무 좋다. 명시 중의 명시다.

이 시의 바로 전 편에는 '떠난 이는 날로 잊혀가고, 산 사람은 나날이 친밀해지네'*라는 유명한 시도 있다. 더이상 돌아갈 길을 알 수 없게 된 슬픔을 노래한 것이다.

新制齊紈素 皎潔如霜雪 신제제환소 교결여상설

(새로 잘라낸 제나라 비단은, 하얗고도 깨끗함이 눈서리와 눈 같구나.)

裁作合歡扇 團圓似明月 재작합환선 단원사명월

(이리저리 잘라 만든 합환 부채는 둥근 모양이 밝은 달을 닮았구나.)

出入君懷袖 動搖微風發 출입군회수 동요미풍발

(임의 품속에 들락거리다 흔들어 부치면 부드러운 바람 일으키네.)

常恐秋節至 涼風奪炎熱 상공추절지 양풍탈염열

(항상 두려운 것은 가을철에 이르러 찬바람이 무더운 더위를 앗아가는 것이라네.)

棄捐篋笥中 恩情中道絶 기연협순중 은정중도절

(대나무 상자 속에 내버려지면 은혜로운 그 사랑도 중도에 끊기겠지.)

마지막은 한나라 궁녀 반첩여班婕妤의 규원시 〈원가행怨歌行〉이다. 그녀는 반표의 고모(반고·반초·반소의 큰고모)에 해당한다. 성제成帝의 총애를 받았으나, 시간이 흘러 총애가 조비연趙飛燕에게 옮겨간 것을 계기로 궁을 떠났다.

★ 去者日以疏 生者日已親 (거자일이소 생자일이친)

이 시는 가을이 되면 버려지는 부채에 자신을 비유하여, 총애를 잃은 원망을 노래하고 있다. 작자에 대해서는 여러 설이 있지만, 마음을 울리는 시임은 분명하다.

어느 페이지를 펼쳐도 명시와 명문이 가득한 『문선』이 분명 당신도 사로잡을 것이다.

이 책의 포인트

❶ 『문선』은 양나라 문학 교류회에서 만들어진, 현존하는 가장 오래된 시문 사화집이다.

❷ 당시 올타임 베스트인 아름답고 고운 시문 763편이 수록되어 있다. 시와 부가 중심이다.

당시선(唐詩選)

분량 ■■■
난이도 ■■□

동양고전에서 빼놓을 수 없는 당시(唐詩)의 선집

『당시선』에서 다루고 있는 당나라 시인은 128명, 수록된 시는 465수다. 에도 중기의 유학자 오규 소라이가 추천한 후 일본에서도 엄청나게 유행하였으며, 머지않아 『삼체시』를 뛰어넘었다. 현재까지도 이어지는 '성당시 = 시의 정점'이라는 인식을 심어주었다.

이반룡 (李攀龍, 1514~1570)
명나라(1368~1644)의 인물. '글은 무조건 진한(秦漢), 시는 무조건 성당(盛唐)'이라고 주장한 이몽양(李夢陽) 등의 전칠자(前七子)=고문사파(古文辭派)의 주장을 계승하여, 왕세정(王世貞) 등과 함께 후칠자(後七子)라고 칭하고, 의고주의의 작풍으로 한 시대를 풍미했다.

절정기의 시를 모은 당시 선집

'한문·당시·송사·원곡·명청 소설.'

한대는 산문, 당대는 시, 송대는 사詞, 원대는 곡, 명청대는 백화 소설이 각각 시대의 대표 문학이라는 의미다.

그중에서도 애호가가 유난히 많은 장르가 바로 '당시'다.

육조시, 송시, 원시, 명시도 있는데 당시가 특히 사랑받는다. 많은 출판사에서 출간하는 시선詩選에서 다루는 인물은 대부분 두

304   인생 내공 고전 수업

보, 이백, 왕유王維, 백거이, 이하李賀, 두목杜牧, 이상은李商隱 등 당나라 시인이 대부분이다. 일부 육조의 도연명陶淵明(도연명의 경우에는 전집), 송나라의 소식蘇軾·육유陸游가 있는 정도다.

그런 까닭에 동양고전을 이야기하는 데에 있어서 당시唐詩는 빼놓을 수 없다. 그렇다고 하더라도 당나라 시인은 2천 명이 넘고, 시는 5만 수 정도. 다 읽을 수조차 없는 수다. 그래서 많은 당시 선집이 편찬되었으며 『당시선』은 그중 하나다.

작품을 고른 사람은 명나라(1368~1644)의 이반룡으로 알려져 있다. 그는 '글은 무조건 진한, 시는 무조건 당시'라고 주장한 고문사파를 계승하여 당시를 모범으로 삼는(모방하는) 의고주의 작품으로 한 시대를 풍미했다.

소식의 〈적벽부赤壁賦〉, 매요신梅堯臣의 〈제묘祭猫〉 등 송시에도 명작이 존재했지만, 고문사파는 읽을 가치가 없다며 단호하게 제외하였다. 당시 중에서도 성당의 시야말로 당시의 절정이라고 주장했다. 성당이란 당시의 역사를 초당·성당·중당·만당의 네 기간으로 구분한 것 중 하나다. 이름 그대로 시는 초당으로 시작하여 성당에서 절정기를 맞이하며 중당·만당으로 쇠퇴해 갔다고 여겨진다. 이때 성당은 두보·이백·왕유·맹호연, 이른바 '4대 시인'이 활발하게 활동했던 엄청난 시대다.

『당시선』은 이런 생각을 따라 총 465수 중 두보 51수, 이백 33수, 왕유 31수, 잠삼岑參 28수 등 성당의 시를 많이 골랐으며, 쇠퇴기로 여겨진 중당·만당의 시인들은 한유韓愈 1수, 이상은 3수, 백거이·이하·두목에 이르러서는 아예 없다. 많은 이들이 더없이 사랑해 마지않는 백거이의 작품이 무려 하나도 실려 있지 않은 것이다.

『당시선』에 대해 말할 때는 '백거이나 이하를 다루지 않는 건 이해하기 어렵다'라고 한마디 덧붙이면 좋을 것이다.

졸음이 쏟아질 때마다 누구나 입에 올리는 맹호연의 〈춘효春曉〉를 살펴보자.

春眠不覺曉 處處聞啼鳥 춘면불각효 처처문제조

(봄잠에 날 밝는 줄 몰랐는데 여기저기 들려오는 새 소리에 눈을 떴네.)

물론 『당시선』에 실려 있기는 하지만 맹호연의 시는 7수뿐.

다음은 이백의 시를 살펴보자.

白髮三千丈 緣愁似箇長 백발삼천장 연수사개장

(흰머리가 삼천 길이나 되다니. 시름에 매달리느라 이만큼이나 자랐구나.)

인생 내공 고전 수업

그리고 '맑은 거울에 비친 모습을 알아보지 못하겠으니, 도대체 어디서 가을 서리를 맞았단 말인가'*로 이어진다. 나이를 한 살 한 살 먹어갈수록 더 잘 이해할 수 있는 시다.

이렇게 **두보·이백을 중심으로 성당의 시를 마음껏 즐길 수 있는 것이 바로『당시선』이다.**

반대로 백거이·두목을 포함해 당시를 균형 있게 즐기고 싶다면『당시삼백수唐詩三百首』를 추천한다. 청나라의 형당퇴사衡塘退士 손수孫洙가 편찬한 책이다. 77명의 시, 총 310수를 다루고 있다. 중당·만당의 시인을 즐기고 싶다면『삼체시三體詩』가 좋다. 송나라 주필周弼이 엮은 선집으로, 칠언절구·칠언율시·오언율시의 '삼체시'만을 모았으며 167명, 494수를 담고 있다. 두보와 이백의

| 절정기의 시를 모은『당시선』|

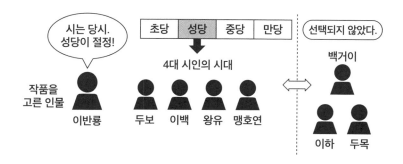

★ 不知明鏡裏 何處得秋霜 (부지명경리 하처득추상)

시는 1수도 다루지 않는다.

　그 외에도 모든 당시를 담고 있는『전당시全唐詩』도 있다. 청나라 강희제康熙帝 칙명에 따라 엮었으며 2,200명 이상, 5만 수 이하의 시가 담겨 있다. 다만 번역본이 없다.

이 책의 포인트

❶ 『당시선』은 성당 시인을 중심으로 정리한 당시 선집.
❷ 중당·만당의 시인을 인정하지 않는다. 백거이·이하·두목을 다루지 않는다는 점을 이해하기 어렵다.

인생 내공 고전 수업

수신기 (搜神記)

분량 ■■□
난이도 ■□□

황당하고 허술한 전개가 오히려 매력인 지괴 소설

책 제목은 신도를 찾아 헤매는 기록을 뜻한다. 신도란 『주역』에서 언급하는 '하늘의 신도를 보게 되면 사시四時가 어긋나지 않는다'★의 신도이며 인간은 헤아릴 수 없는 섭리를 말한다. 불가지·불가사의한 현상을 신도라고 부르며 그 진실성을 밝히기 위해 기록을 모았다.

간보(干寶, ?~336)
동진(317~420)의 인물. 본래 역사가로 『진기』를 편찬했다. 자신의 신기한 체험을 계기로 『수신기』를 저술했다. 재상 유담(劉惔)에게 보여준 뒤, '귀신의 동호(董狐, 유령계의 대역사가)'라고 절찬을 받으며 궁정 교류회에 데뷔했다.

괴력 난신을 다루는 '지괴 소설'

'지괴志怪'란 괴이함에 뜻을 둔다는 것이고, 당시 '소설'은 그리 대단하지 않은 자질구레한 이야기를 의미한다.

경서나 사서와 비교하여 사실 여부도 불분명하고 근거도 미약하며 황당무계한, 한마디로 기괴한 이야기를 '소설'이라고 불렀다. 지금처럼 산문 형식의 창작물을 의미하지 않는다.

★   觀天之神道而 四時不忒 (관천지신도이 사시불특)

인간에 뜻을 둔다는 의미의 '지인志人 소설'은 소문 수준의 인물 비평이나 일화, 우스갯소리를 다룬다. 그리고 '지괴 소설'은 신선, 도사, 신에 관한 여러 가지, 점술, 길조·흉조, 예지몽, 운명, 이물 교구 설화, 유령, 요괴, 초자연 현상 등 널리 괴이에 대한 기록을 말한다.

『수신기』는 대표적인 지괴 소설이다. 저자 간보는 어렸을 적 이런 경험을 했다. 무려 정사『진서』에 실린 이야기다.

그의 아버지가 시녀에게 손을 댔다. 질투한 어머니는 아버지가 세상을 떠나자, 그녀를 아버지의 관과 함께 가두었다. 십여 년 후 어머니가 돌아가시고 무덤을 열었는데 그녀가 살아 있었다. 흙 속에 있는 동안 살아있을 때처럼 아버지가 마시고 먹는 것을 돌보아주셨다는 것이었다. 이후 백발백중으로 길흉을 알아맞히게 된 그녀는 땅속도 나쁘지 않았었다고 말했다. 그리고 머지않아 그녀는 시집을 가서 아이를 낳았다.

간보는『수신기』서문에서 '신도神道(인간이 헤아릴 수 없는 섭리)가 허황된 것이 아니라고 밝히기 위해' 이 책을 저술했다고 밝힌다. 그는 자신의 체험이 허무맹랑한 것이 아님을 증명하기 위해 끈기 있게 괴이한 기록을 모은 것이다.

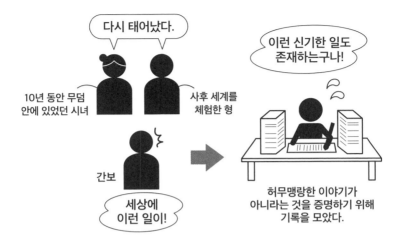

기록이기에 이야기는 잡다하다. 재치 있는 재미 요소도 없다. 하지만 재미 요소를 넣고 디테일을 더해 완성도를 올리면 꾸며낸 이야기가 된다. 심령 영상도 너무 완성도가 높으면 오히려 흥이 깨진다. 머리가 두 개인 아이가 태어났을 뿐이라고만 언급하고 재미 요소 없이 갑작스럽게 끝나기 때문에 현실감 있게 즐길 수 있다.

『수신기』는 일본 문학에 영향을 주었다. 에도 시대의 작가 교쿠테이 바킨曲亭馬琴이 지은 『난소사토미 핫겐덴南総里見八犬傳』의 첫머리는 이렇다.

안자이 가게쓰라安西景連의 대군을 앞에 두고 막다른 길에 다다른 사토미 요시자네里見義実. 그는 애견 야쓰후사八房에게 '적장 안자이를 잡아먹으면 전쟁에서 최고의 공을 세우는 것이다. 공을 세우고 내 딸 후세히메伏姫와 결혼하겠느냐'라고 농담을 던졌다.

그날 밤, 애견 야쓰후자는 훌륭하게 적장의 목을 입에 물고 돌아왔다. 주인의 딸 후세히메를 찾는 애견 야쓰후사, 그리고 분노하는 주인 요시자네. 딸 후세히메가 군주는 한 입으로 두말하면 안 된다고 아버지를 나무라며, 애견 야쓰후사와 부부가 되어 함께 도야마富山(치바현 미나미보소시)에 올라가 살았다.

작가인 바킨은 이 작품이 『수신기』를 바탕으로 하고 있다고 스스로 밝히고 있다.

중국 전설 속 오제五帝 중 한 명으로 제곡帝嚳이라고도 불리는 고신씨高辛氏는 이민족의 침입에 시달려 적장의 목을 베어 온 자에게 금 천만 근, 만 호의 영지, 그리고 자신의 딸을 주겠다고 천하에 공표하였다.

그러자 다섯 가지 색의 털을 가진 반호盤瓠라는 이름의 개가 적장의 목을 물어 왕궁으로 들어왔다. 가신들은 개에게 돈, 영지, 하물며 공주까지 줄 수 없다며 약속을 무효로 하라고 다그쳤다.

인생 내공 고전 수업

그러자 딸은 '폐하께서는 천하에 약속하셨습니다. 반호가 국가를 위해 적을 물리친 것은 천명이 있었기 때문일 테지요. 왕은 말을 중시하고, 패자는 신의를 중시한다고 합니다. 약속을 어겨서는 안 됩니다'라고 아버지를 설득하며 반호와 결혼해 함께 남산에 올라가 살았다.

두 작품의 차이점은, 순결을 지킨 야쓰후사와 달리 반호는 3년 동안 6남 6녀를 두었다는 점이다.

마지막으로 중국 4대 옛날이야기 중 하나를 살펴보자. 훗날 〈천선배天仙配〉라는 연극이나 소설의 원작이 되었다.

효자 동영董永은 아버지가 돌아가시자 노비가 되어 장례비를 마련했다. 그를 산 주인은 그에게 1만 전을 주고 고향으로 돌려보냈다. 동영은 삼년상을 마치고 주인에게 다시 돌아가던 도중 여성에게 구혼을 받아 결혼했다. 돌아온 동영에게 주인은 이제 노비를 하지 않아도 된다고 말했지만 동영은 은혜를 갚는다며 물러서지 않았다.

그러자 주인은 동영의 아내가 길쌈을 잘한다는 이야기를 듣고 천 100필(옷 200벌 분량)을 짜달라고 했다. 그녀는 단 열흘 만에 천을 짜서 주인에게 건넨 뒤 동영에게 '저는 사실 하늘의 직녀입니다. 천명을 받고 당신을 구하러 온 것입니다'라고 말하고는 하늘로 날아올라 그대로 사라졌다.

뭐? 그대로 사라져 버리고 끝? 갑자기 아내를 잃은 동영의 마음은? 그를 대신해 빚만 갚아주러 내려온 것이라면 굳이 결혼은 하지 않아도 되지 않나?

그런데 이런 허술함이 『수신기』의 매력이다.

다소 빈틈이 있어 디테일을 더해 이야기로 완성하고 싶어진다. 이렇게 『수신기』는 후세에 중국과 일본, 두 국가의 문학에 큰 영향을 주었다.

이 책의 포인트

❶ 『수신기』는 지괴 소설. 괴력을 가진 난신의 기록을 모은 것으로 창작은 아니다.

❷ 저자 간보는 세상의 오컬트 현상이 허무맹랑한 것이 아님을 증명하기 위해 기록을 모았다.

❸ 『열이전(列異傳)』, 『유명록(幽明錄)』, 『박물지(博物志)』, 『술이기(述異記)』, 『신선전(神仙傳)』 등와 함께 '육조 지괴'라고 부른다.

인생 내공 고전 수업

전등신화(剪燈新話)

분량 ■■□
난이도 ■□□

고전 44

괴담에 색정과 연애가 뒤얽힌 기괴 소설 단편집

명나라 초기에 등장한 기괴 소설. 중국인과 일본인의 마음을 사로잡아 중국
에서는 『요재지이聊齋志異』, 『자불어子不語』, 『열미초당필기閱微草堂筆記』와 같
은 문언 기괴 소설의 계보를 낳았다. 일본에서는 에도 시대에 가나조시, 요
미혼, 가부키, 조루리, 고단, 라쿠고 등 전통 예술에 널리 영향을 주었다.

구우(瞿佑, 1347~1427)
원말 명초의 인물. 시인으로서의 재능을 일찍이 인정받았지만, 평생 불우했다. 『전
등신화』는 색기 있는 문체와 색정적인 내용으로 인기를 얻었지만, 당국으로부터 출
간 금지 처분을 받아 중국에서는 사라졌다가 일본에서 역수입되었다.

밤을 새우며 읽는 괴기 소설집

전등剪燈이란 등불 심지를 잘라 밝게 하여 밤을 새우며 읽는 책
을 의미한다. 괴담에 색정과 연애가 뒤얽힌 농염한 단편을 모은
것이다. 총 40권이었으나 출간 금지 처분을 받고 흩어져 지금은 4
권 21편밖에 전해지지 않는다.

문어체로 쓰인 문언 소설로, 구어체로 쓰인 백화 소설 『삼국지』
나 『수호전』과는 사뭇 다르다. 『수신기』를 필두로 『열이전』, 『박물

지』, 『술이기』 등을 육조지괴六朝志怪라고 총칭한다. 이들은 모두 '군자는 말하지 않는다'는 '괴력 난신'을 기록한 것이다. 기록이기 때문에 줄거리나 재미 요소는 없다.

당나라 이후 지괴를 바탕으로 『유선굴遊仙窟』, 『앵앵전鶯鶯傳』, 『두자춘杜子春』, 『인호전人虎傳』 등의 작품이 만들어졌는데, 이를 당송전기唐宋傳奇라고 부른다. 이들은 픽션(허구)이며 소설(산문체의 창작물)이다. 디테일이 풍부하고 줄거리에 공감할 수 있으며 재미 요소도 있다.

그 신기한 이야기는 특히 많은 독자를 매료시켰으며 후세의 작가들에게 많은 영감을 주었다. 예를 들어, 일본에서 아쿠타가와 류노스케가 번안한 『두자춘』은 그 제목도 『두자춘』이며, 나카지마 아쓰시가 번안한 『인호전』은 『산월기山月記』가 되었다.

전기傳奇 소설은 당나라 시대에 성행하여 여러 작품이 쓰이다가 송·원 시대에 잠시 쇠퇴하였으나, 그 전통을 이어 명나라 초기에 등장한 것이 구우의 『전등신화』다. 문어체로 쓰인 육조지괴·당송전기를 모방해 문어체(사륙변려체)로 쓰였다.

그중에서도 〈모란등기牡丹燈記〉는 특히 일본의 만담가 산유테이 엔초三遊亭円朝의 인정 이야기 『괴담 모란등롱』의 원작으로 유명하다.

인생 내공 고전 수업

| 육조지괴·당송전기에서 명청 문언 소설로 |

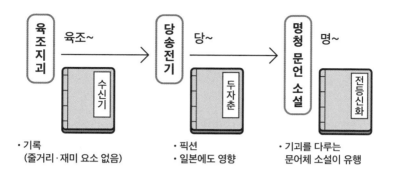

육조지괴 　육조~ → 당송전기 　당~ → 명청 문언 소설 　명~

수신기 　　두자춘 　　전등신화

• 기록
(줄거리·재미 요소 없음)

• 픽션
• 일본에도 영향

• 기괴를 다루는
문어체 소설이 유행

명주明州에서는 매년 정월 보름에 등롱 축제가 열린다. 일찍이 아내를 잃은 교생喬生이 등불 구경도 가지 않고 집 앞에 서 있는데, 모란 등불을 든 하녀와 그 주인처럼 보이는 아름다운 여인이 보였다. 교생은 그녀를 유혹해 하룻밤을 함께 보냈고, 그 후 그녀는 매일 밤 교생을 찾아오게 되었다. 보름 뒤 수상하게 생각한 이웃이 벽에 구멍을 뚫고 들여다보니 그곳에는 화장한 해골과 애정을 나누는 교생의 모습이 보였다.

다음 날 아침, 이웃은 교생에게 충고했다. 이에 수소문하며 알아보던 교생은 호심사湖心寺에 안치된 관에서 그녀의 이름을 발견했다. 무서워진 교생은 도사 위법사를 찾아갔는데, 위법사는 교생에게 부적 두 장을 건네며 다시는 호심사에 접근하지 말라고 경고했다. 이것으로 괴이한 일은 일단락되었다.

그러던 어느 날 교생이 술에 취해 호심사 앞을 지나는데, 호심사 앞에 서 있던 한 소녀가 '박정한 분이시군요'라고 말하며 절 안으로 교생을 끌고 들어갔다. 안쪽에는 그녀가 기다리고 있었다. 그녀는 '당신의 마음을 느껴 몸을 허락했는데'라고 책망하며 그의 손을 잡고 관 앞으로 끌고 갔고, 갑자기 관 뚜껑이 열리며 두 사람이 그 안으로 빨려 들어갔다. 결국 뚜껑이 닫히며 교생은 죽고 말았으며 그 후 교생 등 세 사람은 유령으로 출몰하게 된다.

그 모습을 본 자는 병에 걸리고 그중에는 죽는 자도 나타났다. 사람들은 위법사에게 도움을 요청했지만, 그는 자신도 도리가 없다며 유령 퇴치 전문가 철관 도인을 소개했다.

사람들의 부탁을 받은 철관 도인은 호심사를 찾아 여섯 명의 막강한 부리符吏(부적의 명령을 행하는 무리_옮긴이)를 소환해 교생을 붙잡아 마구 때린 뒤 지옥에 빠뜨렸다.

참 무서운 이야기다. 교생이 그렇게까지 나쁜 짓을 한 건 아닌데 말이다. 귀신 들린 그녀도 그저 사랑을 원한 것뿐이었다면 동정할 여지도 있다. 그런 그를 엄청나게 괴롭힌 다음 지옥으로 보내는 건 너무 안타깝다. 인상적인 부분은 관 뚜껑이 열리고 교생이 빨려 들어간 다음 쾅 닫히는 장면이다. 마지막에 고스트 헌터 철관 도인이 부리를 소환해 유령이 되어 사람들에게 해악을 주는

인생 내공 고전 수업

교생 등을 퇴치하는 장면도 이야기로서 재미있다. 여러 가지로 번안하고 싶어지는 이유도 알 것 같다.

『전등신화』이후 괴이함을 주제로 한 문언 소설이 유행하면서 포송령蒲松齡의『요재지이』나 원매袁枚의『자불어』, 기윤紀昀의『열미초당필기』등이 차례로 탄생했다.

또한 무로마치 시대에 일본에 전해져 에도 문학에 큰 영향을 주었다. 초역한 것, 번안한 것, 일본어 어순으로 쓰인 것이 에도 시대 초기의 유학자 하야시 라잔의『괴담전서怪談全書』, 아사이 료이의『오토기보우코伽婢子』, 쓰가 데이쇼의『하나부사소시英草紙』, 우에다 아키나리의『우게쓰 이야기雨月物語』등에 채록되었다. 그 영향은 가나조시나 요미혼에 머무르지 않고 가부키, 조루리, 고단, 라쿠고 등에 일본 문학과 문화에 이르렀다.

이 책의 포인트

❶『전등신화』는 괴기 소설집. 당송전기의 영향을 받아 문어체로 쓰였다.
❷ 괴기와 색정, 연애를 사륙변려체의 미문으로 그리고 있다. 중국에서는 출간 금지 처분을 받았다.

요재지이 (聊齋志異)

무섭고 신기한 단편 괴기 소설집의 최고봉

육조지괴, 당송전기, 그리고 『전등신화』의 뒤를 이어 탄생한 문언 괴기 단편 소설집. 유령, 괴물, 선인, 선녀, 도사, 좀비와의 이물 교구 설화. 감성을 자극하는 신기한 이야기들로 넘쳐난다.

포송령(蒲松齡, 1640~1715)
청나라(1644~1912)의 인물. 19세에 동자시(과학의 제1단계)에 수석 합격하였지만, 21세부터 약 40년 동안 향시(과학의 제2단계)에서 계속 떨어졌다. 동자시를 하면서 집필 활동을 하여 『요재지이』를 썼다.

이해할 수 없기 때문에 무섭다

포송령은 관리 등용 시험인 과거에서 여러 차례 낙제해 좌절을 맛본 지식인이다.

태어날 때부터 괴담을 좋아하여 다른 사람에게 들은 이야기를 기록하다 보니 이곳저곳에서 알려주는 이야기가 많아지면서 점점 늘어났다고 한다. 그 수가 무려 494편이다.

『요재지이』에는 여러 이야기가 수록되어 있다.

우선 '시체의 뇌를 먹는 야구자野狗子' 이야기를 살펴보자.

때는 청나라 초기. 우칠于七이라는 인물이 반청 흥한反淸 興漢의
난을 일으켜 청군이 처참한 탄압을 가하던 시기.

마을 주민 이화룡李化龍은 때마침 청나라 대군과 맞닥뜨려 부득
이하게 시체로 가득 덮인 들로 숨어들게 되었다. 군대가 지나가
도 그는 한동안 움직이지 않았다. 그런데 갑자기 목이나 팔이 없
는 시체가 차례차례 일어나 입으로 '들개가 오면 어쩌지?'라고 중
얼거리기 시작했다. 그러다가 갑자기 시체가 일제히 쓰러지며 소
리 하나 내지 않았다.

이화룡은 겁에 질려 일어서려 했지만, 사람 몸에 짐승 머리가
달린 괴물이 다가와 차례차례 시체의 머리를 물고 뇌를 뜯어먹기
시작했다. 이화룡은 시체 밑으로 머리를 숨겼지만 다가온 괴물은

이화룡의 어깨를 붙잡았다. 필사적으로 시체 밑으로 파고드는 이화룡. 괴물은 시체를 치우고 이화룡의 머리를 드러냈다.

절체절명의 위기. 허리 아래를 살펴보던 이화룡은 밥공기 크기의 돌을 발견하고는 그것을 움켜쥔 뒤 괴물이 자신의 뇌를 씹어먹으려고 입을 가까이하는 순간, 벌떡 일어나 괴물의 입을 일격했다. 괴물은 비명을 지르며 입을 움켜쥐고 도망갔다. 도중에 피를 토한 흔적과 함께 4치 남짓(1치는 약 3.03cm)이나 되는 송곳니 두 개가 남아 있었다.

이걸로 이야기는 끝이다. 괴물의 정체는 알 수 없다. 시체가 일어난 이유도 그 후에 어떻게 되었는지도 분명하지 않다. 권선징악이라든가 그런 줄거리 구성도 없다. 이런 의미를 알 수 없는 이야기. 『수신기』의 향기가 어렴풋이 느껴진다.

서민의 시선으로 생생하게 표현해서 인기

일본의 중국문학자 구로다 마미코에 의하면, 같은 문언 괴기 단편 소설집인 『열미초당필기』는 저자 기윤이 고급 관료였기에 '권선징악의 갑옷을 걸치고, 마치 학자가 취미 생활로 쓴 글처럼 교훈적이고 계몽적인 시선으로 잘 단련된 단정한 고문을 구사한다'고 한다.

그에 비해『요재지이』는 '고급 관료가 아닌 서민의 시선으로 속어나 방언도 섞어가며 현실과 인간을 생생하게 그리려고 한 결과, 독자에게 인기를 얻어 널리 공감받고 읽혔으며 후세에 영향을 주었다'라고 말한다.

예를 들어, 〈화피畵皮〉의 이야기 전개는 〈모랑등기〉를 떠올리게 한다. 몸을 파는 곳에서 도망쳐 나왔다는 아름다운 소녀에게 첫눈에 반한 왕생王生은 그녀를 숨겨준다. 아내가 있는 몸이지만 그녀를 안쪽 방에 숨겨두고 관계를 계속 유지했다. 그러다가 우연히 마을에서 만난 도사에게 '귀신에게 홀렸다'라는 말을 듣는다.

사실 그 소녀는 뾰족한 이를 가진 괴물이었는데, 인간의 가죽에 그림을 그려 옷을 입듯 그 가죽을 걸치고 소녀로 둔갑해 있었던 것이다. 왕생은 도사에게 마귀를 쫓는 불진拂塵을 받았지만 괴물은 왕생의 배를 찢고 심장을 가져간다.

아내 진陳 씨는 도사를 찾아가서 괴물을 퇴치하고 남편을 돌려달라고 부탁했다. 그러자 도사는 그녀에게 마을에 있는 미친 비렁뱅이에게 부탁하면 어떻게든 된다며 다만 어떤 수모를 당하더라도 화내지 말라고 일렀다.

진 씨는 비렁뱅이에게 부탁했지만 지팡이로 여러 차례 얻어맞으며 손바닥 가득히 뱉은 가래를 먹으라는 말을 듣는다. 도사의 말에 따라 굴욕을 참고 삼켰지만, 비렁뱅이는 크게 웃으며 '이런 상당한 미인이 나를 좋아한다'라는 말을 남기고 사라진다.

절망에 빠진 진 씨는 집으로 돌아와 울면서 남편의 배에 내장을 넣다가 갑자기 그 안에 토하고 말았다. 그랬더니 그 안에 심장이 있는 게 아니겠는가! 그렇게 왕생은 살아났다.

왕생이 참살당하는 것도 놀랍지만, 괴물을 퇴치하는 부분이 재미 포인트라고 생각했는데 급기야 진 씨가 비렁뱅이에게 지독한 꼴을 당하는 장면이 이어진다. 이 괴롭힘의 의미도 알 수 없다. 그렇게 결국 가래가 심장이 되어 왕생은 부활한다.

이런 종잡을 수 없는 부분이 『요재지이』의 매력이다.

이 책의 포인트

❶ 『요재지이』는 『전등신화』를 잇는 문언 단편 괴기 소설집으로, 그 최고봉이라고 할 수 있다.

❷ 원매의 『자불어』나 기윤의 『열미초당필기』 등 괴기 소설의 유행을 일으켰다.

당음비사 (棠陰比事)

추리 소설 같은 명재판·명수사·명추리의 사례집

명탐정과 명판관이 활약한 이야기로 추리 소설이라고도 소개된다. 범인의 거짓말을 간파하거나, 지혜로운 계략과 책략으로 범인을 몰아붙이거나, 부득이하게 죄를 저지른 백성을 구하는 이야기가 많이 나온다.

계만영 (桂萬榮, 생몰년 미상)

남송(1127~1279)의 인물. 정사에 전해지지 않아 구체적인 내용은 명확하지 않다. 『당음비사』는 114화이며, 저자가 참고한 『의옥집(疑獄集)』과 『절옥귀감(折獄龜鑑)』은 각 206화와 366화로 『당음비사』보다 조금 많다. 훗날 『용도공안(龍圖公案)』 등의 공안 소설에 영향을 주었다.

명재판·명수사·명추리의 사례집

'당음棠陰'이란 팥배나무의 그늘을 의미한다.

주나라 주공 단의 동생 소공석召公奭이 팥배나무 그늘에서 백성의 호소를 듣고, 공평하게 재판하였다. 그에 감사한 백성들이 두고두고 팥배나무를 소중히 돌봤다는 고사에서 따왔다. 그래서 여기에서 '당음'은 명재판을 뜻한다.

한편, '비사比事'란 일을 비교하는 것을 말한다. 대비·비유의 '비'와 같은 한자를 쓴다. 『당음비사』는 같은 종류의 판례를 두 개

씩 늘어놓고 '향상방적 전추구노向相訪賊 錢推求奴(승상 상민중이 도적을 찾고, 추관 전약수가 노비를 구하다)', '조터명부 배균석부曹攄明婦 裵均釋夫(조터가 부인의 억울함을 밝히고, 배균이 남편을 석방하다)'와 같이 네 글자 구절의 대구와 운문으로 표제를 붙인다(노비奴와 남편夫이 운자). 그래서 '비사'다. 『몽구』와 유사한 형식이다.

책을 쓴 계만영은 일찍이 전옥典獄의 손기예孫起豫라는 인물에게 어떤 이야기를 들었다.

하역인이 누군가에게 살해당했는데 목격자는 없었다. 포졸들이 재빨리 범인을 잡아 증거도 갖추었고, 공범 3명을 포함해 모두 죄를 인정했다. 이해가 가지 않던 손기예는 처형 연기를 신청했고 수사를 진행하던 중 진범을 발견했다. 하마터면 죄 없는 백성 네 명을 무고하게 죽일 뻔했다.

계만영은 이 이야기를 잊지 못해서 화응和凝·화和 부자의 『의옥집』, 정극鄭克의 『절옥귀감』을 바탕으로 『당음비사』를 편집했다. 이들 모두 명재판, 명수사, 명추리의 기록이며 그 가운데 114개의 사례를 골라 정리했다. 훗날 재판 관계자에게 참고가 되게 하려고 했던 것이다.

예를 들어, 이런 느낌이다.

『당음비사』의 〈손등비탄孫登比彈〉부터 살펴보자.

　오나라 손등孫登(손권의 장자)이 말을 타고 나갔다가 날아든 화살에 저격당했다. 좌우의 사람에게 주변을 살피게 하니 활을 가진 수상한 남자가 있었다. 모두 범인이라고 생각했지만 그 남자는 아니라는 말로 일관했다.

　초조해진 측근이 그를 공격하려 했지만 손등은 그를 말리고 날아온 탄환을 찾게 했다. 발견된 탄환을 그가 소지하고 있던 탄환과 비교해 보니 두 탄환이 달라 남자의 혐의가 풀렸다.

　정극은 말한다. 재판하는 사람은 상대방의 주장을 듣지 않고 화를 내고 위협하여 무고한 죄를 인정하게 할 때가 있다고.

　이 이야기는 물증(hard evidence)의 중요성을 말하는 것이 아니라 수사하는 측이 의심스럽다는 이유만으로 범인을 결정하고, 상대방의 말에 귀를 기울이지 않고 험한 말과 폭력으로 위협하여 하지 않은 죄를 인정하게 만든다는 '원죄가 발생하는 구조'를 지적하고 있다.

　'아, 그걸 말하는 거야?'라고 생각하게 된다.

　다음으로 〈양적중저梁適重組〉를 살펴보자. 우리의 상식으로는 이해하기 어렵지만 오히려 그런 부분이 흥미롭다.

요술사 백언환白彦歡은 저주로 사람의 목숨을 앗아가고 있었다. 주州의 관공서는 중앙에 판단을 요청했다. 중앙의 심의관은 (백언환이 저주로 사람을 죽였더라도) 직접 사람을 해치지는 않았으므로 어떻게 심판해야 할지 망설였다.

그러자 승상 양적梁適은 '칼로 찔러 죽이면 막을 수라도 있지만 저주로 사람을 죽이면 피할 수조차 없다'라며 죽여 마땅하다고 했다.

저주로 사람을 살해한 혐의로 백언환은 사형을 당했다.

상식적으로 생각하면, 애초에 저주 따위는 존재하지 않기에 그런 죄상으로 처형을 한다는 건 생각하기 힘들다. 그러나 정극은 계속해서 '법률이 없다면 비슷한 사례를 따라야' 하며 (뜨거운 못을 정수리에 박아 넣든 저주로 사람을 죽이든) 살인은 살인이기에 사형이라고 판단한 양적을 격찬하고, '직접 사람을 해치지 않았기 때문'이라는 이유로 사형을 주저한 심의관을 비난한다.

저주를 했는가, 하지 않았는가의 실증 가능성이 아니라 '논점이 그것이었구나' 하는 생각이 들어 깜짝 놀랐다.

마지막은 〈황패질사黃霸叱姒〉다.

영천潁川의 어느 부유한 집에 형제가 동거하고 있었다. 제수와 형수가 동시에 임신을 했는데, 형수는 유산하고 말았다. 하지만 형수는 그 사실을 숨기고 제수가 남자아이를 출산하자 빼앗아 자신의 아이로 삼았다.

그 후 두 사람은 3년 동안이나 언쟁을 벌이다가 결국 황패黃霸에게 호소했다. 황패는 부하에게 마당 한가운데서 그 아이를 안게 하고 두 사람에게 아이를 서로 빼앗으라고 명령했다. 재빨리 아이를 낚아채려는 형수. 아이가 손을 다칠까 걱정스러운 표정을 짓는 제수. 그 모습을 본 황패는 형수에게 말했다.

'너는 재산을 목적으로 그 아이를 자기 아이로 만들려고 했다. 그러니 아이가 상처를 입든 말든 신경도 쓰지 않는 것이다.'

형수는 죄를 순순히 인정했다.

아이를 서로 끌어당기게 하고 먼저 손을 놓은 쪽이 친어머니라고 판결을 내린 '솔로몬의 지혜'가 떠오른다.

『당음비사』는 비슷한 재판 소설인『용도공안』과 함께 일본 에도 시대의 소설가 이하라 사이카쿠井原西鶴의『혼초 오이힌지本朝桜陰比事』, 교쿠테이 바킨의『아오토후지쓰나모료안青砥藤綱模稜案』, 고단『오오카 정담大岡政談』등의 에도 문학에 큰 영향을 주었다.

❶ 『당음비사』는 명재판·명수사·명추리의 사례집. 추리 소설의 분위기가
있다.
❷ 잘못된 재판으로 무고한 백성에게 손해를 입히지 않도록 후세 법관들
을 위해 편찬했다.

고전
47

삼국지연의
(三國志演義)

분량 ■■■
난이도 ■□□

삼국 시대를 무대로 영웅호걸의 활약을 그린 소설

송대의 강담(강연이나 강의하는 말투로 전기나 소설, 세상사 따위를 말하는 것)에서 발전하여 탄생한 명청 백화 소설. 특히 4대 기서에는 영웅, 호걸, 지장, 요술사, 그리고 슈퍼 파워를 가진 원숭이와 돼지도 등장해 마치 할리우드 영화 같다. 그중에서도『삼국지연의』는 많은 이들에게 널리 사랑받았다.

나관중 (羅貫中, 생몰년 미상)
원말 명초의 인물.『삼국지연의』『수호전』의 저자로, 구체적인 내용은 명확하지 않다. 시내암(施耐庵)도 원말 명초의 인물로, 나관중과 함께『삼국지연의』『수호전』의 저자로 알려져 있으며 그에 관한 구체적인 내용은 전해지지 않는다. 오승은(吳承恩)은 명나라 인물로『서유기』의 저자다. 소소생(笑笑生)은『금병매(金瓶梅)』의 저자로, 정체가 명확하지 않다. 모두 하나의 설일 뿐이다.

인기 강담이 읽을거리로

『전등신화』와『요재지이』라는 문언 소설의 흐름에 비해 명나라 시기에는 학식과 견문이 있는 계층이 많아지면서 구어체의 백화 소설이 유행했다.

그중에서도 가장 인기 있는 것이『삼국지연의』다.

송나라 시기 번화가에서 사람들 입에 오르내리던 삼국지 소재의 강담〈설삼분說三分〉을 원말 명초에 읽을거리로 정리해 장편 소

5장 고전 속에 표현된 과거의 모습은 어떠했는가?

331

설로 만든 것이다.

우선 원나라 시대에 『전상평화 삼국지(삼국지 평화)』라는 원형이 생겨났고, 명나라 시대에 나관중이 『삼국지연의』를 정리했다고 여겨진다.

『삼국지연의』, 『수호전』, 『서유기』, 『금병매』 4대 기서의 성립

4대 기서란 『삼국지연의』, 『수호전』, 『서유기』, 그리고 『금병매』 까지 네 가지를 말한다. 이들은 통속적인 백화 장편 소설이자 장회 소설이다.

장회 소설이란 제1회……, 제2회……라고 소제목을 붙이고 회를 거듭하며 진행하는 방식이다. 예를 들어, 『삼국지연의』 제1회의 소제목은 '제1회. 호걸 세 사람이 복숭아밭에서 잔치를 열고 의형제를 맺다. 영웅들이 황건적을 베어 처음으로 공을 세우다'* 이다.

회차의 마지막 부분이 다음 회차로 이어져 '그렇다면 ○○는 어떻게 될 것인가. 다음 회의 이야기를 들으면 풀릴 것이다'**로 끝

★　宴桃園豪傑三結義 斬黃巾英雄首立功 (연도원호걸삼결의 참황건영웅수립공)
★★　且聽下文分解 (차청하문분해)

을 맺는다. 이는 강담의 상투어로 강담에서 시작되었다는 흔적이다. 그리고 이런 비교적 짧은 회차를 반복하며 한 편의 장편 소설이 된다.

『삼국지연의』는 모두 120회. 위나라의 조조, 촉나라의 유비, 오나라의 손권이 세 나라로 나뉘어 패권을 다투던 삼국 시대를 무대로 영웅·호걸·지장智將의 활약을 사실 70%, 허구 30%로 그리고 있다.

정사인 『삼국지』에서는 위나라를 정통으로 간주했지만, 강담에서는 유비의 인기가 압도적이며 조조는 미움을 받는 캐릭터다. 아이들은 조조가 당하면 환호성을 지르고 유비가 위기에 빠지면 비명을 질렀다. 남송의 주희가 『자치통감강목』에서 촉나라를 정통으로 삼았기에 『삼국지연의』는 사실史實로서 촉나라를 정통 왕조로 그리고 있다.

우리는 액션 영화나 SF 영화를 좋아하고 슈퍼 히어로 영화를 아주 좋아한다.

『삼국지연의』에서는 유비 측의 용맹스러운 장수 장비와 책사 제갈량이 초인적인 활약을 펼쳐 조조라는 흉악한 악당을 무찌른다. 제갈량이 오나라의 꽃미남 주유와 힘을 합쳐 조조의 대군을 마치 다윗과 골리앗의 싸움처럼 격퇴하는 적벽대전이 이 작품의

하이라이트다.

『삼국지연의』는 이후 촉나라가 허무하게 패배해 가는 부분도 좋다. 관우가 죽고 유비가 백제성에서 쓰러지며, 제갈량은 위나라 사마의를 앞에 두고 뜻을 이루지 못하고 흩어진다. 응원하는 캐릭터가 상처받고 무너져 내리는 모습에 독자는 그들을 동정하고 마음이 흔들린다.

『수호전』은 송나라 시기를 무대로 이규李逵, 양지楊志, 노지심魯智深, 무송武松, 사진史進, 화영花榮 등 의협심이 많은 호한과 악독한 짓을 하는 악한 108명의 활약을 그리고 있다.

그중에서도 36명의 주요 캐릭터의 개성이 돋보인다. 파워풀하

| 『삼국지연의』의 성립 과정 |

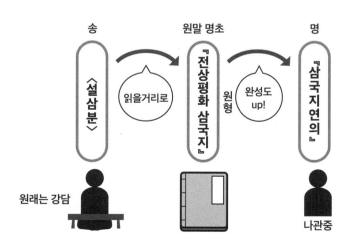

인생 내공 고전 수업

고 초인적이며 매우 강인하다. 요술을 사용하는 자도 있다. 저마다의 일화가 그려진 다음 양산박梁山泊에 집결해 막강한 적군(북방의 요나라와 남방의 방랍)에 맞서는 부분은 단연 어벤져스급이라고 할 만하다.

『서유기』도 승려 현장 삼장(영상으로 제작할 때는 어째서인지 여성이 연기하는 경우가 많다)이 원숭이와 돼지, 요괴와 함께 인도까지 불전을 가지러 가는 이야기(서천취경 설화)다.

도중에 요괴와 같은 무언가가 습격해 오면 손오공(원숭이), 저팔계(돼지), 사오정(요괴)의 활약으로 위기를 극복한다. 과연 모험 영화의 원작이라고 할 만하다.

『금병매』는 『수호전』의 스핀오프다. '19금 에로 소설'이라고 소문이 나 있다. 희대의 호색한 서문경西門慶과 반금련潘金蓮, 오월랑吳月娘, 이병아李瓶兒 등 처와 첩, 불륜 상대들의 좌충우돌 극(?)이다. 거기에 퇴폐한 명나라 말기를 배경으로 뇌물과 같은 더러운 수법을 태연하게 써대는 상인 서문경의 일면도 볼 만하다.

그렇게 보면 4대 기서에는 우리가 좋아하는 요소들이 그대로 담겨 있다. 그야말로 최고의 통속 소설이다.

❶ 『삼국지연의』는 강담에서 탄생한 백화 장편 소설. 총 120회의 장회 소설이다.

❷ 『수호전』, 『서유기』, 『금병매』와 함께 '4대 기서'로 불린다. 모두 통속 소설(흥미 중심)이다.

❸ 『삼국지연의』의 번역본은 매우 많다. 소설이나 만화부터 시작하는 것도 좋은 방법!

홍루몽 (紅樓夢)

중국에서는 『삼국지연의』 이상으로 대중적인 작품

'홍미紅迷'라고 불리는 마니아를 계속 만들어 내는 걸작 백화 장편 소설. 대귀족의 저택을 무대로 한 미소년 가보옥과 그를 둘러싼 미소녀들이 펼치는 농밀하고 치밀한 이야기 세계에 독자들은 열광한다.

조설근 (曹雪芹, 1715?~1762?)

청나라(1644~1912)의 인물. 강희제(康熙帝)의 신임이 두터웠던 조설근의 가문은 영화를 누렸는데, 옹정제(雍正帝) 시대에 완전히 상황이 뒤바뀌어 가문의 재산을 몰살당하는 고통을 당한다. 조설근은 부귀영화와 빈궁을 모두 경험하고, 그를 바탕으로 『홍루몽』을 썼다.

치밀한 구성과 이야기 전개에 독자는 열광

중국문학 권위자 이나미 리쓰코井波律子는 저서 『중국의 5대 소설中国の五大小説』(이와나미 문고, 한국 미출간)에서 4대 기서(삼국지연의·수호전·서유기·금병매)에 『홍루몽』을 더해 '5대 백화 장편 소설'이라고 칭했다.

4대 기서의 저자는 정확하게 알려지지 않았다.

『삼국지연의』, 『수호전』, 『서유기』는 원래 강담이나 중국 고전극의 하나인 잡극雜劇에서 다루었던 이야기였으며, 『금병매』는 처음부터 소설로 쓰인 것이지만 저자에 대해 알려진 것은 소소생이라는 장난스러운 필명뿐이다. 그 정체에 대해서는 수십 가지 설이 있다고 한다.

반면에 『홍루몽』의 저자는 조설근으로 정확히 알려져 있다.

큰 돌에 새겨진 '만나고 헤어짐의 기쁨과 슬픔, 그리고 표변하는 인정의 미덥지 못함을 모두 맛보았다는 이야기'를 조설근이 정리·편집하여 '논픽션'이라는 형태로 탄생했다.

집필 개시는 건륭 9년(1744) 무렵, 그로부터 20년 정도 퇴고에 퇴고를 거듭하여 80회까지 만든 시점에서 미완인 상태로 병사했다. 그의 열정이 밀도 높은 문장 표현이나 구성, 이야기 전개를 만

| 사실은 미완성이었던 『홍루몽』 |

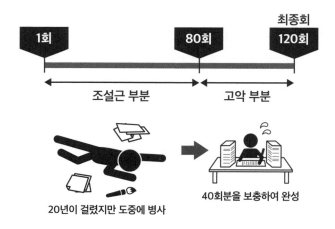

들었을 것이다.

오늘날 전해지는 120회분은 고악高鶚이 40회를 보충하여 완결하였다고 전해지는데, 그 40회의 완성도는 조설근의 80회에 미치지 못한다고 한다. 다소 억지스럽고 설렁설렁 넘어가는 느낌도 있고 모순도 있다. 주인공 가보옥이 그토록 혐오하던 과거(관리 등용 시험)에 응시하고 심지어 합격하기 때문이다.

영리하고 강한 여자 주인공으로 사회 비판

『홍루몽』은 할렘 소설(남자 주인공이 여러 여자들에게 둘러싸여 일어나는 애정사건이 중심)의 선구자다. 이렇게 말하면 분명 홍루몽에 진심인 '홍미紅迷'에게 한 소리를 들을 것이다.

『홍루몽』은 소녀들을 사랑하는 우유부단한 소년이 20명의 미소녀에게 둘러싸여 애정을 나누는 할렘 소설이잖아?'라는 말은 『금병매』는 19금 에로 소설이잖아?'에 버금가는 난폭한 평가다. 진짜인지 아닌지는 본인의 눈으로 직접 확인하고 말하길 바란다.

그렇다고는 해도, 한마디로 정리하면 '대귀족의 저택을 무대로 엄청나게 인기가 많은 미소년 주인공 가보옥과 외모는 뛰어나지만 솔직해질 수 없는 박복한 임대옥의 슬픈 사랑'을 그리고 있는 것이 사실이다.

4대 기서처럼 '우리가 좋아하는 요소들이 가득 담겨 있다'라고 생각하기도 어렵다.

하지만 대귀족의 저택을 무대로 상류 사회의 화려한 생활, 스캔들, 애증이 소용돌이치는 인간관계(불륜이니 바람이니), 격차 사회의 축소판(정부인과 첩의 자식에 대한 차별 등)을 빠짐없이 그린다는 점에서 엄청나게 유행한 영국 드라마 〈다운튼 애비(Downton Abbey)〉와 유사한 점도 있다.

또한, 서로 좋아하는 마음이 있으면서도 솔직해지지 못하고 계속해서 엇갈리기만 하는 남녀 주인공은 로맨틱 코미디의 왕도라고 할 수 있다. 만화로 만들면 좋을 텐데 말이다.

주인공 가보옥은 외모가 수려하고 두뇌는 명석하며 게다가 대부호의 자제다. 이렇게 여자가 꿈꾸는 모든 것을 가진 고스펙의 남자지만 치명적으로 남자답지 못하다.

소년 만화의 영웅과 같은 4대 기서의 등장인물들에 비해(『금병매』의 주인공 서문경은 어떤 더러운 수법이라도 사용하는 더러운 영웅이지만), 가보옥은 연약하고 의욕이 없으며 붕붕 떠다니는 이미지다.

명문가의 남자로 태어나 과거 합격을 위해 최선을 다해 노력해야 하는데도 공부를 빼먹으며 게으름을 피우고 과거 응시자를 '국적의 식충이'라고 욕하기만 한다.

그는 '여자는 물로 이루어진 몸, 남자는 진흙으로 이루어진 몸. 나는 여자를 보면 굉장히 상쾌한 기분이 들지만, 남자를 보면 냄새가 나서 속이 메스껍다'라며 '천지의 정화精華는 여자에게 모이고, 남자는 찌꺼기나 거품에 불과하다'라고 공언한다. 그리고 '금릉십이채'라고 불리는 12명의 미소녀와 장난만 칠 뿐이다. 게다가 서문경과 달리 가보옥은 이들의 몸을 탐하지 않는다. 그냥 보기만 할 뿐이다. 그런 면에서 남자답지 않다.

『홍루몽』에 나오는 남자는 모두 변변치 못하다. 반면 여성은 영리하고 강하며 당당하게 난관에 맞서 나간다. **『홍루몽』은 당시의 가치관을 뒤집어 그린 사회 비판서라고 할 수 있다.**

이 책의 포인트

❶ 『홍루몽』은 백화 장편 소설의 최고봉. 중국에서는 그 인기가 4대 기서를 능가한다.
❷ 대귀족의 저택을 무대로 미소년 가보옥과 미소녀 임대옥의 슬픈 사랑을 그리고 있다.
❸ 풍부한 문장 표현, 농후한 인물 묘사, 치밀한 구성과 이야기 전개에 독자는 열광한다.

무문관(無門關)

분량 ■□□
난이도 ■■■

절대 무(無), 동양적인 무(無)의 기준이 되는 책

세계적으로 유명한 『무문관』 선禪을 수행할 때 사용하는 공안집公案集이다.
애초에 답 같은 것이 있는지 없는지 알 수 없다. 이것이야말로 고전이다. 천
천히 원전原典을 마주하고 스스로 이것저것 생각하다 보면 행복하고 호화로
운 시간을 즐길 수 있다.

무문혜개 (無門慧開, 1183~1260)
남송(1127~1279)의 인물. 불안선사(佛眼禪師). 각지를 방황하고 훗날 임제종(臨濟
宗)의 스승으로 공안선의 명장 월림 사관(月林師觀)에 참가하고, '조주구자(趙州狗
子)'의 공안으로 크게 깨닫는다. 공안집 『무문관』을 엮었을 때 이를 첫머리에 두었다.

이것이야말로 선문답이다

앞에서 『문선』, 『당시선』(시문집), 『서유기』, 『전등신화』, 『요재지
이』(문언 기괴 단편 소설집), 그리고 『삼국지연의』, 『홍루몽』을 중심으
로 5대 백화 장편 소설을 소개했다.

이번에는 잠깐 방향을 틀어 송나라(960~1279) 시대의 공안집公案
集을 소개하겠다. 그 이름도 『무문관』이다. 진심으로 선을 수행하
고 싶다면 문 없는 법문에 뛰어들라는 의미다.

저자는 선승禪僧 무문혜개다. 공안이란 선승이 수행에 사용하는, 답이 있는지도 확실하지 않은 난해한 문제로 선문답이라고도 한다. 책 제목이 이미 선문답(잘 이해할 수 없는 말)이다.

알쏭달쏭 의미불명의 문제들

가장 먼저 제1칙이 '조주구자'다. 첫 두 줄이 공안(본칙)이며 다음 줄에 무문혜개의 코멘트가 이어진다.

조주 화상에게 어떤 승려가 물었다. '개에게도 불성(佛性)이 있습니까?' 조주가 말했다. '무無!'

무문은 말한다. 참선은 모름지기 조사의 관문을 꿰뚫어야 하고 묘한 깨달음은 반드시 생각의 길이 끊어져야 한다. 조사의 관문을 꿰뚫지 못하고 생각의 길이 끊어지지 않았다면 모두가 풀과 나무에 빌붙어 사는 정령일 뿐이다.

그렇다면, 말해보라! 어떤 것이 조사의 관문인가? 이 한낱 '무無!'라는 말이 바로 선종의 한 관문이다. 그래서 이것을 가리켜 '선종 무문관禪宗 無門關'이라고 한다. * (후략)

코멘트는 다시 이어지며 무문혜개는 전신을 의심 덩어리로 보고 '무無'라는 한 글자로 참으라고 말한다.

가진 힘을 총동원하여 무無라는 글자와 맞붙으면, 이윽고 '문득 드러나면 하늘이 놀라고 땅이 진동할 것이다. 마치 관우 장군의 큰 칼을 빼앗아 손에 쥔 듯 부처를 만나면 부처를 죽이고 조사를 만나면 조사를 죽인다. 생사의 갈림길에서 커다란 자유를 얻고 육도와 사생의 세상에 있으면서도 유희삼매를 만끽한다'**라고 위험한 말을 꺼낸다.

원래 『열반경涅槃經』에서는 '모든 중생은 다 부처가 될 성품을 지니고 있다'***라고 한다. 사람이든 개든 수달이든 알파카든, 살아있는 모든 것은 '전부 부처가 될 성품을 지니고 있다'라는 것이 불교의 가르침이다.

그런데 조주는 단호히 '무無'라고 대답했다. 이 '무'는 유무有無의 '무'도 아니고, 허무虛無의 '무'도 아니라고, 무문혜개는 못을 박는다. 안이한 대답으로 도망치지 말라는 것이다.

★　趙州和尙 因僧問 拘子還有佛性也無 州云 無
　　(조주화상 인승문 구자환유불성야무 주운 무)
　　無門曰 參禪須透祖師關 妙悟要窮心路絶 祖關不透 心路不絶 盡是依草附木精靈
　　(무문왈 참선수투조사관 묘오요궁심로절 조관불투 심로불절 진시의초부목정령)
　　且道 如何是祖師關 只者一箇無字 乃宗門一關也 遂目之曰禪宗無門關
　　(차도 여하시조사관 지자일개무자 내종문일관야 수목지왈선종무문관)
★★　驀然打發 驚天動地 如奪得關將軍大刀入手 逢佛殺佛 逢祖殺祖 於生死岸頭 得大自在 向六道四生中 遊戲三昧 (맥연타발 경천동지 여탈득관장군대도입수 봉불살불 봉조살조 어생사안두 득대자재 향육도사생중 유희삼매)
★★★　一切衆生悉有佛性 (일체중생실유불성)

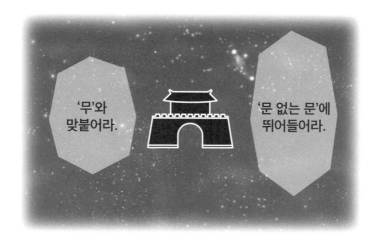

남전 화상南泉和尚은 동당과 서당의 스님들이 고양이를 놓고 다툼을 벌이자 그 고양이를 잡아서 들고 말했다.

'대중들이여! 무엇인가 한마디 일러볼 수 있다면 이 고양이를 살려줄 것이고, 한마디를 이를 수 없다면 베어 버리겠다.'

대중들은 아무런 대답도 하지 못했다.

남전은 그 자리에서 고양이를 베어 버렸다. 남전이 밤늦게 밖에서 들어온 조주 화상에게 이 이야기를 하니, 조주는 신발을 벗어 머리에 이고 밖으로 나갔다. 남전이 말했다.

'만약 자네가 있었다면 그 고양이를 살릴 수 있었을 텐데.'*

이것이 제14칙 '남전참묘南泉斬猫'다.

필자가 굉장히 좋아하는 내용이다. 새끼 고양이를 두고 다투는 제자들('내가 쓰다듬을래', '아니, 내가 할래', '우리 선당에서 키울 거야', '아냐, 우리가 키울 거야')에게 남전이 '무슨 말이든 해 보라'라고 묻자 제자들이 대답하지 못하는 모습을 보고 고양이를 베어 죽인다.

'어라? 새끼 고양이를 죽인다고?' 할 말을 잃게 만든다. 게다가 정답은 신발을 벗어 머리에 이고 나가는 것이다. 아무 말도 하지 않았다.

『무문관』에는 이런 선문답 48칙이 담겨 있다.

하나하나 곰곰이 생각하다 보면 도무지 이해되지 않기 때문에 오히려 깨달음을 얻을 것만 같다. 읽어보기를 추천한다.

이 책의 포인트

❶ 『무문관』은 선문답 48칙을 모은 책으로, 특히 '조주구자'가 유명하다.
❷ 선문답은 애초에 논리적으로 생각하는 것의 한계를 일깨우기 위한 것이라고도 한다.
❸ 이해할 수 있을 것 같으면서도 이해하지 못하게 막아서는 이 의미불명의 문제는 『노자도덕경』을 떠올리게 한다.

★ 南泉和尙 因東西兩堂爭猫兒 泉乃提起云 大衆 道得卽救 道不得卽斬卻也 衆無對 泉遂斬之 晚趙州外歸 泉擧似州 州乃脫履安頭上而出 泉云 子若在卽救得猫兒
(남전화상 인동서양당쟁묘아 전내제기운 대중 도득즉구 도부득즉참각야 중무대 전수참지 만조주외귀 전거사주 주내탈리안두상이출 천운 자약재즉구득묘아)

인생 내공 고전 수업

광인일기(狂人日記)

분량 ■□□
난이도 ■■■

중국 근대 문학 최초의 작품으로 전통의 속박에서 벗어나려 한 책

이 『광인일기』도, 최하층 농민의 시각에서 중국 사회를 비판하는 『아Q정전』
도 우리에게는 크게 와닿지 않을지도 모른다. 하지만 수수께끼 같은 『광인일
기』는 새로운 지식과 견문을 가져다준다. '온고지신'의 책이 될 것이다.

루쉰 (魯迅, 1881~1936)
청말 민국 초기의 인물. 본명은 저우수런(周樹人). '루쉰'은 필명으로, 당국으로부터
의 강압을 피하기 위해 140여 개의 필명을 사용했다. 일본에서 유학하며 센다이 의
학 전문학교(오늘날의 도호쿠 대학 의학부)에서 공부하였으나, 문학에 뜻을 두고 중
퇴하였다.

고전의 매력은 정답이 없다는 것

고전 수업의 마지막은 루쉰으로 매듭을 지으려고 한다.

선택한 작품은 수수께끼 천국인 그의 데뷔작 『광인일기』다.

사실, 고전의 매력은 정답을 알 수 없다는 것이다. **독자는 원하
는 대로 해석하고 자기 나름의 정답을 찾으면 된다.**

그런 점에서 의미를 알 수 없는 『노자도덕경』, 『장자』, 『무문관』
은 최고의 고전이며 『광인일기』도 그에 뒤지지 않는 고전이다. 휴
일 오후 느긋하게 시간을 들여 몇 번이고 반복해서 읽으며 이 난

해한 소설을 공략하길 추천한다. 20쪽 정도의 단편이어서 몇 시간이면 읽을 수 있다. (참고로, '홍미'들은 장편인 『홍루몽』을 이렇게 읽으며 블로그에 고찰 글까지 쓴다.)

유교적 가족 제도와 예절 교육의 폐해를 폭로

때는 20세기 초. 신해혁명으로 청 제국은 무너졌지만, 중화민국의 대총통 위안 스카이는 황제 정치의 부활을 꾀하다가 좌절했다. 결국 중국은 근대국가로 바뀌지 못했다.

모처럼 진시황 이래로 2천 년 이상 지속된 케케묵은 황제 정치를 타도하고, 근대적 공화정인 '민국'을 만들었다. 그런데 제정 부활을 꾀하다니 무엇이 '혁명'이란 말인가.

이때 잡지 『신청년』은 '민주와 과학'을 내세우며 한나라부터 이어진 중국 고전 문화, 즉 유교를 비판하고 전면적인 서구화를 주창했다.

1917년 철학자 호적胡適이 '언문일치'를 외쳤고, 이어서 천두슈陳獨秀가 허례허식이 가득 찬 고전 문학을 타도하고, 구어에 의한 통속 문학(백화)을 건설하자고 호소했다. 이렇게 시작된 것이 문학 혁명이다.

인생 내공 고전 수업

문학 혁명이란 유교 도덕의 얼룩진 문언의 법도를 따르는 시문을 버리고, 백화의 통속 소설을 국민 문학으로 삼고 이 문학을 통해 국민 의식을 쇄신하는 운동을 말한다. 이 운동에 응하여 이듬해인 1918년에 루쉰이 발표한 작품이 『광인일기』다. 중국 최초의 근대 문학 작품이다.

『광인일기』는 문자 그대로 '미치광이의 일기'다.
피해망상을 앓던 친구의 일기를 받아 이를 발표했다는 형식이다.

그는 '이미 쾌유하여 모지로 나가 임관을 기다리고 있다'라고 한다. 이미 사회 복귀가 끝난 것이다.
일기의 첫머리에서 '나'는 달을 보고 '지금까지 30여 년 동안 나는 계속 멍한 상태였다'라고 깨닫는다.
그런데 그 뒤로 주위 마을 사람들이 '나'를 향해 두려워하는 듯한 시선을 보내며 수군거렸다. 여자가 아들을 때리면서 '이런 빌어먹을 자식! 너를 물어뜯고 싶을 정도야!'라며 '나'를 바라본다. '나'는 놀라고 당황했지만 주위 사람들은 웃기 시작한다. '나'는 억지로 집에 끌려가 서재에 갇힌다. 며칠 전 마을의 나쁜 놈들을 모두 때려죽이고 몇 명은 그놈의 심장과 간을 기름에 볶아 먹었다고 이야기하던 소작인과 형이 바깥 패거리와 똑같은 눈빛으로 '나'를 보고 있었다는 사실을 깨닫는다.

'그놈들은 사람을 먹는 녀석들이니 나도 잡아먹을지도 몰라.'

사람은 옛날부터 식인을 해왔다. 역사책을 펴서 읽으면 어느 페이지에 '인의예지'라고 적혀 있고, 더 읽으면 자간에 '식인'이라는 두 글자가 보였다.

'나'에게는 형, 의사를 포함한 주위 사람들이 식인으로 보인다. 망상은 점점 심해지고 주위에는 식인하는 사람투성이로 자신을 잡아먹으려 한다고 생각한다. 그래서 '식인하는 사람을 개심시키는 것도 큰형님부터 시작하자'라고 마음을 먹는다.

옛날에는 사람을 먹었던 사람도 결국 그것을 그만두고 진짜 사람이 되는데, 그래도 일부는 식인을 계속한다. '큰형님, 마음을 바꿉시다. 그런 놈들의 패거리가 되어서는 안 됩니다'라고 호소한다. 주위 사람들에게도 '마음 깊은 곳부터 고쳐먹는 거야! 머지않아 식인은 용서되지 않을 거야. 이 세상에서 살아갈 수 없게 된다는 사실을 모르는 건가'라며 절절하게 호소한다.

'나'는 또 갇히고 만다. 어린 여동생이 죽은 이유는 형이 먹었기 때문이라는 생각에 이른다. 그러나 자신도 모르는 사이 그 여동생의 고기를 먹었다는 것을 알아차린다. 4천 년 동안 늘 식인을 해 온 땅이 있고 자신도 그 무리였다. 진짜 사람과 얼굴을 마주할 수 없다! 그리고 마지막은 '식인을 해 본 적 없는 아이가 아직 존

인생 내공 고전 수업

재할까? 아이를 구해줘……'로 뜬금없이 끝을 맺는다.

　루쉰은 가족 제도와 예절 교육의 폐해를 폭로하는 것이 주제라고 스스로 밝혔다. '식인'은 '인의예지(가족 제도와 예절 교육)'를 비유한다. 매 맞는 아들이나 죽은 어린 여동생은 이러한 가족 도덕과 예절 교육의 희생양이며, 이런 전근대적인 도덕을 바꾸어 근대적인 '진짜 사람'이 되어야만 한다.

　그러나 주위가 '식인(보수적인 사람)'만 있어서는 그러기가 쉽지 않다. 서두의 '멍한 상태였다'라는 것은 중국 전통인 유교 도덕에 의구심을 품지 않았다는 의미이며, 달을 보고 각성한 뒤에는 의심하고 개선하라고 '식인'에게 호소한다.

　결국 4천 년의 전통을 거역하지 못하고, 그는 사회로 복귀한다. 다시 말해 그도 '식인'으로 되돌아간 것이다.

이 책의 포인트

❶ 『광인일기』는 루쉰의 데뷔작이자 중국 근대 문학 최초의 작품이다.
❷ 문학 혁명에 부응해 유교적인 '가족 제도와 예절 교육의 폐해'를 폭로하려는 목적으로 쓰였다.
❸ '아이를 구해줘……'라는 문장은 그들을 전통의 속박에서 해방시키자는 뜻일 것이다.

옮긴이 오정화

서강대학교에서 경제학과 일본문화학을 전공했다. 외식기업 기획자로 근무하다가 일본어의 즐거움을 포기할 수 없어 번역가 및 출판 기획의 길을 걷고 있다. 많은 사람에게 읽는 재미와 행복을 줄 수 있는 책을 우리말로 옮기고 소개하는 것이 꿈이자 목표다.

현재 출판번역에이전시 글로하나에서 다양한 분야의 일서를 번역, 검토하며 활발히 활동하고 있다. 역서로 《질문으로 시작하는 철학 입문》,《처음 읽는 수학의 세계사》,《맛있는 세계사》,《유리 멘탈이지만 절대 깨지지 않아》,《돈의 뇌과학》,《세상에서 가장 쓸모 있는 철학 강의》,《알아두면 쓸모 있는 모양 잡학사전》 등이 있다.

인생 내공 고전 수업

1판 1쇄 인쇄 2024년 10월 24일
1판 1쇄 발행 2024년 11월 1일

지은이 데라시 다카노리
발행인 김태웅
기획편집 이미순, 박지혜, 이슬기
디자인 유어텍스트
마케팅 총괄 김철영 　　**마케팅** 서재욱, 오승수
온라인 마케팅 하유진 　　**인터넷 관리** 김상규
제작 현대순 　　**총무** 윤선미, 안서현, 지이슬
관리 김훈희, 이국희, 김승훈, 최국호

발행처 ㈜동양북스
등록 제2014-000055호
주소 서울시 마포구 동교로22길 14(04030)
구입 문의 (02)337-1737 팩스 (02)334-6624
내용 문의 (02)337-1763 이메일 dymg98@naver.com

ISBN 979-11-7210-076-6 03140